◆◆◆◆◆◆◆ 市民カレッジ ◆◆◆◆◆◆◆

知っておきたい
市民社会における
行政と法

園部逸夫 編

不磨書房

はしがき

　本書は市民のために書かれた行政法の入門書です。
　行政法と市民社会との接点には多種多様です。法令の数からいえば，行政法の数は，他の法律分野に比べて圧倒的に多いのです。そのすべてを知ることは大変なことですし，その必要もありません。しかし，市民生活と深い関係がある行政法というものがどのようなものか，輪郭を知っておく必要があります。
　昔の行政法は，基本的には行政をする側のものでした。行政の専門家が行政をするために作る法令ですから，むずかしい内容のものが多かったのです。今でもほとんどの法令はそうなっています。もちろんどのような法令でも，その解釈や運用は行政や司法の専門家が関わります。しかし，行政法についての基本的な知識は，市民社会の常識にしなければなりません。
　行政法は今までは専門家に任せる法制度でした。しかし市民社会が向上するにつれて，行政法は，市民が参加する法制度となりつつあります。裁判所でも，今や市民参加が説かれる時代です。裁判所より身近にある行政に，市民がいろいろな形で参加を求められるのは当然の成り行きでしょう。行政法について理解することは，市民社会の維持と発展のために必要なことです。
　本書の執筆は，日本の行政法理論の将来を担う三人の気鋭の学者が担当しています。読者の皆さんに本書を通じて行政法に近づいていただくことによって，行政と市民社会との間のより幅の広い理解と協力の関係が作られることを願ってやみません。

　　平成14（2002）年2月

　　　　　　　　　　　　　　　　　　　　園　部　逸　夫

目　次

はしがき

序　論
　　1　恐怖と欠乏から免れるために　3
　　2　行政とその役割　4
　　3　行政法の役割　5
　　4　行政法の視点　6
　　5　市民社会と行政　7
　　6　行政に対する監督　9
　　7　おわりに　10

第1編　行政法総論

§1　行政法序説　………………………………………………………………12
　　1　行政法とはどのような法か　12
　　2　行政法の存在理由　13
§2　法治行政の原則　…………………………………………………………15
§3　行政組織法　………………………………………………………………16
　　1　国と地方公共団体の行政組織　18
　　2　公務員制度　21
§4　行政作用法——行政の行為形式——　…………………………………23
　　1　行政による規範定立（行政立法）　23
　　2　行政行為論　26
　　3　非権力的行政活動　40

目　次

　§5　行政救済法 …………………………………………………………46
　　　1　裁判所以外での紛争解決方法：オンブズマン制度とADR　46
　　　2　行政不服審査制度　47
　　　3　行政事件訴訟　52
　　　4　取消訴訟　57
　　　5　損失補償　68
　　　6　国家賠償　69

第2編　行政法各論

Ⅰ　行政の透明性 ………………………………………………………………78
　§1　行政の公正と透明性 ………………………………………………78
　§2　行政手続法——公正と透明性—— ………………………………78
　　　1　諸外国の行政手続法　78
　　　2　制定の経過　80
　§3　行政手続法の概要 …………………………………………………81
　§4　情報公開——知る権利と説明責任—— …………………………83
　　　1　情報公開　83
　　　2　国民主権の理念　84
　　　3　説明責任　85
　　　4　知る権利　86
　§5　情報公開法の基本的仕組み ………………………………………88
　　　1　実施機関　88
　　　2　非公開情報　89
　　　3　他の法律との調整　91
　　　4　不服申立て　92
Ⅱ　暮らしと行政 ………………………………………………………………93
　§1　公害・環境問題と行政 ……………………………………………93
　　　1　公害問題の広がりと環境保全行政の発展　93

             2　環境問題のグローバル化と環境基本法の制定　96
             3　環境基本法の内容と問題点　97
             4　環境影響評価（アセスメント）制度　99
             5　被害者の救済に関する手続　100
        §2　社会保障制度と行政 …………………………………………105
             1　社会保障制度とは──生存権の保障と国家の社会的使命　105
             2　社会保障制度の法原則　105
             3　社会保障制度の種類と内容　106
             4　社会保障行政の担当者　112
             5　給付の仕組み　113
             6　被保障者の権利救済　115
　Ⅲ　都市と行政 …………………………………………………………118
        §1　開発整備行政と公用負担 ……………………………………118
             1　良好な生活空間を形成すべき行政の役割　118
             2　開発整備行政の意義と性質　118
             3　開発整備行政の手段　119
             4　公用負担の意義と根拠　120
             5　公用負担の種類と内容　121
             6　公用負担と損失補償　123
        §2　土 地 収 用 ……………………………………………………125
             1　土地収用制度の概要　125
             2　土地収用の手続と効果　127
             3　土地収用手続に関する紛争　131
        §3　災害対策行政 …………………………………………………132
             1　都市生活と災害対策　132
             2　災害対策行政の意義と性質　132
             3　災害対策行政の主体　133
             4　災害対策行政の体系　134

目　次

Ⅳ　国と地方の行政 …………………………………………………………139
　　§1　租税と租税法 ……………………………………………………139
　　　　1　租税の観念と種類　139
　　　　2　租税法の体系　142
　　　　3　租税の法的根拠　143
　　§2　租税法の基本原理 ………………………………………………146
　　　　1　租税法律主義　146
　　　　2　租税公平主義　148
　　　　3　信義則　149
　　§3　租税の仕組み ……………………………………………………150
　　　　1　国税と地方税：シャウプ税制　150
　　　　2　国際課税：国際取引と対策税制──二重課税阻止条約と租税
　　　　　　回避対策税制　152
　　§4　租税手続法 ………………………………………………………154
　　　　1　租税行政の組織　154
　　　　2　税額決定　155
　　　　3　徴　収　156
　　§5　租税争訟法 ………………………………………………………157
　　　　1　間違った徴税の訂正手続　157
　　　　2　不服審査と訴訟　157
　　§6　租税処罰法 ………………………………………………………158
　　　　1　租税犯罪　158
　　　　2　犯則調査と通告処分　160
Ⅴ　行政と警察 ………………………………………………………………162
　　§1　警察法 ……………………………………………………………162
　　　　1　沿革：行政の一つとしての警察の観念　162
　　　　2　警察の観念　163
　　　　3　警察権の限界　166

目　次

　　§2　警察の諸活動 …………………………………………………171
　　　　1　行政上の義務賦課：下命と許可　171
　　　　2　警察強制の手段　172
　　　　3　即時執行と行政調査　177
Ⅵ　経済生活と行政 ………………………………………………………183
　　§1　経済行政とは ……………………………………………………183
　　　　1　資本主義経済と国家の介入　183
　　　　2　経済行政の意義と沿革　183
　　　　3　行政の政策決定権と基本的人権　184
　　　　4　経済行政の主体　185
　　§2　経済行政の過程 …………………………………………………188
　　　　1　経済行政の目的と経済政策の類型　188
　　　　2　経済政策の具体的決定——行政計画の策定　191
　　　　3　行政関与の態様　193
　　§3　私的経済活動の誘導 ……………………………………………194
　　　　1　誘導の手段　194
　　　　2　規制の類型　196
　　§4　公企業の経営と公共企業の規制 ………………………………200
　　　　1　公企業の意義　200
　　　　2　公共企業の許可　202
　　　　3　公企業・公共企業の特権と義務　203
　　　　4　公企業・公共企業の監督措置　204
Ⅶ　IT時代と行政法 ………………………………………………………206
　　§1　インターネットと市民生活 ……………………………………206
　　§2　インターネットと表現の自由 …………………………………208
　　　　1　わいせつ表現　208
　　　　2　名誉毀損・プライバシー　209
　　　　3　選挙運動　212

vii

目　次

§3　著作権・ドメイン名 ……………………………………………213
　　1　著作権とホームページ　213
　　2　ドメイン名取得をめぐる問題　214
§4　電子商取引 ………………………………………………………216
　　1　電子商取引（eコマース）の特徴と問題点　216
　　2　電子商取引と市民　218
§4　インターネット・サービス・プロバイダーの責任 ……………221

　事 項 索 引 ……………………………………………………………223

◇市民カレッジ◇

知っておきたい
市民社会における 行政と法

序　論

1　恐怖と欠乏から免れるために

　私たちが営んでいる市民生活は，その場所がどこであれ，日本の国や地方公共団体と無関係には営めません。家庭の中でも，学校でも，勤め先や友人の関係でも，近所づきあいの関係でも，私たちが，市民個人の力だけで営める生活はほとんどないといってもよい状態になっています。

　私たちは，自由で，分け隔てのない気ままな生活にあこがれますが，そのような生活も自分の力だけでは営めないのが現実です。つまり，公の生活と私の生活が複雑に入り組んでいて，これを区別するのがむずかしくなっているということです。昔，日本が外国と戦争をしていた頃，「滅私奉公」という言葉が使われました。公のおもりを極端に重くした言葉です。「国民精神総動員」だの，「国家総動員」だのという言葉もありました。こうなると「私」の部分がほとんどなくなります。逆に，「私」の部分が広がって「公」の部分がなくなると，無政府状態になります。今でも，戦乱の絶えない国や，国や地方の政治や経済の状態が極端に悪くなっているところでは，そういう状態になります。私たちはテレビでそのような国のあることを知っています。国によって事情は異なりますが，どこの国の人も平和で自由で安全な，そして豊かな国であることを望んでいます。

　日本国憲法の前文は，人類共通の政治の理想を述べています。実現不可能なことを掲げるのが理想ですが，少しでも理想に近づくよう努力することに意味があります。前文の最後に次の言葉があります。「われらは，全世界の国民が，ひとしく恐怖と欠乏から免かれ，平和のうちに生存する権利を有することを確認する。」

　問題は誰がどのようにして，このように生存する権利を保障するかというこ

序　　論

とです。道を歩いたり，自転車で平和に通行している人がいきなり後ろからバッグをひったくられる。これも恐怖と欠乏です。ストーカーに追われる。恐怖です。こともあろうに親が子供をいじめて殺す。恐怖の最たるものです。子供は可愛いことにより恐怖から免れているのに，大人が子供を可愛がらなくなったら，もうおしまいです。食物を安心して食べられなくなる。恐怖と欠乏です。要するに安全に生活できないことが恐怖であり，日常生活の現状を維持できないことが欠乏です。通勤電車が突如止まって動かなくなることも欠乏です。もちろん，恐怖に対する防衛は先ず個人の責任です。欠乏感も個人で調整しなければなりません。社会生活では日常細心の注意を払い，自分の力で補える所は補う努力をし，経済生活では「足るを知る」ということも大事です。しかし，今の社会は，誰もが，見えざる大きな仕組みの中にはめ込まれていますから，個人個人がどんなに努力しても，恐怖と欠乏から免れて平和に生存することができないのです。

　個人の力ではできないことを，社会の力で補う。これが行政です。

2　行政とその役割

　憲法は，行政権は内閣に属する，内閣は法律を誠実に執行すると定め，地方公共団体は，行政を執行する権能を有し，法律の範囲内で条例を制定する，と定めています。そして，国会は国の唯一の立法機関である，としています。

　建前としては，国や地方の行政は，国会の制定する法律にもとづき，その範囲で行われるのですが，日本は明治以来の伝統を維持し，行政の基本となる法律のほとんどは，行政部によって用意されます。国の法律も，地方の条例も，お膳立ては，法律や条例を執行する行政部がします。

　国会や議会は，その政治権力を行使して，特定の政策を実施するために法律や条例を自ら発案することがあります。その場合，法律案や，条例案を議員が作成して可決することもありますが（議員立法），その例は少ないのです。それよりも，政策の基本方針を定めて，それを実現するために，行政部に対し，法律案や条例案の準備を促すのが一般です（政治主導）。しかし，法律や条例

の大半は行政部が自らの行政政策にもとづき，新しく提案するか，あるいは，従来のものの改正を提案するか，どちらかです（行政主導）。

　いずれにしても，行政の分野に限っていえば，法律が先ずあるのではなく，何を行政によって実現するかが先に決められなければなりません。行政の目的が明確でないといけません。個人の力でできないことを，行政の力で補うこと，これが行政の目的です。そのためには，国民や住民が何を必要としているか，何を必要としていないかを，見きわめなければなりません。それが政治の役割であり，行政の役割です。

3　行政法の役割

　目的をもって人間が行動するためには，基準が必要です。一人の人間の行動はその人間が頭で考えることを基準にすればよいのですが，行政は集団の活動です。集団がその目的を掲げて行動するためには，目で見て分かる基準が必要です。法律の世界では，これを法的規範といいます。具体的には，国会の作る法律，法律をより具体的な規範とするための行政自身が作る補助的立法（政令や省令などの行政立法，通達など）がそれです。この中で，法律は，国民の代表である国会が作るか，少なくとも国会の同意を得ているものですから，行政は基本的に法律にもとづいて行動するわけで，行政法では，これを，法律にもとづく行政あるいは法治主義といいます。今は地方分権の時代ですが，地方公共団体の条例も，基本的には，法律にもとづき法律に適合したものでなければなりません。法治主義による行政，法による行政，これが行政法です。

　これまで行政法というと，行政のための，行政による法と考えられてきました。しかし正確には，法のための，法による行政なのです。行政のための法であるということだけに着目すると，行政法は，行政公務員だけがよく知っていればよいということになります。行政法は，行政公務員試験の科目として重要視されてきました。もちろん公務員は行政法を勉強しなければなりません。司法関係の裁判官，検察官，弁護士はもとより税理士，弁理士なども同様です。公務員でなくても，各種の質屋，古物商，風俗営業などの許可営業，医師や税

序　論

理士等の許可職業を営む人も，行政法の骨格は知っておく必要があります。しかし，行政法は，市民社会にとって最も身近な法分野なのですから，行政の専門家だけでなく，行政の対象である国民・住民の側も，関心を持つ必要があります。もちろん，専門の領域ごとに，詳しい行政法の勉強は必要ですが，市民社会の誰もが，最低限知っておく必要のある行政法，これが本書の内容です。

4　行政法の視点

　行政法を勉強するとき，行政の二つの側面を頭に入れておく必要があります。つまり規制の側面と保護の側面です。どのような法律でも，規制が中心です。規制に反すると罰せられます。行政法には達成しようとする秩序があり，その秩序に反すると罰するのです。何のために罰するかというと，行政の秩序を維持するためです。何のために秩序を維持するのか，それは，恐怖と欠乏から国民・住民を保護するためです。公益を保護するために私益を規制する。これが行政法の大原則です。交差点の信号がその適例です。青信号で渡る人を保護するために，赤信号で規制するのです。青信号と赤信号がワンセットになって行政法ができるのです。

　行政法を作るには，青信号と赤信号がバランスよく組み立てられていなければなりません。守るべき公益が不特定多数であっても，ただ漠然とした公益ではいけないので，私益を規制するだけの十分な理由がある公益でなければなりません。国民，住民の名を借りた，いい加減なその場しのぎの公益であってはなりません。公益名義の独裁であってはならないのです。どのような公益でも私益を一方的に苦しめたり滅ぼしたりすることのできる権威はありません。公益に対立する私益であっても，これを活かしながら公益を追求すること，これが行政法の基本です。

　法律による行政ということを悪用して，法律がこうなっているのだからという言いわけに使うことがあります。法律がこうなっているということだけが理由なら，公務員は要りません。このことは，行政だけでなく裁判も同じことです。そのようなことはコンピューターでできることです。行政法の解釈という

ことをするのが，公務員の重要な役割です。公益と私益の狭間で，最も合理的で妥当な解釈を施していきながら，両者の調整を図る能力が必要になります。葵のご紋の印籠の代わりに六法全書を振りかざすだけなら誰でもできます。もっとも，一人一人の公務員にこのようなことを要求するのは気の毒です。行政全体の雰囲気が変わらなければなりません。

　戦後，行政法は民主化したと思われています。しかし，公務員の国民住民に対する態度は変わりましたが，行政法の解釈原理は戦前とほとんど変わっていません。21世紀の新しい行政法は，若い学者や実務家の新しいエネルギーに期待したいと思います。

5　市民社会と行政

　行政法では，国民とか住民という言葉が使われますが，これをまとめると市民（citizen）です。英語では，他に公衆（the public）ともいいます。日本では公（おおやけ）というとcitizenやpublicと違った次元のことのように理解されますが，公（おおやけ）は市民の総称です。行政法は公法に属しますが，政府の法ではなくて市民社会全体の法なのです。

　本書の各論を見ていただくと，行政法が市民社会のいろいろな部分に関わっていることが分かると思います。もちろん本書は入門書ですから，行政法による規制と保護の対象の全体をカヴァーしているわけではありませんが，基本的な考え方は分かると思います。行政法が市民社会の保護と規制にどのように関わっているかを知ることによって，行政法をどのように運用していくことが大事であるかを理解することができます。繰り返しますが，規制は規制を目的とするのではありません。規制によって保護される法的な利益，これを保護法益といいますが，これが大事なのです。

　行政法を規制行政法と給付（保護）行政法に分ける考え方がありますが，それは，行政法が市民社会と直接関わる部分に着目して分類したもので，行政法が全体として，この二つの種類に分かれるということではありません。行政法の目的に着目すれば，行政法は，給付行政（保護行政）の法というべきでしょ

序　　論

う。

　行政と市民との関係は，行政法の個々の法令にもとづく行政の作用という形で現れます。行政作用のうち，規制作用は法的な秩序を維持するための作用ですから，行政の相手方である市民は，これに従うことが要求されます。命令と服従です。これを行政法上の権力関係といいます。権力作用でない行政作用もあります。これを行政法上の契約関係とか当事者関係といいます。これらは，いずれも個別に法令の根拠を必要とします。契約関係を広げて，行政が，市民に対する援助として，必要に応じて指導，助言，補助とそれに必要な財政的援助をする分野が増えています。援助関係といってもよいと思いますが，教育文化の領域，社会保障や各種産業や経済の領域，外交上の援助の領域等々，その種類はさまざまです。各分野ごとに行政の形式は多種多様ですが，結局は，行政の市民社会に対する保護が究極の目的です。

　市民社会は，行政法を媒介として，行政の組織と協力する必要があります。行政の組織を比喩的にせよ，お上と見る意識がまだ残っていますが，市民社会（納税者）は，立法を通じて行政の組織に，行政に関する専門的で技術的な活動を委任していると見るべきでしょう。

　委任の程度は政策の問題ですが，行政法の運用の基礎には，委任関係があることを認識する必要があります。市民社会と行政との接点での利害の対立は，本来は自主的に，あるいは行政に参加する形で，場合によっては政治的な手段も加味して解決すべきもので，すべてを行政の責任とすることは間違っています。行政は利害の対立をよく理解しこれを調整する努力はすべきですが，市民社会が利害調整の最終的判断を行政にすべて委ねるのは，委任の範囲を超えています。それは結局行政の非能率化を招くだけで，市民社会にとっては，不利益となります。行政は専門性と技術性の領域に限定すべきです。行政法が，行政手続，市民参加（公聴会，各種審議会），情報公開の方向に向かいつつあるのは，上からの行政という姿勢から，行政に対する市民社会の自主的で能動的な姿勢へと変化しつつあることを示すものといってよいでしょう。

6　行政に対する監督

　行政を運用する多数の公務員のすべてが，常に行政を良い方向へ動かすということは，市民社会の期待であり理想です。しかし，所詮は人間の活動ですから行政を動かす過程で，いろいろな支障や事故がでてくることはやむを得ないことです。事故が起きたときは内部や外部から調査をしなければなりません。事故が起きる前に予防もしなければなりません。そのような仕組みは，広い意味で行政監察と呼ぶことができます。国会による国政調査権の発動，会計検査院の会計監査，総務省による行政監察，各省庁内部の会計・事務監査，地方公共団体での会計・事務監査，行政の活動に関する政策評価の制度などは，行政がその方向を誤らないようにするためのチェックのシステムです。行政不服審査の制度も，一種の内部的なチェックの制度といえます。行政訴訟の一種である住民訴訟も，同様の役割を果たしています。

　行政法の目的である保護とそのための規制は市民社会に大きな影響を及ぼします。保護が十分でなければならず，規制は最小限度でなければなりません。これらの作用は，公務員によって行われます。公務員が法令の解釈を誤ったり，行政の執行にあたって実力行使を誤ったりして，違法な行政により相手方に損害が生じますと，取りあえず，公務員の使用主である国や地方公共団体は，その損害を賠償しなければなりません。これは当然のことですが，もしこの問題について，国・地方公共団体との間に見解の相違があり，相手方が不服であるときは，損害賠償訴訟を起こすことができます。これは国家賠償訴訟といって，行政法と私法・民事訴訟法との中間的な領域に置かれているといってよいでしょう。

　損害賠償とは違った領域ですが，行政の作用そのものに不服がある者をどのように救済するかということが，行政法の大きな課題です。立法にせよ，行政にせよ，人間が考え，人間が実行する作用です。議会にも行政にも間違いはあります。国民や住民の代表が多数決で，あるいは全員一致で作った法律や条例だから間違いはないというのは，昔，国王は間違いを犯さないという考え方があったのと同じです。裁判所の違憲立法審査権が憲法によって認められ，法律

序　論

上の争訟であれば，裁判所は，訴えを拒むこことができないという日本の司法制度は，法律や条例をはじめ，行政の隅々に至るまで，違憲または違法の状態は存在しうるということが前提になっています。公益と私益は裁判の場では平等なのです。

　ただ，行政訴訟で，原告は，原則として，行政庁の処分を受けた個人や法人ですが，被告は，行政機関（行政庁）という法律上の組織です。実際に法廷で訴訟活動をするのは，行政庁を代理する人たちです。その場合，その人たちは行政庁を弁護するために，公益を理由とすることが，法律上認められているのです。公益があるから正しいというのではなく，争いになったときは，公益と私益を比較して，私益を柱（ま）げても公益を維持するだけの十分な理由があるかを主張立証し，裁判所に判断してもらうのです。損害賠償訴訟，行政訴訟の仕組みは，行政に対する救済（行政救済）の制度です。

　このように，広義の行政監察と行政救済を合わせて，広く行政に対する監督ということができますが，この仕組みが正常に機能することは，市民社会における行政法の発展にとって重要な課題です。

7　おわりに

　以上，市民社会の視点から，行政法をどのように理解すべきかを述べました。行政法に属する個々の法令は，誰もが読んですぐ分かるというようなものではありません。しかし，行政法の仕組みが分かれば，これまでよりも行政法が身近になると思います。これからますます良い行政法が作られ，良い解釈と運用によって，よりよい市民社会となるよう期待したいと思います。

第1編 行政法総論

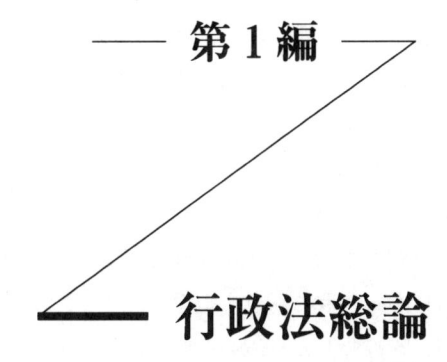

第1編　行政法総論

§1　行政法序説

1　行政法とはどのような法か

　六法を開いても，行政法という名前の法律は存在していません。しかし，ドイツの行政法学者オットー・マイヤーが「憲法は滅ぶ，されど行政法は存続する」と述べているように，「行政法」という名前の法律は存在しないものの，行政法はいつの時代も市民社会の全てに関わる重要な法です。

　行政法は，行政に関する法であることから，まず行政とは何かを明らかにする必要があるでしょう。行政とは，日常生活の広範にわたる事柄を扱う活動であるため，具体的に何が行政に該当するかを列挙することは不可能です。そこで「国家作用から立法（国民生活の将来に向けて，一般的・抽象的な規範を定立する作用）と司法（持ち込まれる紛争を契機としてこれに法を適用し，もって秩序を回復する作用）を控除した領域」といわれることがあります。仮に具体的な定義を試みるならば，**「国家目的の積極的実現を目指して具体的に展開される国家活動」が行政であり，行政法はこれに関わる法**ということになります。さらに，数々の行政法は，その性質に応じて「組織法」「作用法」そして「救済法」の3つの領域に分類することができます。まず，行政組織法は，行政の内部について主にどのような行政庁がどのような権限を行使するかということを規定し，権限配分や行政機関相互の関係，そしてそれを形成している公務員制度について規定するものです。次に行政作用法は，組織法によって定められた行政庁が，国民に対してどのように関わっていくか，その手続や手法につき具体的に規定するものです。最後に行政救済法とは，行政庁が違法な活動を行った場合，それによって被害を受けた国民がいかに裁判を通じて権利を回復し，さらに損害賠償を受けるかということについて定めています。

　行政法学は，さまざまな膨大な数の行政法規に共通する一定の基本事項を抽出し，その理論を明らかにしたものといえます。本章では，まず行政法とは何かを明らかにし，その後に組織法，作用法，救済法について概観していきます。

§1 行政法序説

2　行政法の存在理由

　私人間の関係を規律する法律としては民法があり，この他には，国家が私人に対して制裁を科す刑法があります。しかし，これらの法制度では社会を適切に管理できない，つまり公共性を確保できない場合に行政法が登場してくることになります。土地の売買を例にとると，民法上では契約自由の原則があります。土地の所有者と買主との間で，自由な合意が成立したときに契約は成立するわけです。つまり，交渉して双方が合意すれば売買契約は成立しますが，契約に至らない場合もありえます。しかし，学校用地の取得やごみ処理施設のための土地の取得というケースでは，この原則どおりにしていたのでは公共目的が実現できません。学校を建てたり，ごみ処理施設を作る必要性があるにもかかわらず，それにふさわしい土地の所有者が売却を拒否した場合，どうすればよいのかが問題となるわけです。学校用地を確保できなければ，子供に教育を受けさせるという目的が達成できませんし，ごみ処理もしなければ日常生活に支障をきたすことになります。そこで，法律ではこのような事態に備え，学校用地やごみ処理施設のための用地取得につき，一定の要件の下で強制的に取得できるような手続を設けています。当然，土地を収用するにあたっては，土地の所有者に補償をすることが必要となります。この例は，私人間では認められていない特権が行政庁に与えられている典型です。公共目的の実現のため，行政庁に権力性が認められている点が行政法の特色です。

　次に行政法は，トラブルを未然に防ぐため，紛争や被害を防止するためのシステムを構築することにも寄与しています。たとえば，自動車運転免許の制度もこの一つです。かりに自動車の運転に免許が必要でないとしたら，時間をかけて教習所に通う人は少なくなることでしょう。その結果，交通規則が徹底せず，事故の増加につながることが予測されます。このような事態が生じることのないよう，運転免許制度が法律で規定されているのです。交通事故が起きれば，民法や刑法で一定の対応をすることは可能ですが，これらによる救済は事後的にならざるをえないため，間接的な効果しか期待できないことになるでしょう。この他にも，環境を保持したり公害を規制する法律，食品などの衛生

管理についての法律など，市民社会におけるさまざまな危険を防止する法律が制定されています。より良いまちづくりを目指しての区画整理計画なども，この範疇に含めることができます。

さらに，行政法を通じてさまざまなサービスが国民に提供されるほか，戸籍や通貨といった管理業務など，国民生活の向上のため，数々の国家活動が展開されています。

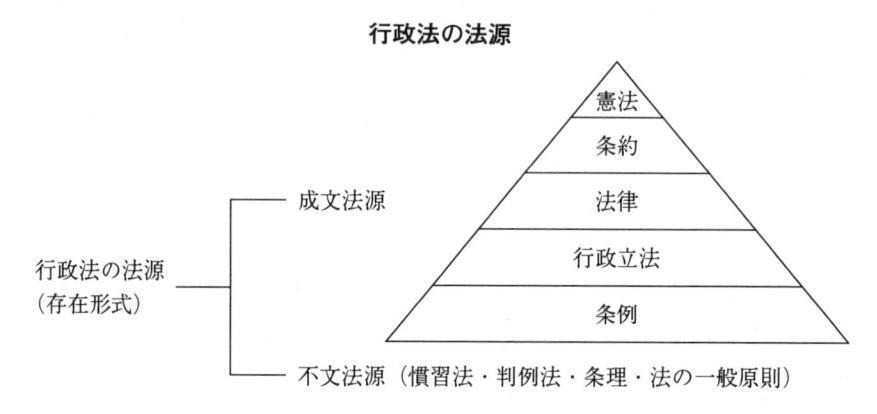

行政法の法源

行政法の法源
（存在形式）
　├── 成文法源（憲法／条約／法律／行政立法／条例）
　└── 不文法源（慣習法・判例法・条理・法の一般原則）

　行政とは，法を通じての国家目的の実現作用であり，行政法とはこれらの公共目的実現のために必要な手段といえます。行政法の法源，つまり行政法の存在形式は，法律に限定されているわけではなく，憲法や条約，命令や規則，そして地方公共団体の自主立法である条例といった成文法源も含まれています。これら多くの規範を通じて，行政法は展開されていくのです。また，法典の形式をとっていない，慣習法や判例法，そして一般人の正義感情である条理も，成文法の空白を埋める役割を担っており，行政法の法源ということができます。

　このほか，法律の上では明示されてはいないものの，一般に正義にかなう普遍的原理として認められている諸原則の適用も重要です。まず**平等原則**は，憲法14条にも規定されているように，行政法の分野においても国民を差別してはならないことを意味しています。税金であれば，全国一律に同様の基準で徴収されるべきであり，特定の人に対してだけ理由なく異なる税率で課税するということがあってはならないわけです。次に，主に警察行政の分野から発展した

比例原則は，国家目的の実現のため必要な程度でのみ行政庁は国民の自由を制限できるということを意味しています。最後に，**信頼保護の原則**があり，これは状況にもよりますが，行政庁の対応に依存したことにつき国民の側に落ち度がなく，また事実の積み重ねもあるような場合には，国民の信頼は保護されなければならないということを意味しています。

§2 法治行政の原則

　法治行政の原則は行政法の大原則であり，行政の諸活動は，法律の定めるところにより，法律に従って行われなければならないことを意味しています。近代以前，法律は十分に整備されておらず，諸外国でも専制君主の統治が目立ちました。これは，「人の支配」といえますが，現在では「法による支配」，つまり民主主義体制の下，行政は法に従って行われなければなりません。「代表なくして課税なし」というアメリカ独立戦争のスローガンも，法治行政の原則を求めたものであったということができます。法治行政の原則は，法律の形式をとっていればそれがいかなる内容でも構わないというものではなく，法律の内容自体も正義でなければならないことを当然に意味しています。法治行政の原則は，具体的には以下の原則から構成されています。

　① **法律の法規創造力の原則**　新たな法規範は，議会の定立する法律または，その授権にもとづく命令の形式においてのみ成立します。それ以外の形で法規を作ることはできず，国民の権利や義務に関する新たな規範を定めることは，立法の専権です。つまり，民主的な裏付けを欠く権利利益の制限は，排除されることになります。

　② **法律の優位の原則**　行政活動は法律に違反してはならないということ，直接的には，議会が優先するということを意味しています。これにより，法律に違反している行政の活動については，裁判によってそれを正すシステムが必要だということが導かれてきます。

　③ **法律の留保の原則**　国民の権利利益を侵害し，義務を課するような行

政は，必ず法律の根拠にもとづかなければならず，たとえ公共目的実現のためであっても，国は法律によらずにこれを行うことはできません。法律は，議会に留保されているわけであり，議会の意思が法律という形で示されて，はじめて行政の活動ができるのです。

しかし，法律が存在しない場合に，行政庁は独自に活動することが全くできないかについては諸説があります。**全部留保説**は，行政庁の行うあらゆる行動には法律の根拠が必要であり，行政庁は議会が個別に授権した活動だけができるとしています。行政に対する信頼度が薄ければ薄いほど，こういう結論にたどり着くことになるわけです。これに対して，**一部留保説**の下では，国民の自由と財産を侵害するような場合にのみ法律の根拠を要する，つまり侵害留保で足りるとする考え方が有力となっています。つまり，国民に対する授益的な行政活動であれば，国民の権利利益の侵害や新たな義務を課すことにはならないため，あらゆる場合に法律の根拠を要求しなくても，法治行政の趣旨に反することにはなりません。行政の活動には，迅速性も期待されていること，すべてを想定して法律で定めることには限界があることを考えると，全部留保説は現実的ではないと考えられることになるでしょう。

§3 行政組織法

行政組織法は，だれが行政を行うのかということだけではなく，行われた行政の効果がだれに帰属するかを明らかにしています。行政によって損害を被ったような場合に，責任をどこに求めることができるのかということにもなります。行政の法的効果が帰属する行政機関は，**行政主体**と呼ばれています。主な行政主体には，国と地方公共団体があり，行政主体の行う個別的な行政活動を担当するのが，各行政機関です。現代の日本の行政組織の特徴としては，民主的に組織されていること，行政機関が上下の階層をなしており指揮監督を通じて全体として統一性が保たれていること，責任の明確性が考慮されていること，複雑多岐な行政に対応するため専門知識を有する公務員による官僚制がとられ

§3 行政組織法

中央省庁再編の概要

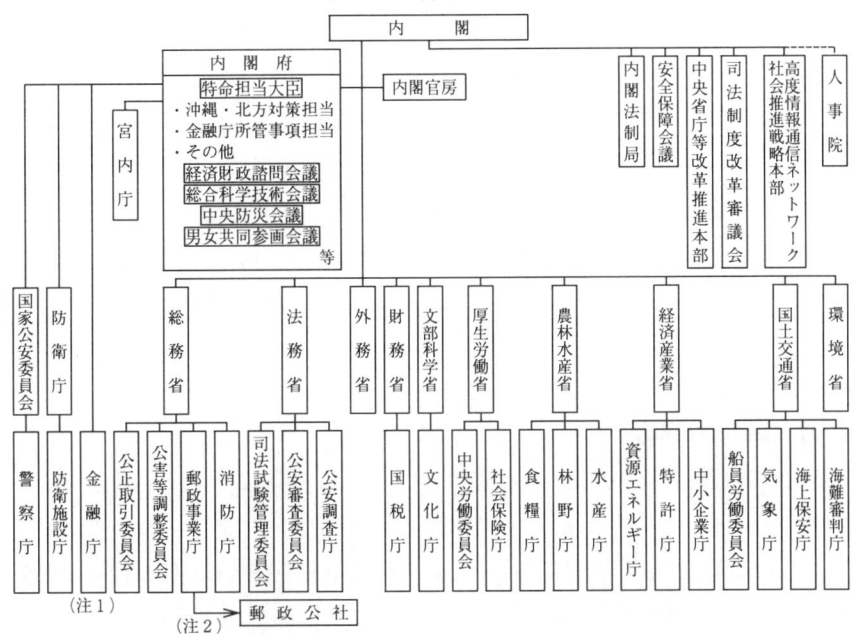

[組織図]

内閣の下に：
- 内閣府
  - 特命担当大臣
    ・沖縄・北方対策担当
    ・金融庁所管事項担当
    ・その他
  - 経済財政諮問会議
  - 総合科学技術会議
  - 中央防災会議
  - 男女共同参画会議 等
- 宮内庁
- 内閣官房
- 内閣法制局
- 安全保障会議
- 中央省庁等改革推進本部
- 司法制度改革審議会
- 高度情報通信ネットワーク社会推進戦略本部
- 人事院

省庁：国家公安委員会、防衛庁、総務省、法務省、外務省、財務省、文部科学省、厚生労働省、農林水産省、経済産業省、国土交通省、環境省

外局等：警察庁、防衛施設庁、金融庁、公正取引委員会、公害等調整委員会、郵政事業庁、消防庁、司法試験管理委員会、公安審査委員会、公安調査庁、国税庁、文化庁、中央労働委員会、社会保険庁、食糧庁、林野庁、水産庁、資源エネルギー庁、特許庁、中小企業庁、船員労働委員会、気象庁、海上保安庁、海難審判庁

（注1）→ 公正取引委員会
（注2）郵政事業庁 → 郵政公社

（注1）金融庁は平成12年7月設置，金融再生委員会は平成13年1月廃止。
（注2）郵政事業庁はその設置の2年後の属する年に郵政公社に移行。

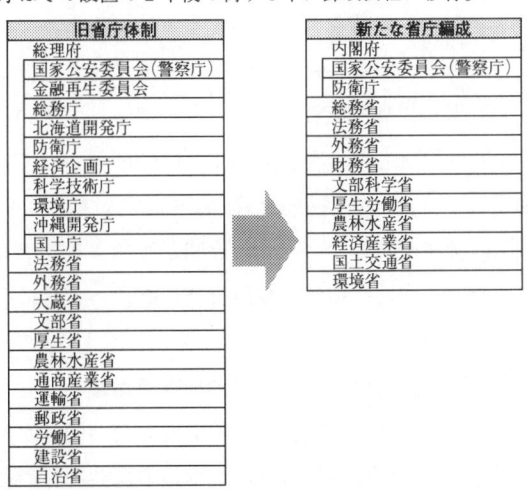

旧省庁体制	新たな省庁編成
総理府	内閣府
国家公安委員会（警察庁）	国家公安委員会（警察庁）
金融再生委員会	防衛庁
総務庁	総務省
北海道開発庁	法務省
防衛庁	外務省
経済企画庁	財務省
科学技術庁	文部科学省
環境庁	厚生労働省
沖縄開発庁	農林水産省
国土庁	経済産業省
法務省	国土交通省
外務省	環境省
大蔵省	
文部省	
厚生省	
農林水産省	
通商産業省	
運輸省	
郵政省	
労働省	
建設省	
自治省	

出典：中央省庁等改革推進本部事務局のホームページ
（http://www.kantei.go.jp/jp/cyuo-syocho/aratana.html）

ていること，などを挙げることができます。

　行政機関については，まず内閣法とそれぞれの行政作用法によって定められています。それによると，行政主体の意思を決定表示する機関としては，大臣，知事などが挙げられています。これに対し，国家行政組織法では，行政機関として府，省，庁，委員会などが規定されています。前者は，責任の所在がどこにあるかという観点からの分類であり，後者は事務の権限配分という観点からの分類です。行政作用との関係からいえば，誰が行政行為をするのかという意味で，前者の分類を中心に考えることになり，これらを行政庁とよびます。

1　国と地方公共団体の行政組織

(1)　国の行政組織

　国の行政組織については，50数年ぶりに中央省庁再編がなされたばかりです。2001年1月6日より，それまでの1府22省庁から1府12省庁へと改められました。これによって，新世紀にふさわしい，活力のある自立した経済社会の実現が期待されています。

　すべての行政権を掌握しているのは，内閣です。内閣は，両院の同意を得て検察官を任命するなどの具体的な権限を行使することもありますが，主にその行政権行使は，内閣の下にある各行政庁の行政作用に対し指揮監督を行い，さらに国会に対して連帯して責任を負うということです。内閣の下で，国の行政事務は府・省および外局としての委員会および庁に配分されており，これらの機関の詳細な権限については，各機関の設置法に定められています。これによって，行政責任の所在が明らかにされ各機関がどのような事務を行うか，その範囲が明らかになります。具体的な権限行使にあたっては，さらに作用法の規定が必要となるわけです。

(2)　地方公共団体の行政組織—地方分権と地方自治法—

　地方公共団体には，普通地方公共団体と特別地方公共団体があります。前者は，都道府県市町村，後者は東京都の特別区や地方公共団体の組合，財産区，地方開発事業団を意味しています。

§3 行政組織法

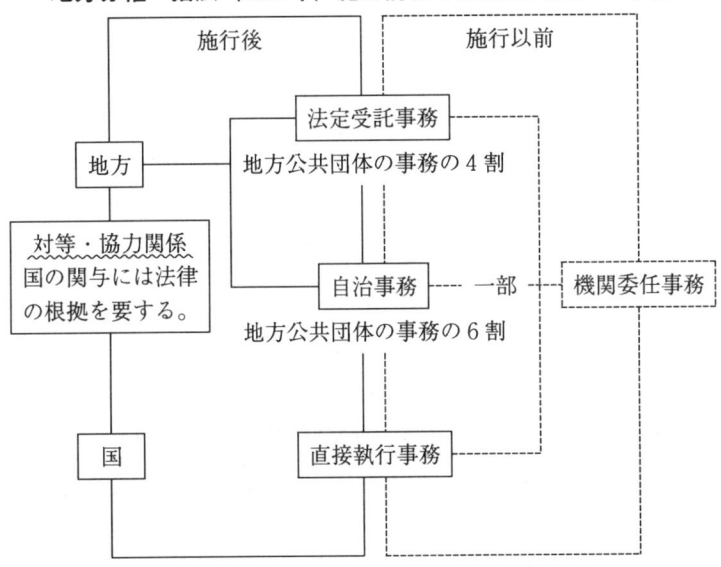

地方分権一括法（2000年）施行前後の地方公共団体の事務

```
          施行後              施行以前
              ┌─── 法定受託事務 ───┐
       地方 ──┤  地方公共団体の事務の4割
              │
  対等・協力関係│
  国の関与には法律├─── 自治事務 ───一部─── 機関委任事務
  の根拠を要する。│  地方公共団体の事務の6割
              │
       国  ──┴─── 直接執行事務 ───┘
```

　地方分権の推進により，国と地方の関係も大きく変わってきています。地方分権は，中央集権型の行政システムを分権型行政システムに転換しようとする試みであり，規制緩和や財政構造改革などとともに，日本の行政改革の重要課題とされてきました。この潮流の中で1999年に改正された地方自治法の1条の2は，地方公共団体は「地域における行政を自主的かつ総合的に実施する役割を広く担う」と規定しており，地方に対して積極的な役割分担を求めるようになっています。イギリスの法政治学者ジェームス・ブライスの「地方自治は民主主義の最良の学校である」という有名な一文がありますが，今後は住民による自治がいっそう重要視されることになるでしょう。

　一連の地方分権の動きの結果，地方公共団体の事務は，図に示したように，結果として地方公共団体の扱う事務は大きく様変わりしました。

　① **機関委任事務の廃止**　　憲法94条の規定する地方公共団体の権能は，従来は固有事務（地方公共団体の本来の事務），団体委任事務（法令により個別に委任された事務），そして機関委任事務（地方公共団体の長およびその他の

機関に委任された，国，他の地方公共団体，その他公共団体の事務）に分けられていました。このうち，戦前から既にあった機関委任事務は，地方公共団体の権能には属さず，機械的な執行が求められていました。機関委任事務は，1999年改正前地方自治法の別表第三および第四に列挙されていましたが，その数は都道府県の事務処理の7割，市町村の場合には3割を超える量と分野にわたるものであり，中央集権の象徴でもありました。これらにつき，地方公共団体は条例を定めることはできず，地方の側からは不満の声もありました。

　機関委任事務が執行されていない場合，国や都道府県知事は職務執行命令を発した後，職務執行命令訴訟を提起することができるようになっていました。この最初の例としては，米軍基地の拡張に反対する町長が土地収用に必要な事務手続を行わなかったため，都知事が職務執行命令訴訟を提起したケース（砂川事件：最判昭35・6・17民集14巻8号1420頁）があります。しかし，このたびの地方自治法改正で機関委任事務が廃止されたことにより，職務執行命令訴訟の根拠となった規定や，主務大臣および知事の指揮監督権などの規定も削除されました。この他，地方公共団体が事務を処理する上で，主に保健や福祉の領域で組織や職員の設置を国が義務づけていた必置規制についても，廃止や緩和が進められています。

　② **改正後の事務**　改正を受けて，地方公共団体の行う事務は，地方公共団体が自ら行う自治事務と法定受託事務とから構成されるようになり，地方公共団体は両方の事務について条例を制定することが可能となりました。

　地方自治法2条8項は**自治事務**を，「地方公共団体が処理する事務のうち，法定受託事務以外のもの」であると規定しており，自治事務か法定受託事務かは，個別の法律の規定に従うことになります。自治事務の具体例としては，都市計画の決定，飲食店営業の許可などがあります。**法定受託事務**については同条9項1号で，「法律又はこれに基づく政令により都道府県，市町村又は特別区が処理することとされる事務のうち，国が本来果たすべき役割に係るものであつて，国においてその適正な処理を特に確保する必要があるものとして法律又はこれに基づく政令に特に定めるもの」をいうと規定しています。

この具体例としては，国政選挙や旅券の交付，さらに国道の管理などの事務を挙げることができます。なお，国等が地方公共団体に関与を及ぼすような場合には，法律またはこれにもとづく政令の根拠が必要であることも定められました。

　国と地方公共団体との間で係争が生じることも予想されますが，これについては職務執行命令訴訟に代わる新しい制度が設けられました。今後，地方公共団体が国から法的拘束力を伴う関与を受け，それに対して不服のある場合には，**国地方係争処理委員会**に審査の申出をすることになります。委員会は，内閣府におかれた独立行政委員会であり，国の関与が違法であると判断すれば，国に対して必要な措置を講ずるよう勧告することができ，国はこれにそうよう対応しなければなりません。地方公共団体は，審査の結果や国の対応に承服できないときは，高等裁判所に出訴することができます。都道府県と市町村との間の係争についても，同様の制度が定められています。

2　公務員制度
(1)　公務員の身分保障

　実際に日常生活において行政を担っていくのは公務員です。公務員には，特別職（国家公務員法（以下，「国公法」）および地方公務員法（以下，「地公法」）で列挙）と一般職（特別職以外）の区分があります。これは立法政策の問題であり，特別職公務員に列挙された職には，とくに共通した性質はなく，特別職か一般職かは法に従って判別することになりますが，あえて分類すると任用方式が特殊であるもの，権力分立から各機関の自律権に委ねるべきであるもの，外交と防衛にかかわるもの，ということになります。

　公務員は身分の保障があるため，法律で定められている場合に限り免職や休職などの不利益処分を受けることになります。不利益処分は，分限処分，懲戒処分，その他に区別することができます。分限処分とは，勤務実績の不良や心身の故障のため職務遂行に障害が生じたり，その他の不適格事由により免職，休職，降任，降給を命じるものです。これに対し，懲戒処分は，法令違反，職

務上の義務違反や全体の奉仕者としてふさわしくない非行のあった場合に科されますが，免職，停職，減給，戒告があります。これらの不利益処分を行う場合には，その処分理由を記載した説明書を交付しなければならないことになっています。不利益処分に不服のある公務員は，人事院に対して不服の申立てをすることができ，行政訴訟により処分の取消しを求めることもできます。

(2) 公務員の権利義務

公務員には，給与請求権，実費弁済請求権などが認められていますが，重要なのは公務員に対し特別に課されている一連の義務です。主なものとしては，以下が挙げられます。

① **職務専念義務** これは，勤務時間中は職務遂行に従事すること（国公法101条1項，地公法35条）を内容とする義務です。勤務時間外についても他の事業や事務に従事するためには，許可を受ける必要があります（国公法104条，地公法32条）。さらに，職務の遂行にあたっては，法令および上司の命令に服従しなければならない義務を負っています（国公法98条1項，地公法32条）。かりに上司の命令を違法であると判断した場合には，その旨を上申することはできますが，命令の内容が一見きわめて明白に違法ではない限り，これに拘束されることになります。

② **憲法上の権利の制限** 次に，公務員は憲法上一般国民に保障されている基本的人権についても，公務の中立性ならびに国民の信頼を確保する理由から，一定の制限を受けています。

(a) 労働基本権（憲法28条） 公務員も労働者として保護されなければならない一方で，国家目的の実現という公共性の非常に高い職務を担っています。そこで，一般の労働者には保障されている労働基本権の団体権・団体交渉権・団体行動権（争議権）のうち，公務員についてはその職務を問わず，団体行動権は保障されていません。これは，ストライキをする権利ですが，かりに違反すれば懲戒処分を受けることになります。なお，警察職員，海上保安庁職員，監獄職員，消防職員，および防衛庁職員には，その職務の特殊性から，労働組合を作る権利である団結権も否定されており，労働基本権を享受することはで

きません。

(b) **政治活動の自由**（憲法21条）　公務員は，全体の奉仕者であり，その職務の遂行は中立かつ公正である必要があります。これが保たれない限り，国民からの信頼を確保することは著しく困難となります。そこで，国家公務員法および地方公務員法では，政党や政治目的に関与することを禁止しています。しかし，これは憲法の優越的人権である表現の自由に対する規制でもあることから，一律に禁止することが妥当かどうかについては議論のあるところです。

③ **守秘義務**　公務員が職務上知り得た秘密は，在職中だけではなく退職後もこれを漏らすことは罪に問われます（国公法100条，地公法34条）。証人となって裁判に出廷するような場合でも，職務上の秘密を公言するのであれば，所轄の長か任命権者の許可が必要です。ここでの秘密には，形式的に秘密であると分類されているものだけではなく，形式上は秘密指定されていないとしても，その内容から実質的に秘密に該当する場合には，これに含まれると解されています。

④ **私企業からの隔離・他の事業・事務の関与制限**　国家公務員は，営利企業の役員となったり自ら営利企業を営むことが禁止されています（国公法103条，地公法38条）。離職後に再就職する場合にも，一定の手続を踏むことが必要です。地方公務員の場合には，国家公務員と比較すると，やや規制が緩やかなものとなっています。

§4　行政作用法──行政の行為形式──

1　行政による規範定立（行政立法）

　行政庁が，行政の組織や活動について，一般的・抽象的な規範を定立することがあります。これまで行政立法といわれてきましたが，憲法41条が国会を唯一の立法機関であると定めていることから，立法という用語を避けて「行政による規範定立」と呼ばれるようになってきています。法律ですべての行政作用を規定するのは困難であること，また政策や専門技術事項に関わるような問題

については議会の立法能力が必ずしも十分ではないこと、情勢の変化に柔軟かつ迅速に対応する必要性があること、などから行政庁による立法が期待されている面もあるのです。行政庁によって定立された規範も、行政法の法源となります。しかし、法治行政の原則の下でこれが望ましい事態でないことも事実です。そこで、国民の権利を制限したり義務を課すような行政による規範定立については、法律による授権が必要であると解されてきています。

　行政立法は、それを定立したのがどこであるかによって名称が異なってきます。内閣で閣議によって設けられた場合は「政令」（内閣法1条、国家行政組織法11条）、内閣総理大臣および各省の大臣による場合は「府令」ないし「省令」（国家行政組織法12条）、各庁の長官や各委員会が設けた場合には「外局規則」（同法13条）と呼ばれることになります。行政立法をその性質によって分類すると、以下のようになります。

行政立法の概念

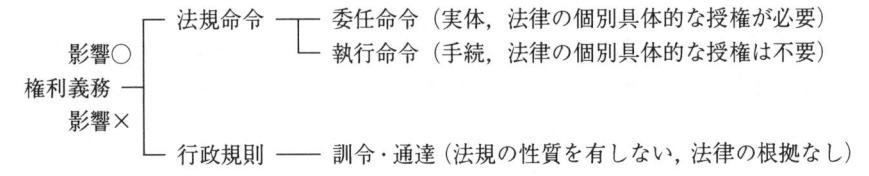

```
              ┌─ 法規命令 ─┬─ 委任命令（実体、法律の個別具体的な授権が必要）
      影響○  │            └─ 執行命令（手続、法律の個別具体的な授権は不要）
権利義務 ─┤
      影響×  │
              └─ 行政規則 ── 訓令・通達（法規の性質を有しない、法律の根拠なし）
```

(1) 法規命令

　法規命令は、国民の権利義務を左右する性格を持つ規範です。そこで、このような規範を定立することにつき法律の具体的な授権があることが要求されます。法規命令には、委任命令（個別の法律による授権を要する）と、執行命令（国家行政組織法12条の委任で足りる）とがあります。

　① **委任命令**　まず、委任命令は、国民の権利や義務を新たに定めるものであり、罰則を付けることも可能です。それ故に、委任命令の範囲や限界には留意する必要があります。公務員の政治活動の制限については、国家公務員法102条がその詳細を委任命令である人事院規則に委ねています。これが白紙的委任であり委任の範囲を超えているのではないかということが争われた際（猿

払事件：最大判昭49・11・6刑集28巻9号393頁），最高裁はこれを否定しましたが，委任命令には法律の個別具体的な委任が必要であることが確認されています。なお，法律の認める範囲内であれば，委任命令を再委任することも可能です。

《判例》 **幼年者接見不許可事件**（最判平3・7・9民集45巻6号1049頁）：委任の範囲を越えた委任命令は無効と判断された事例
　身柄拘束中の被告人には接見・交通権が認められている。監獄法50条は，委任命令である監獄法施行規則にこの制限の詳細を委任している。監獄法では言及がないものの，施行規則では幼年者の接見を制限していた。最高裁は，委任命令は法律によらず被拘留者の接見の自由を著しく制限するものであり，監獄法の委任の範囲を超えるものであるとして無効と判示した。

② **執行命令**　執行命令は，法律にさらに新たな内容を付加するものではなく，既存の国民の権利や義務の内容を実現させるために必要な詳細を定めるものです。届出の具体的な書式を定めることなどは，執行命令の典型です。

(2) 行 政 規 則

　行政による規範定立のうち，行政規則は法規命令とは異なり，国民の権利義務への影響はありません。つまり，行政規則の効力は行政内部にとどまっているため，法律による授権は必要ないことになります。国家行政組織法14条は，訓令・通達を「行政機関の諸機関および職員に対して発せられる命令または示達」と規定しています。訓令は口頭で発せられ，通達は文書によると説明されていますが，必ずしもこのとおりではないこともあります。ただし，訓令・通達の中には国民に対する不利益をもたらすものもあり，この点で問題があるという指摘もなされています。

《判例》 **パチンコ球遊器事件**（最判昭33・3・28民集12巻4号624頁）：通達による課税が租税法律主義に違反しないとされた事例
　旧物品税法は，遊戯具への課税を定めていたが，パチンコ球遊器は遊戯具には含まれないとの通達が発せられていた。しかし，後に国税局長がこの通達を変更

し、パチンコ製造業者にも物品税が課税されるようになった。最高裁は、税務署長の課税処分が、たまたま通達を機縁として行われたものであっても、それが法の正しい解釈に合致するものであるならば、それは法にもとづく処分であり違法とはいえないと判示した。

2　行政行為論
(1)　行政行為とは何か

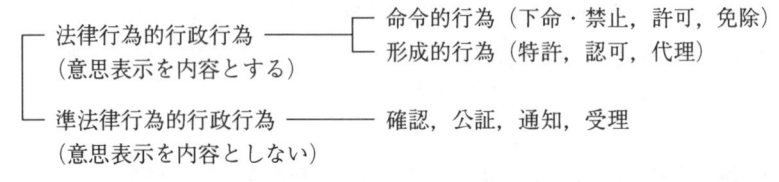

```
                        行 政 行 為
        ┌ 法律行為的行政行為 ─── ┌ 命令的行為（下命・禁止，許可，免除）
        │ （意思表示を内容とする） └ 形成的行為（特許，認可，代理）
        │
        └ 準法律行為的行政行為 ─── 確認，公証，通知，受理
          （意思表示を内容としない）
```

　行政法学では、行政庁の活動すべて（行政作用）を行政行為とよんでいるわけではありません。そのうち、特定の特徴を備えるものが行政行為と考えられているのです。**行政行為**ないし**行政処分**とは、直接国民の権利義務を形成し、またはその範囲を確定することが法律上認められているものと定義されてきています。これは、個別の法律の中では、許可、認可、免許、などの形式で展開されているわけです。行政行為のうち、意思表示を内容とするものを法律行為的行政行為（許可、認可、免許、禁止など）、そうでないものは準法律行為的行政行為（受理、確認、公証など）と呼ばれています。

　行政行為は、法治行政の原則の下、その主体・内容・手続などすべてが法律の規定に合致することで有効に成立し、それによって効力が発生します。行政行為の相手方の受領を要する場合には、行政行為が相手方に到達したときに効力が発生するとされています。

(2)　行 政 裁 量
　① **裁量行為と覊束行為**　　行政行為は、意思表示の有無による分類の他、裁量の有無によって分類することも可能です。法治行政の原則は、法律により行政を拘束することともいえますが、法律の留保の原則をめぐる議論からも明

らかであるように，すべてを法律で規定しておくことは現実的ではありません。このため，行政活動に対し，法律は一定の枠を設定して，その範囲内に収まっている限りにおいては，行政庁に自由な判断の余地を与えていることが少なくありません。行政行為に関し，完全に法に拘束されずにどのような処分を行うか選択の余地がある場合，これを行政裁量ないし裁量行為とよびます。これに対し，行政行為が法律の下で一義的に明確に規定されており，単に法律の機械的執行として行われている場合には，これを羈束(きそく)行為とよびます。行政裁量は，政策的な事項や専門的な事項に関して多く見られます。

 羈束行為は，それが法律に違反しているかどうかが問題となり，その効力が裁判で争われた場合には，裁判所は法に照らしてその合法性を審査することができます。しかし，裁量に委ねられた範囲であれば，その範囲内で行政庁がいかなる行政権限を行使しても，それは当・不当の問題を生じるにすぎません。つまり，行政庁の判断が尊重されることになります。

 ② **裁量の限界**　　羈束行為とは異なり，裁量の誤りは，直ちに違法性を導くわけではありません。しかし，裁量行為であったとしてもその裁量が恣意的に行使されてはならないことは，行政法の一般原則からしても明らかです。行政事件訴訟法30条は，行政庁が裁量の枠を超えて行政権を行使した場合には，**裁量の踰越・濫用**として裁判所は羈束行為と同様，審査を行うことができると規定しています。裁量の踰越とは，法律で定められた裁量の枠を逸脱する場合を意味し，裁量の濫用とは，法の定めた枠の中での行政行為であっても，それが法の趣旨や行政法の一般原則に反している場合であるといわれています。たとえば，同じ職務にある公務員の同じ違法な行為であるのにもかかわらず，一方が懲戒処分を受け一方は何らの処分も受けなかったというような場合には，平等原則違反が問われ，裁量権行使に濫用があったことになります。このようなことを防止するためにも，手続的に裁量を統制すること，たとえば裁量基準の公表が要請されてきています。

 《判例》　個人タクシー事件（最判昭46・10・28民集25巻7号1037頁）：裁量基準の

第1編　行政法総論

未公表が違法であるとされた事例
　Xは個人タクシーの免許を申請したが，東京陸運局旅客部員が具体的な許可基準を告知せずに聴聞を行ったため，Xは適切な主張立証ができず，結果として免許の申請は却下された。裁判所は，具体的な基準を設定することなくなされた行政行為は，違法性を帯びるとした。利害関係人に主張と証拠を提出する機会を与えることなしに手続を進める裁量の自由がないことも確認している。

《判例》　個室付浴場事件（最判昭53・5・26民集32巻3号689頁）：裁量権行使に踰越・濫用があり違法であると問題とされた事例
　Xは，個室付浴場を営業するため建物の建築確認を申請したが，住民の反対運動が起こった。そこで町長は，児童福祉法にいう児童福祉施設の周辺200m 以内では個室付浴場の営業を禁止している風営法の規定を利用し，Xの建物から150m の所での児童遊園の設置を県に申請し，認可された。最高裁は，この認可は児童遊園設置が目的ではなく，個室付浴場の営業規制を主目的とするものとして，行政権の濫用に相当する違法があるとした。

③　**裁量ゼロ収縮論**　いかなる行政行為をなすかというだけでなく，行政行為をなすかどうかが行政庁の裁量にかかっていることもあります。たとえば，法が「許可をすることができる」と規定しているようなときに許可の要件がそろうと，行政庁は許可をすることもできますし，許可をしないでいることもできるわけです。しかし，権限を行使しなければ，法律が行政庁にそのような権限を与えていること自体の意味が失われるような場合，行政庁には行政権を行使しないでいる自由はないと考えられています。つまり，裁量行為が覊束行為化するケースがありうるのです。これは，行政権の行使なしには，国民への具体的かつ重大な危険が回避できないような場合のことです。つまり，社会における危険が増大し国民の生命・健康に対する危機が迫っていること，行政権の行使に著しい困難を伴わないこと，権限を行使しなければ危険の防止ができないこと，国民が行政権限の行使を期待していること，行政権限の行使によって危険が回避されうること，といった条件が満たされた場合，行政庁の裁量の範囲はゼロにまで収縮し，一定の行政行為が覊束されることになるのです。

《判例》 東京スモン訴訟（東京地判昭53・8・3判時899号48頁）：裁量ゼロ収縮論を支持した事例

Xらは，キノホルム含有製剤の大量投与を受け，スモン病に罹患した。裁判所は，行政庁には結果防止のために規制権限の行使が義務づけられることがあり，それを怠ると権限の不行使が作為義務違反として違法になるとした。そして，本件の事実関係の下で，厚生大臣が当該製剤を発売後も監視して，安全性の確保をすべきであったのにもかかわらずこれを怠ったとした。

(3) 行政行為の効力

行政行為を他の行政庁の活動とは特筆すべきものとしているのは，その効力です。行政行為には，その他の行政作用にはない特別な効力が備わっています。

① 公定力　行政行為は，それが法令に違反しており違法であったとしても，それを権限のある機関が自ら取り消すか，あるいは裁判所で取消判決が出されない限り，有効なものとして関係者を拘束します。

法律の世界では，上位規範に違反する下位規範は無効なのが原則です。つまり，違憲な法律は無効であり，違法な条例も無効です。公定力はこの原則に反して，行政行為が仮に違憲あるいは違法であったとしても，それが行政庁か裁判所によって取り消されるまでは，一応は有効なものとして取り扱われるという効力です。行政行為が存在すると，その相手方や第三者はこれを信頼して行動すること，さらに行政法関係の安定や行政の円滑な運用のためにはこの効力を認める有用性があることから，このように強い力が認められているのです。また，行政法の目指すところである公共目的の実現を早期に達成するためにも，公定力が肯定されることになります。たしかに，行政行為の内容をその相手方が独自に判断して，これに従ったり従わなかったりした場合には，法的安定性が崩れ社会に混乱が生じることが予想できます。公定力は，行政行為に拘束力（行政行為の相手方，第三者，行政主体は，行政行為を遵守・尊重しなければならないという効力）の承認を強要する力であると説明されることもあり，また違法でも有効ということは，法治主義の原則に対する例外としても位置づけることができます。

民事関係と比較すると，一般企業からの解雇に不服を持つ者は，裁判所で直ちに地位確認や給与の支払いを求めて出訴することができ，その裁判の中で原因となった解雇が違法であったかどうかを審査してもらうことができます。これに対し，公務員の場合は，理由なく解雇されたのであったとしても，公定力故に地位の確認や給与の支払いをすぐに請求することは不可能です。まずは，解雇されたことを取り消してもらってからでないと，一般企業の労働者と同じスタートに立つことができません。

② **不可争力**　これは，相手方その他の関係人に対して，一定の期間が経過した後は，行政行為の効力を争うことを許さない力を意味しています。民法になぞらえていうならば，一種の時効と見ることができます。仮に違法な行政行為であるとしても，一定期間を経過してしまうと行政行為の相手方はその取消しを主張することができなくなるわけです。これは，公定力が認められる理由と同様に，行政法関係の早期安定の観点から認められる力です。行政事件訴訟法14条では，行政行為の取消しを求める者は，それがあったことを知った日の翌日から起算して3カ月以内に出訴しなければならないと規定しています。

③ **不可変更力**　行政行為の中でも，準司法的な手続を経て行われる行政行為は，その違法・適法，当・不当とは関わりなく，特別の規定がない限り，行政庁が職権で取消し・変更はできないという力です。国民健康保険審査会による国民健康保険料の決定は，この一例です。いつまでも紛争を繰り返すことを防止するために，このような効力が認められています。

④ **自力執行力**　これは，行政行為の内容を実現しうる力を意味しています。行政行為によって課された義務を国民が履行しない場合，民法ではそれを執行するのに裁判所の関与を必要とします。しかし，裁判は長期にわたる可能性もあることから，行政法関係の早期安定のため，行政庁が行政行為の内容を強制執行することができるのです。つまり，行政行為には，裁判所の手を借りることなく義務の内容を実現することができます。

(4) 公定力の限界

行政行為の瑕疵

瑕疵ある行政行為 ─┬─ 無効な行政行為：正式な取消手続を踏むまでもなく，無効を主張できる。＝重大明白な瑕疵
　　　　　　　　 └─ 取り消しうべき行政行為：取消手続が必要。公定力はある。

① **無効な行政行為と取り消しうべき行政行為**　　行政行為には公定力があるが，行政行為に瑕疵（傷）がある場合には，それは行政行為として効力を有しないか，あるいは完全に効力を発生するものではないといえます。もし瑕疵の程度がはなはだしく誰でもそれが誤りであることを指摘できるようなときには，国民の信頼確保を論じる必要はなく，公定力を維持する必要も生じないわけです。瑕疵ある行政行為は，その瑕疵の程度によって，無効な行政行為と取り消しうべき行政行為とに区別されます。

　無効な行政行為とは，誰かの何らの行為を待つことなく，最初から効力を有しない行政行為です。行政行為の不存在も，無効な行政行為と同様に考えることができます。これは，行政行為の成立要件を全く欠いており，外観的にも行政行為として見ることができないようなものや，まだ外部に示されていない行政行為を意味しています。行政行為として成立していない以上，無効な行政行為と変わるところはありません。これに対し，取り消しうべき行政行為とは，瑕疵は存在するものの，一応は有効な行政行為としてその効力が維持されている行政行為です。取り消しうべき行政行為が効力を失うには，それを行った行政庁が取り消すか，あるいは裁判所によって取り消されることが必要です。

② **無効な行政行為と取り消しうべき行政行為の区別**　　瑕疵のある行政行為が，無効な行政行為であるのか取り消しうべき行政行為であるのかについては，その瑕疵が「**重大明白**」であるかどうかによって区別されます。瑕疵が重大明白な行政行為は無効であるため，取消しがなされなくても，行政行為の目指す内容も行政行為の効力も生じることはありません。

　重大な瑕疵とは，重要な法規に違反していることを意味しています。行政行

為の成立までには，法律のさまざまな要件が関わってきます。これらのいずれに違反することもあってはならないわけですが，各要件には自ずと重要度に違いがあります。些細な要件に違反していることをもって，すべて行政行為を無効としてしまうのであれば，公定力の意義が失われてしまいます。そこで，**重大な瑕疵**とは，行政行為が満たしていない要件が，当該行政行為にとっては欠くことのできない要件であることを意味しています。これに対し**明白な瑕疵**とは，瑕疵の客観的明白性，つまり行政行為の外観から瑕疵が一目瞭然に見受けられるかどうかという意味です。このような重大明白な瑕疵がある場合には，裁判所のような機関の判断を待たなくても，だれでも行政行為が無効であることを判断できることになります。

　③　**無効原因**　　何が重大明白な瑕疵に該当するのか，つまり何が無効原因であるかは，これまでの判例の蓄積から明らかにされてきています。

　(i)　主体に関する瑕疵　　これは，行政行為を行った行政庁が無権限である場合や，定足数を欠くなど，正当に組織されていない合議機関の行為です。

　(ii)　内容に関する瑕疵　　内容が不確定な行政行為については，相手方はこれを現実に履行することができません。たとえば，税額を明示しない課税処分の例などが考えられます。その他，すでに過ぎてしまった日を指定した行政行為など，実現が不可能な場合もありえます。

　(iii)　手続に関する瑕疵　　手続には，いろいろな段階がありますが，ある段階の手続を踏まなかったことが，全体の手続にどのような影響をもたらすかが問題となります。仮に，行政行為の相手方に対する公告・縦覧・通知を怠った場合には，不服申立ての機会を奪うことになるため重大な瑕疵といわざるをえません。しかし，縦覧の期間が1ヵ月であったのを1日だけ短縮してしまったというような場合には，この限りではないようにも考えられます。また，文書によることを法が要求しているにもかかわらず口頭でしかなされなかった行政行為や，法が特に理由付記を義務づけているにもかかわらず，これを欠く行為は無効となります。

　④　**違法性の承継・瑕疵の治癒・違法行為の転換**　　違法性の承継とは，二

つ以上の行政行為が連続して行われる場合に，先行行為の瑕疵が後行行為に引き継がれるかという問題です。無効な行政行為を前提としてなされた後行行為は，無効であることが明らかです。しかし，先行行為の瑕疵が取り消しうべき瑕疵である場合には，公定力が働くため，一定の期間を徒過すれば，これを争うことはできなくなります。そこで，原則として先行行為の瑕疵は承継されないものの，例外的に全体の結合によって一つの法律効果が発生するような行政行為については，後続の行政行為に違法性は承継することになります。たとえば，先行行為が後行行為の準備にすぎないような場合が想定されます。

　瑕疵の治癒とは，取り消しうべき瑕疵を有する違法な行政行為が，その後の事情により適法要件を具備したとき，それをもって行政行為を適法とすることをいいます。しかし，関係者の利益保護が全うされなくなるような場合には，治癒を認めることはできないと考えられています。

　違法行為の転換とは，違法な行政行為が別の行政行為とすれば適法である場合，これを別の行政行為として扱うということです。故人に対する行政行為を，相続人に対するものとして捉えることなどがこの例です。

(5) 行政行為の取消しと撤回

① 行政行為の取消しと撤回　　行政行為の取消しとは，有効に成立した行政行為を，その成立に瑕疵があることを理由として，処分時に遡ってその効力を消滅させることです。公定力ひいては処分の存在そのものが，最初からなかったことになります。行政庁の判断による取消しは職権取消し，裁判による取消しは争訟取消しと呼ばれています。これに対して，行政行為の撤回は，瑕疵なく成立した行政行為の効力を，事後の事情の変化により，それ以上維持することが妥当ではないと判断して，行政行為を行った行政庁が将来に向かってその効力を失効させる意思表示をすることです。

　運転免許を取得した後，酒気帯び運転で傷害事故を起こした者の運転免許は取り上げられますが，日常生活ではこれを「免許の取消し」と呼ぶことがあります。しかし，取消しと撤回の区別からすれば，本来ならば「免許の撤回」とするのが正しいことになります。

② **行政行為の取消し・撤回の自由とその限界**　違法な行政行為や不当な行政行為は，法治行政の原則からして，速やかに取消しや撤回を行うべきであるといえます。つまり，行政行為の取消しと撤回については，自由に行いうるのが原則です。行政行為をなすという権限には，これを取り消したり撤回したりする権限も含まれていると考えられているため，取消しや撤回にあたって個別の法律の根拠は必要とはなりません。国民の権利を制限したり義務を課したりするような行政行為については，取消しや撤回は行政行為の相手方にとって有利に働くため，自由になされても特に問題を生じることはありません。しかし，授益的行政行為の場合には，取消しや撤回によって行政行為の相手方の既得権益が侵害される可能性があります。このため，授益的行政行為の取消しや撤回をしうるのは，行政行為の相手方の同意のある場合，あるいは公益上の必要が高い場合に限定されると考えられています。つまり，公益上の必要性が高いとしても，取消し・撤回によって相手方の権利や利益がそれ以上に侵害されるというようにバランスを欠く場合には，公益上の必要性があったとしても，当然に行政行為を取消し・撤回できるというわけではありません。

③ **行政行為の撤回と損失補償**　公益上の必要性から，行政行為の撤回をする場合に，損失補償を要するかという問題があります。つまり，役所の建物の一部について使用許可を得て商店を営んでいたとき，その場所を行政側で使用する必要が生じ，許可を撤回して立ち退きを求めるような場合です。これについては，行政財産を使用する権利が私人にはそもそも保障されていないことを理由に，補償を否定する学説もあります。また，補償を認める学説の中にも，補償は立ち退き費用に限定されるのか，それとも新たに商店を開設する費用などまで含むのかというように，補償の範囲をめぐって対立が見られます。

《判例》　**東京中央卸売市場事件**（最判昭49・2・5民集28巻1号1頁）：行政行為の撤回に損失補償を否定した事例

　東京都は，Xらに対する中央卸売市場内の土地の使用許可を，公益上の必要性から撤回した。最高裁は，相当の補償が必要であるとしながらも，何を補償の対

象とするかにつき検討した上で，本件の土地使用権の対価は補償項目には含まれないとした。

(6) 行政行為の附款

　附款とは附随する約款を意味しており，行政行為の効果を制限したり，あるいは特別な義務を課したりするために，**主たる意思表示に付加された従たる意思表示**のことをいいます。たとえば，眼鏡の使用を条件として自動車運転免許を与えるといった場合に，眼鏡の使用は主たる意思表示である自動車の運転免許に付加された従たる意思表示であるわけです。附款を付しうるのは，法律で定められている場合（法定附款）と行政庁に裁量権のある場合とが考えられます。法を機械的に執行するに過ぎない羈束行為の場合は，附款を付する余地はありません。また，意思表示が内容となっていることから，法律行為的行政行為に付することはできますが，準法律行為的行政行為に付することはできません。

　法定附款の場合は，その内容が法律から明らかであるため，問題が生じる余地はあまりありません。これに対し，法律に定めのない場合には，どのような行政行為に対しいかなる内容の付款を付しうるかについて，議論の余地があります。

　① **附款の種類**　行政行為の附款は，その性質により，5つに分類することができます。

　(a) 条件　条件とは，行政行為の効果を将来の発生不確実な事実にかからせる意思表示を意味しています。条件には停止条件と解除条件があり，前者は条件の成就により行政行為の効果が発生し（一定の期間内に工事に着手することを条件に地方鉄道の免許を与える），後者はそれによって行政行為は効果を失う（一定の期間内に工事に着手しなければ地方鉄道の免許を取り消す）ことになります。条件付行政行為の場合には，条件が成就しさえすれば，改めて何らかの行為を要することなく，当然に行政行為の効果が発生または消滅します。そこで，条件付行政行為の効果は不安定な状況に置かれるため，これはあまり

多用されていません。

　(b)　期限　　期限とは，行政行為の効果を，将来到達することの確実な事実にかからせる意思表示を意味しています。たとえば，4月1日から通行止めにするであるとか，何月何日から何月何日までというように道路の使用許可をするといった例が考えられます。

　(c)　負担　　負担とは，主たる意思表示に付加して，その相手方に対し，これに伴う特別の義務を命ずる行政行為を意味しています。行政行為の効力は完全に発生している点で，条件とは異なります。負担を履行しなかったとしても，行政行為本来の効果への影響はありません。行政行為の効果を消滅させるためには，負担の不履行を理由として行政行為を取り消すことが必要です。法令上は，負担というべきところを条件としている場合が少なくありません。自動車運転免許の眼鏡使用という「条件」も，その一例です。

　(d)　取消権（撤回権）の留保　　これは，主たる意思表示に付加して，特定の場合に行政行為を取り消しうべき（撤回する）権利を留保する意思表示をいいます。このような附款は，行政行為の相手方にとっても取消権（撤回権）が行使される場合を予期できることで，将来の紛争予防のためにも効果的です。しかし，取消権を留保しておけば，行政庁はこれを自由に行使できるというわけではありません。つまり，取消し・撤回自由の限界と同様に，取消権（撤回権）を行使する公益上の必要が生じたとしても，相手方の既得権との関係を考える必要があります。相手方の権利や利益の侵害と公益上の必要性とを比較衡量して，取消し（撤回）を決する必要があるわけです。

　(e)　法律効果の一部除外　　主たる意思表示に付加して，法令が一般に付している効果の発生の一部を除外する場合をいいます。これは，法律の規定があるときにのみ認められています。たとえば，公務員に出張を命じて旅費を支給しない場合や，自動車事業の免許にあたり，通行する自動車の範囲を限定したりする場合があります。

　②　**附款の限界**　　法定附款の場合には，法令の規定に従って附款を付さなければなりません。裁量行為の場合には，当該行政行為の目的から見て，必要

な限度で附款を付することが必要です。本来の目的とは別の目的を達成するために附款を付することは，許されないことになります。また，目的達成のためであったとしても，比例原則の下，相手方に課す義務は必要最小限度のものでなければなりません。

《判例》 集団示威行進許可条件事件（東京地決昭42・6・9行集18巻5＝6号737頁）：行政行為の附款が比例原則に反するとされた事例
　集団示威運動（デモ行進）を行うためXらが東京都に対し許可申請をしたところ，行進順路を一部変更するといった条件付の許可が出された。裁判所はこの附款につき，政治的弾圧を企図した進路変更条件や，公共の安寧への直接な危険を及ぼす危険がないのに進路変更を命ずることは，違法であると判示した。

③　附款の違法性と行政行為の効力　附款が違法である場合も，行政行為の瑕疵論と同様に考えれば足りることになります。問題は，附款が無効であるか取り消された場合に，行政行為の効力はどうなるのかということです。附款も行政行為の一部であるため公定力があり，かりに違法であったとしても一応は有効なものとして扱われることに留意する必要があります。たとえば，公務員を期限付きで任用した場合に，期限を附することが無効であるとすると，主たる行政行為である任用は附款なしの行政行為として効力を発生するのか，それとも任用自体も無効となるのかという問題です。
　この点は，附款が行政行為の重要な要素である場合は，つまり附款なしには行政行為の効力を論じる余地がないような場合には，行政行為も効力を失うと考えられてきています。重要な要素を占めていない附款の場合には，附款のない行政行為が残ると考えられるわけです。期限付の任用であるならば，期限は一般に重要な要素と考えられるため，任用がなされないのと同じ状況になるものと考えられます。実務上は，附款のみを裁判で争うことが大半であることから，行政行為の重要な要素をなす附款であっても，本体である行政行為の効力を存続させていると見ることもできます。

(7) 行政上の義務履行確保の手段──行政強制──

行政強制の類型

強制手段
- 義務不履行を前提
  - 強制執行：代執行・執行罰・直接強制・強制徴収
  - 行政罰：行政刑罰・秩序罰
- 直ちに強制 ──── 即時強制

　国家目的の実現のため，法律によって国民に義務が課されることもありますが，法律にもとづく行政行為によって，国民に一定の義務が課されることもあります。国民がその義務を履行しなかった場合には，履行を確保するための手段が必要です。これには，行政庁が義務を自力執行する行政上の強制執行の制度と，命令に対する不服従への制裁としての行政罰の制度があります。

　① **行政上の強制執行**　　これは，あらかじめ国民に対し具体的に命じられた義務を国民が履行しない場合に，行政権が自力でその**義務の実現**を強制することをいいます。民事上では，原則として自力救済が禁じられるのに対し，行政法の分野では公共目的の効率的な達成のために自力救済が認められているものと評価できます。したがって，目的達成のためには国民の身体または財産に実力を行使することになるため，法律上の根拠を求めることが重要です。行政上の強制執行には，次のような種類があります。

　(a)　行政代執行　　代替的作為義務につき，義務者本人が履行しない場合に，行政庁が自らあるいは第三者に命じて，義務者本人に成り代わって義務を履行し，それに要した費用を義務者本人から徴収するという制度です。この根拠法としては，行政代執行法があり，義務が履行されない場合には，戒告→代執行令書による通知→代執行→費用徴収という順序で手続が進められていきます。この特別法としては土地収用法102条の２，建築基準法９条12項，などの規定があります。この手法は，他人が本人に代わって履行することのできない非代替的作為義務や不作為義務については行うことはできません。不作為義務違反の場合には，罰則を適用したり（自動車の最高速度違反に対する罰則の例な

ど）することで，目的を達成することになります。

(b) 強制徴収　強制徴収とは，金銭給付義務について履行がない場合に，行政庁が強制手段によってその義務内容を履行する行為です。この対象となる義務は，金銭支払い債務に限定されます。根拠法は，国税であれば国税通則法や国税徴収法がこのような実力行使手続を規定しています。これによると，督促→財産の差押え→換価処分（公売）→充当という順序で手続が進み，なお残余のあるときは滞納者に返還されます。

(c) 直接強制　これは，義務者が義務を履行しない場合に，直接に義務者の身体・財産に実力を加え，義務内容を実現する制度です。この対象となる義務の種類は非代替的作為義務で，根拠法は性病予防法（11条の強制検診）や出入国管理及び難民認定法（24条・52条・39条の収容や強制送還）などの個別の法律になります。直接強制は，人権侵害の可能性も高くなることから，必要限度で法に取り入れられているにすぎず，比例原則の適用も厳格になされています。

(d) 執行罰　執行罰は，非代替的作為義務と不作為義務の履行のないとき，一定期間内に履行しなければ一定の過料に処することを予告し，義務の履行を間接的に強制する手段です。過料は，義務の履行がなされるまで繰り返し処することができます。旧憲法の下では執行罰についての一般法がありましたが，今日では砂防法36条にしか執行罰は見られません。執行罰がほとんど認められないようになったのは，この方法では国家目的達成の手段として，あまり効果が見られなかったためです。砂防法に定める過料の額は500円ですが，心理的強制を感じうる額はどのくらいなのかというようなことも問題となるでしょう。

② **行政罰**　これは，**過去の行政上の義務違反**に対して，制裁として科される罰をいいます。執行罰とは異なり，将来の義務履行確保を問題とするものではないため，一度だけしか科すことはできません。行政罰の前提となる行為規範は，特定の公共目的を実現するために要求されているものです。その意味で，刑法にある行為規範（殺してはいけない，盗んではいけない）という反社会的な非行を罰しようとする規範とは異なります。また，刑事罰は自然人を対象としていますが，行政罰の場合は法人も処罰することができます。刑事犯は，

原則として故意が要件であり，過失を罰するためには規定が特に設けられますが，行政犯は本人の主観面は問題ではなく，行政目的の達成がポイントになります。自動車の最高速度の遵守義務に違反した際に，本人が故意でしたことか過失でしたことかはとくに区別する必要はないのです。行政罰には，重大な行政上の義務違反を罰する行政刑罰（刑法に刑名のある罰）と，軽微な行政上の義務違反を罰する秩序罰（届出違反など）とがあります。行政罰の前提となる行為規範は，多くの場合は法律の規定を待って初めて明らかにされています。

　③ **即時強制**　即時強制は，①②と比較すると，義務の存在を前提としない点で大きく異なっています。つまり，目前急迫の必要にもとづき，あるいは事柄の性質上，義務を命じていたのでは目的を達しがたい場合に，行政権が義務の不履行を前提とすることなく，直接いきなり国民の身体や財産に**実力**を加え，行政上必要な状態を作り出す作用を意味しています。行政庁が予告なく実力を行使する作用であることから，行政強制のうちでも人権侵害の危険性がもっとも高く，この実施には法令で具体的な根拠が設けられる必要性があります。例としては，消防法の破壊消防活動などがありますが，消火の目的が達成されれば，直ちに国民の身体や財産に加えられている拘束は解除されなければなりません。即時執行とよばれることもあります。

3　非権力的行政活動

　これまで見てきた行政行為が，行政庁の一方的な判断にもとづき国民の権利・義務その他の法的地位を具体的に決定する行為だったのに対し，これからの非権力的行政活動は，国民の権利義務に変動をもたらすものではありません。これには，大きく分けて行政契約，行政計画，行政指導の三つがあります。

(1)　行 政 契 約

　行政契約とは，行政庁が国家目的実現のために締結する契約をいいます。行政機関を一方または双方の当事者とし（国と民間企業，国と県など），反対方向の意思表示により成立する法律関係のことです。行政契約でよく問題となるのは，**公害防止協定**です。これは，地方公共団体と民間企業との間で公害防止

§4 行政作用法——行政の行為形式——

を目的とした協定書や覚書などを取り交わすものですが，これには具体的な権利義務を内容とするものから，企業の道義的責務を表明したにすぎないものまで，いろいろな形式があります。なかには，公害防止のために法を越えてあるいは法に違反する形で企業の権利義務に影響を与えるものがありますが，この部分が法的に意味のあるものなのか，それとも紳士協定に過ぎないのかによって，契約違反を裁判によって強制できるかどうかが問題となります。これについては，紳士協定説が多数を占めていますが，下級審判例の中には強制できることを示唆したものも見られます（伊達火力発電所事件：札幌地判昭55・10・14判時988号37頁）。

(2) 行 政 計 画

現代の行政は，長期展望の下で一つの目標を設定し，その達成のために計画を策定して個々の行政活動を行うようになっています。行政計画とは，将来の一定期限内に到達する目標を設定し，そのために必要な諸手段を調整する作用です。具体例としては，土地区画整理事業計画や防災計画などが考えられます。たとえば，土地区画整理事業計画の場合は，区画整理対象地域に居住する国民に対して影響を及ぼすことになります。しかし，これは行政立法でも行政行為でもないことから，行政庁内部の一種の行為規範ではあるものの，行政行為のような法的拘束力は有しないものと考えられています。

土地区画整理事業を例にとると，計画案を一定期間公告して利害関係人の縦覧に供し，意見書の提出を求めて，計画策定手続の民主化が図られるようになっています。また，土地区画整理事業計画策定についての審議会が設置され，専門的な事項や利害関係などについて幅広く審議されます。公告がなされると，利害関係人には家屋の増改築が禁止されるなどの現状維持義務が課され，計画が進めば立ち退きをめぐり換え地や土地収用といったことに直面することになります。そこで，利害関係人としては，計画の早い段階で裁判所への出訴を模索することになりますが，行政計画の取消しを裁判で争うことには困難です。なぜならば，多くの行政計画は一般的抽象的であり，具体性を欠いていることから，国民の権利義務に変動を及ぼす行政行為として捉えることができないた

41

めです。

《判例》 土地区画整理事業事件（最大判昭41・2・23民集20巻2号271頁）：行政計画につき権利救済が否定された事例
　土地区画整理事業が策定・公告されたことにより、土地や建物の使用に制限を受けることになったＸらは、計画の取消しを求めて出訴した。最高裁は、土地区画整理事業は特定個人に向けられた具体的な処分とは著しく趣を異にし、いわば事業の青写真にすぎないと判示してＸらの訴えを退けた。

(3) 行政指導

① **行政指導とは何か**　行政指導とは、行政庁が相手方の**自発的な協力**や同意を得てその目的を実現しようとする、インフォーマルな行政作用です。行政手続法は、2条6号で「行政機関がその任務又は所掌事務の範囲内において一定の行政目的を実現するため特定の者に一定の作為又は不作為を求める指導、勧告、助言その他の行為であって処分に該当しないものをいう」と定義しています。これは、現代の複雑な行政需要に臨機応変に対応するためにも有用な行政手法であり、不服従に対しても法的拘束力は加えられないため、心理的な圧迫感が少ないのが特色です。しかし、その反面、行政指導の責任の所在が不明確となること、また行政庁からの指導を現実には拒否しづらいこともあります。行政指導についても行政計画と同様に、行政行為ではないことを理由に裁判で取消しを求めることはできないと考えられています。取消しを求めるためには、訴えの対象が行政行為でなければならないのです。そこで、救済を求めるならば、損害賠償を請求するという手法によることになります。なお、行政指導は日本独自の行政手法といっても過言ではありません。
　法律の根拠にもとづく行政指導（大気汚染防止法23条の協力・勧告、など）もありますが、行政指導には法的拘束力が伴わないため、必ず法律の根拠を必要とするわけではありません。しかし、行政庁は自らの所掌事務についてのみ行政指導をすることができ、これを超えるものについて行政指導をすることはできません。

② **行政指導の種類**　行政指導は，その性質により助成的行政指導，規制的行政指導，そして調整的行政指導に分類できます。**助成的行政指導**は，相手方に対して助成や保護を目的とする指導であり，これに従うか従わないかは，利益を得るか得ないかにとどまるだけであるため，権利侵害は問題となりません。税務相談などでの助言がこの例です。**規制的行政指導**は，目的や内容が相手方に対する事実上の強制力を伴うものです。規制的行政指導はさまざまに分類できますが，たとえば応急的行政指導（強い行政需要に応じるために行われる行政指導）と代替的指導（法令による処分権限行使の前段階として勧告をする場合）といった分類があります。最後に，**調整的行政指導**は，相対立する当事者の利害調整のための行政指導であり，マンション建設の際など，施工者と周辺住民の意見対立を話し合いを行わせることによって，調整するような例があります。

③ **行政手続法による統制**　平成5年に成立した行政手続法では，行政指導が手続上は非権力的行政行為であるのにもかかわらず，現実には行政行為と同様の効果を持っていたケースがあったことに考慮して，35条では行政指導の趣旨・内容・責任者を明示し，口頭による行政指導の場合には相手方の請求があれば書面を交付することを定めています。また，行政指導の行政行為化を防止するため，32条は1項で強制の禁止を規定し，これはあくまで相手方の任意の協力を前提とするものであることを確認しています。そして2項では，相手方が行政指導に従わなかったことを理由として，不利益な取扱いをしてはならないことが定められています。

《判例》　**行政指導損害賠償事件**（最判昭60・7・16民集39巻5号989頁）：行政指導による建築確認の留保が違法とされた事例
　建築主と周辺住民の間に紛争が生じたため，建築主事は建築確認を留保して，話し合い解決を指導した。その後，建築確認はなされたが，建築主は遅れを違法として損害賠償を求めた。最高裁は，建築主が行政指導に任意に応じている間は，一定の期間，建築確認を留保することは違法ではないが，行政指導に応じられないとの意思を真摯かつ明確に表明している場合は，それ以上の受忍を強いること

は許されないとした。そして，建築主の不協力が社会通念上正義の観念に反するといえる特段の事情が存在しない限り，建築確認を留保することは違法であるとした。

④ 地方公共団体における要綱行政の問題点　地方公共団体では，主に建築の分野などについての行政指導をまとめ，要綱の名称で一般準則化していることがあります。要綱は，法律や条例のように民主的な根拠を持つものではありませんが，たとえば建築に関わる指導や手続をまとめた**宅地開発指導要綱**などは，自治体によっては冊子にまとめられており，建築申請の際の手引きとして欠かせないものとなっています。要綱行政には多く批判がなされていますが，地方公共団体の住民の生活環境保全に寄与するといった側面があったことも指摘されています。

行政指導は，要綱にもとづくものであったとしても法的拘束力を持たず，相手方が任意の協力を明示的に拒否した場合には，建築確認を留保するといった手段で行政指導への服従を求めることは違法となります。かつて，地方公共団体の宅地開発指導要綱の中には，行政指導に従わないと上下水道の供給を停止するというもの，大規模マンションなどの建設にあたっては学校用地の提供や開発負担金の納付を求めたりするものが見られましたが，これらが争われた裁判で違法であるとの判示がなされてきたことを受け，近年では削除されてきています。

《判例》　**武蔵野市マンション事件**（最決平元・11・8判時1328号16頁）：行政指導の実効性を確保するため上下水道の供給を停止したことが違法であるとされた事例

武蔵野市では，宅地開発指導要綱に従わないマンション建設業者が建設したマンションへの上下水道の供給を停止した。最高裁は，水道法により給水契約の締結を義務づけられている水道事業者としては，たとえ指導要綱を建設業者に遵守させるため行政指導を継続する必要があったとしても，それを理由に給水契約の締結を留保することは違法であるとした。

(4) 行政調査

　行政調査とは，行政機関が行政作用を行うために必要な資料などを得るためにする情報収集活動です。つまり，公益実現のための準備活動であり，行政行為に先立って行われることになります。法的には相手の協力を基本としており（任意調査），必ずしも有形力行使を前提にしたり要素としたりするわけではありません。しかし任意調査の他に，事後制裁を伴う間接強制調査や，有形力を伴う直接強制調査もあり，これらについては法律の根拠が必要になると考えられます。

　行政調査については，**令状主義**の適用があるかということが問題になります。憲法が保障する令状主義（35条）や自己負罪禁止特権（38条）は，刑事手続を念頭においているためです。判例は，一般的には令状主義が行政手続にも適用されると判示しています（川崎民商事件：最大判昭47・11・22刑集26巻9号554頁，ただし調査の上で令状を要件としない旧所得税法の規定は，違憲とはいえないとした）。実質上，刑事責任の追及のための資料を得るような行政調査については，行政手続とはいえども令状主義が及ぶと考えるのは妥当であるといえるでしょう。また，成田新法事件（最大判平4・7・1民集46巻5号437頁）でも，憲法31条の定める法定適正手続の保障が行政手続にも及ぶかということが争点となりました。具体的には，弁明や聴聞といった機会を事前に与えるかどうかということです。最高裁は，行政手続が刑事手続でないとの理由のみで，そのすべてが当然に憲法31条の保障の枠外にあると判断するのは相当ではないとしています。ただし，「常に必ずそのような機会を与えることを必要とするものではないと解するのが相当」とも判示しました。この点，園部逸夫判事の個別意見にあるように，行政処分のうち少なくとも不利益処分については，原則として弁明や聴聞などの事前手続の機会が与えられるべきといえます。なお，成田新法事件の翌年に公布された行政手続法では，13条で，不利益処分について**弁明・聴聞**の手続を規定しました。

§5　行政救済法

　これまでに見てきたさまざまな形式の行政作用は，法治行政の原則の下で法に適合していることに加え，公共目的にも合致していることが必要です。そこで，行政作用の展開については，行政手続法が整備されたほか，事前事後における職権による監督がなされています。しかし，国民の権利を保護し，行政権による侵害をなくすためには，違法・不当な行政に対し，国民がこれを争うことができるようにするシステムを設けなければなりません。そこで，法律は行政行為の取消しなどを求めるための裁判手続の他，実際に被害が生じた場合には金銭による補塡を求めることができるよう，規定を設けています。また，近年では地方公共団体を中心にオンブズマン制度の充実も見られますし，ADR（Alternative Dispute Resolution：裁判手続外の各種紛争解決手続）も検討されてきています。

1　裁判所以外での紛争解決方法：オンブズマン制度とADR

　① **オンブズマン制度**　「オンブズマン」とは，スウェーデン語で代理人を意味しており，オンブズマン制度は北欧諸国から始まった行政監察制度です。日本でこの制度を本格的に導入したのは，1990年の川崎市の例が初めてです。この制度は，地方公共団体の条例で最初に設置されたわけです。

　川崎市では，「川崎市市民オンブズマン条例」にもとづき，市長が市議会の同意を得た上で，行政部外の第三者を市民オンブズマンとして任命しています。オンブズマンには独立性が保障されており，市民から行政全般に関しての苦情を受け付けると，これを中立の立場から調査します。その結果，市民の苦情申立てに理由があると判断した場合には，市に対して是正勧告や意見表明をすることになります。オンブズマンの調査結果は，法的な拘束力を持つものではありませんが，裁判とは異なり無料で手軽に利用できる制度でもあり，市政の向上に役立っています。オンブズマンの調査結果に納得がいかない場合，その後

は裁判に訴えることになります。

② **ADR**　ADR（Alternative Dispute Resolution：裁判手続外の各種紛争解決手続）とは，裁判の機能不全を補うものであるという指摘がよくなされています。ADRの例としては，裁判所に付設する民事調停や家事調停をまず考えることができますが，その他にも行政による消費生活センターや建設工事紛争審査会，さらに民間によるものとして交通事故処理センターやPL（製造物責任）センターなどがあります。

あらゆる紛争をすべて裁判所に持ち込むことは，濫訴の可能性もあり合理的ではありません。オンブズマン制度などもそうですが，裁判以外の場で紛争を解決することは裁判の迅速性確保にも役立ちますし，紛争の性格によっては裁判所以外にふさわしい処理の方法もありえます。裁判所以外に，各種のADRがうまく機能することによって，紛争の予防や解決が図られていくことが期待されているのです。2000年12月，司法制度改革審議会は，社会に生起する紛争の種類には大小あることから，事案の性格や当事者の事情に応じた多様な紛争処理の仕組みを用意することが，司法を国民に近いものとする上で，大きな意義を有すると指摘しています。

2　行政不服審査制度
(1)　行政不服審査制度の内容

行政不服審査制度は，行政不服審査法（以下，「行審法」という）を根拠とするものであり，これも裁判所ではなく行政庁内部で国民からの不服申立てを審査する制度です。違法・不当な行政作用がなされる可能性がある以上，その発見や是正を行政庁のみに委ねておくことは，適正な行政の確保の観点からは望ましいことではありません。そこで，行政作用の相手方である国民の側からも，是正を要求できるようにしておく必要があります。

行政不服審査とは，行政上の法律関係について争いのある場合，行政庁が審理裁断する手続を意味しています。憲法76条2項は，行政裁判所の設置を禁じていますが，終審としてでなければ行政庁による争訟の解決を禁止するもので

はありません。行政不服審査で審査を行うのは，行政行為を行った行政庁自身やその上級庁であるため，争いの対象となっている行政行為とそれについての審査を行う者とが同一であることを理由に，その有用性が疑問視されることがあります。しかし，裁判に較べると簡易・迅速な解決が期待できることや，三権分立の下で行政権行使については行政庁の自主性を尊重し，内部での処理を模索することにも一理あることから，この制度も国民の権利救済の充実に資するものです。行審法1条1項では，行政不服審査制度の目的として，国民の権利利益の救済と行政の適正な運営の確保とを掲げています。

(2) 不服申立ての対象と種類

不服申立ての対象は，行審法1条「行政庁の違法又は不当な処分その他公権力の行使に当たる行為」とされており，同じく2条では処分（行政行為）の他，一定の場合に事実行為や不作為も含まれることを明らかにしています。ここでいう事実行為は，不服申立てによって救済を受けるに十分な時間的継続性を有する行為のことであり，関税法の物の留置（関税法86条1項）などが想定されています。道路の一時的な通行止など，その撤回を求める不服申立てを提起しても，その結論が得られないうちに事実行為である通行止が完了するような場合には，撤回を求める実益がないわけです。また，不作為とは，行政庁が法令にもとづく申請に対し，相当の期間内に処分をなすべきであるのにもかかわらず，それをしないことをいいます。

行政不服審査では**一般概括主義**といって，不服申立ての対象を広く捉えていますが，4条では不服申立てのできない場合を11号にわたって列挙しています。これらは，処分自体が慎重な手続で行われたため不服申立てを認めても結局は同じ結果になると予想されるもの（1号〜4号），行審法よりも慎重な手続による不服処理の方法が設けられているもの（5号〜7号），処分の性質上行審法による不服申立てを認めるのが適当でないもの（8号〜11号），に分類することができます。

不服申立ての種類には，3条により異議申立て，審査請求，再審査請求の3種類があります。**異議申立て**とは，処分庁または不作為庁に対して行うもので

あり、**審査請求**とは、法律・条例に特別の定めのない限り、処分庁・不作為庁の直近行政庁に対して行います。**再審査請求**は例外であり、これが認められる場合には、個別の法律や条例に不服申立庁が定められると行審法8条は規定しています。行審法では審査請求を中心に手続規定を置いています（審査請求中心主義）。異議申立ては、5条・6条により処分庁に上級行政庁がない場合にのみできるものであり、再審査請求も8条により法律や条例で認められる場合に限られています。

現実に特定の処分などに不服を持つ者が不服申立てをする場合に、どのようにしたらよいのかは、行審法の規定によることになります。しかし、法律は一般的・抽象的な規定を置かざるを得ず、また例外もあることから、その内容は必ずしも明らかではありません。そこで、行審法は不服申立てについて適用される教示制度を設けています。教示をしなかったり、誤って教示した場合の救済手段についても併せて規定されています。

不服申立ては必ず行わなければならないものではなく、これを経ずに直ちに行政事件訴訟を提起することも可能です（自由選択主義）。しかし、法律によって不服申立てに対する裁決を経た後でなければ、訴訟を提起することができないとされている場合（不服申立前置）があります。これは、税務行政の領域など、大量に同種の処分がなされる場合に見られます。

(3) 不服申立ての手続

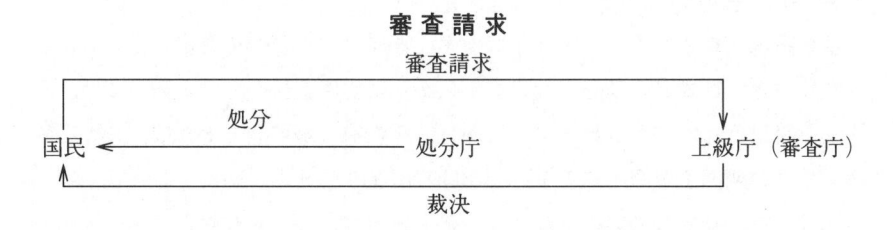

審 査 請 求

審査請求
　　　　　　処分
国民 ←―― 処分庁 ―――→ 上級庁（審査庁）
　　　　　　裁決

行審法は審査請求について詳細に手続規定を設け、これを異議申立てと再審査請求に準用しています。審査請求は、行政庁の処分・不作為を不服とする者が、不服申立期間内に、法定の形式ならびに手続によって提起します。

① **不服を有する者**（行審法4条1項・7条）　これは，処分などにより自己の権利利益を違法または不当に侵害されたとする者ですが，必ずしも処分の相手方である必要はなく，自然人でも法人でも構いません。法人格を有しない社団や財団でも，代表者や管理人によりその名で不服申立てをすることができるとされています。なお，行政庁の不作為に対する不服申立ては，法律にもとづき正しい申請をした者が申立人になります。

② **不服申立期間**　行政処分は，その効果をできるだけ早く安定させようという要請があります。このため，不服申立てができる期間を区切り，その期間を経過したら，たとえ違法・不当な処分であっても不服申立ては認められなくなります。行審法は，処分の不服申立期間を処分のあったことを知った翌日から起算して60日以内としています。天災その他のやむをえない理由のあるときなどは，この限りではありません。

③ **法定の形式・手続**　審査請求は原則として，法定記載事項を記載した請求書を作成して行いますが，例外的に法律や条例で定められている場合には，口頭でなすこともできます。この請求書の正副2通を作成して，審査を行う行政庁に提出するのが原則ですが，便宜的に処分庁を経由して提出することもできます。なお，審査請求を行う処分などにつき異議申立ても認められているときは，特別の場合を除き，適法な異議申立てを経由した後でなければ審査請求をすることはできません。

(4) **不服申立ての審理**

審査請求がなされると，審査庁はまず，審査請求が要件を具備しているかどうかにつき，形式面の審査を行います。かりに要件を欠いている場合には，不適法な請求として却下されます。しかし，その補正が可能であれば，審査庁は必ず相当の期間を定めて補正を命じなければなりません。

形式面をクリアしている場合には，請求の内容につきそれが正当かどうかの審査がなされます。ここでは，迅速性を確保するために書面審理主義が採用されています（行審法25条1項）。審査庁は，必要があれば処分庁に弁明書の提出を求めます（行審法22条）。請求人は，これに対する反論書を提出することもで

きます (行審法22条)。必要に応じ，関係人に口頭で意見を述べる機会を与えることもありますが，請求人と処分庁とが口頭で討論し，これにもとづいて審査を行うということはありません (行審法25条・30条)。審理にあたっては，審査庁は自ら職権で証拠調べをすることもできますし，当事者が主張していない事実を職権で探知することもできる職権主義 (行審法27条) が採用されています。この制度の採用によって，行審法の趣旨のとおり，請求人の権利利益の保護と同時に，適正な行政の確保も担保されることになるわけです。

(5) 執行停止

ある処分を不服として，この取消しを求める審査請求が提起されても，その処分の執行はそれをもって停止するわけではありません (執行不停止原則，行審法34条)。これは，行政行為の公定力からも当然に導かれる原則ですが，すべての場合にこれを貫くと，後に処分が取り消されたとしても，国民の権利利益が不当に侵害される可能性もあります。そこで，例外的に回復困難な損害を避けるため緊急の必要がある場合には，執行停止の申立てを受ければ，原則として必ず処分の執行停止がなされなければなりません (行審法34条・35条)。

(6) 審査請求の終了

審査請求は，裁決によって終了します。裁決は書面によって行われ，理由が付されることになっています。なお，再審査請求のできる場合には，その旨を教示しなければなりません (行審法41条)。

まず，却下の裁決は，請求が形式的な要件を満たしていないため，具体的な中身についての審査に入る前に請求を拒絶する判断です。棄却の裁決は，審査した結果，請求人の主張に理由がないとして処分を支持する判断を意味しています。請求認容の裁決は，請求に理由があるとするものです。請求の対象が処分である場合にはこれが取り消され，あるいは原処分に変更が加えられます。なお，請求人にとって，原処分以上に不利益な裁決をすることはできません。不作為が請求の対象であった場合には，一定期間に申請につき何らかの処分をするか，不作為の理由を示すことになります (行審法50条・51条)。この他，例外的に事情裁決がなされることもあります (行審法40条6項)。事情裁決は，処分が

違法または不当であるものの，その取消しによって公の利益に著しい障害の生ずる場合には，その違法・不当を宣言した上で，請求を棄却するというものです。

3　行政事件訴訟

行政事件訴訟には，主観訴訟と客観訴訟とがあります。**主観訴訟**とは，個人の権利利益を保護することを目的とするものです。行政事件訴訟も，民事訴訟や刑事訴訟と同様に，裁判所によって審理され判決を得る手続であることから，審理の対象は裁判所法3条の規定する「法律上の争訟」でなければなりません。したがって，具体性を欠く抽象的な法令の効力・解釈に関する争いや，未だ仮定の段階にある問題などは，行政事件訴訟の対象から除外されることになります。つまり，行政庁と国民との間に具体的権利義務に関する争いがあることが前提です。なお，当事者の一方が行政庁であったとしても，私法上の争訟であるならば民事訴訟の対象となります。

一方，**客観訴訟**とは，個人の権利利益とは無関係に，行政の適正性の確保を目的として提起される訴訟です。したがって，これらについては個別に法律で要件を定めることになります。裁判所法3条では，裁判所は「法律上の争訟」を裁判するのに加え「特に法律において定められた権限を有する」と規定しており，客観訴訟はこの「特に法律において定められた権限」に該当することになります。

行政事件訴訟についての一般法としては，**行政事件訴訟法**（以下，「行訴法」という）があり，2条～6条で行政事件訴訟にはどのようなものがあるかを定めています。主観訴訟には，抗告訴訟と当事者訴訟，客観訴訟には民衆訴訟と機関訴訟が規定されています。

(1)　抗 告 訴 訟（行訴法3条1項）

抗告訴訟とは，「行政庁の公権力の行使に関する不服の訴訟」であると規定されています。これには，処分の取消しの訴え，裁決取消しの訴え，無効等確認の訴え，および不作為の違法確認の訴えがあるとされています。基本的にこれらは，行政庁が一時的な判断権の行使をした結果である具体的なある処分に

§5　行政救済法

行政事件訴訟の類型

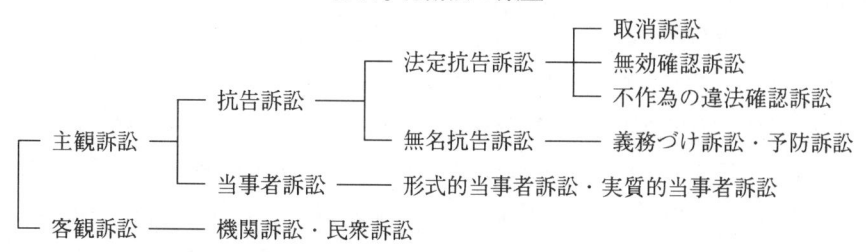

```
                    ┌─ 抗告訴訟 ──┬─ 法定抗告訴訟 ─┬─ 取消訴訟
                    │             │                 ├─ 無効確認訴訟
      ┌─ 主観訴訟 ──┤             │                 └─ 不作為の違法確認訴訟
      │             │             └─ 無名抗告訴訟 ── 義務づけ訴訟・予防訴訟
      │             └─ 当事者訴訟 ── 形式的当事者訴訟・実質的当事者訴訟
      └─ 客観訴訟 ── 機関訴訟・民衆訴訟
```

〈主観訴訟・個人の権利保障・救済〉
　抗告訴訟（行訴法3条）：取消訴訟中心主義・取消訴訟の排他的管轄
　当事者訴訟（同法4条）：実質的当事者訴訟の活性化？
　法定外抗告訴訟（根拠なし）：行政の第一次判断権と司法審査
〈客観訴訟・行政の適正性の確保〉
　機関訴訟（同法5条と個別の法律の根拠）・民衆訴訟（同法6条と個別の法律
　　の根拠）

ついて，不服のある相手方の国民が裁判で排除を求めるというものです。行政庁が判断を下す前に，裁判所がこれに代わって判断するとすれば，権力分立に違反することになります。なお，行訴法の規定する抗告訴訟は限定的に列挙されたものではなく，行訴法で定められた以外にも法定外抗告訴訟（無名抗告訴訟）があります。

　① **処分の取消しの訴え**（行訴法3条2項：取消訴訟）　これは，「行政庁の処分その他公権力の行使に当たる行為の取消しを求める訴訟」であると規定されています。ここでいう「行政庁の処分」とは行政行為のことであり，「その他公権力の行使に当る行為」とは行政権内部の行為（地方議会議員の懲戒処分など）や立法行為（処分を介さずに法令により直接的に国民の権利が侵害された場合など）などを指すと考えられています。

　② **裁決取消しの訴え**（行訴法3条3項）　これは，行政不服審査法にもとづく不服申立ての結果の裁決を違法として，取消しを求める訴訟を意味しています。裁決取消しの訴えは，裁決の手続上の違法や，裁決に固有の違法のみを争う場合に限定されているため（行訴法10条2項），処分の取消しを争う場合には，裁決のあった後でも裁決ではなく処分そのものを取消訴訟で争わなければ

なりません。

③　無効等確認の訴え（行訴法3条4項）　これは,「処分若しくは裁決の存否又はその効力の有無の確認を求める訴訟」であると定義されています。無効等確認訴訟の「等」とは,有効確認訴訟,存在確認訴訟,そして不存在確認訴訟が含まれるためです。行政行為に重大明白な瑕疵があると公定力は否定され,最初から効力がなかったものと考えることになるため,わざわざ訴訟を提起する必要はないはずです。しかし,その処分を行った行政庁がそのような認識を持たずに,その処分を前提とした手続を進めてくることもあります。こうした事態を予防するために,無効等確認訴訟が必要になります。

その他,必要に応じて無効を前提とした法律関係（現在の法律関係）について争えば足りる場合もありますが,他の訴訟を提起することができない場合にも,補充的に無効等確認訴訟の提起が認められています。つまり,現在の法律関係に関する訴え（争点訴訟（行訴法45条）・当事者訴訟（行訴法4条）で争ったのでは十分な救済が得られない場合に,認められることになっています。免職処分を受けた公務員は,それに重大明白な瑕疵がある場合には,わざわざ無効等確認訴訟を提起しなくても,すぐに当事者訴訟である身分確認訴訟を起こすことができます。このようなときには,当事者訴訟によるべきであり,無効等確認訴訟は起こせないことになるのです。

④　不作為の違法確認の訴え（行訴法3条5項）　これは,「行政庁が法令に基づく申請に対し,相当の期間内になんらかの処分又は裁決をすべきにかかわらず,これをしないことについての違法の確認を求める訴訟」です。そして,この訴えを起こすことができるのは,処分または裁決について申請をした者に限定されています（行訴法37条）。申請から,「相当の期間」不作為状態が続くことが要件となりますが,これは申請している処分の性質にもよることになります。行政手続法6条は標準処理期間につき,行政庁はこれを定めるよう努力し,また定めたときには公にしなければならないとの規定を設けています。なお,原告の主張に理由があった場合,裁判所は不作為状態が違法であるという判決を出すことになりますが,どのような処分をなすべきかを行政庁に命じること

はできません。権力分立の観点から，**行政庁の第一次的判断権**を尊重しなければならないためです。

⑤ **法定外抗告訴訟**（無名抗告訴訟）　行政事件訴訟は，行訴法で規定されているものに限定されるわけではありません。そこで，法定されていない形式の抗告訴訟という意味で，法定外抗告訴訟（名前が付けられていないという意味で，無名抗告訴訟と呼ぶこともある）を考えることができます。この展開は，学説や判例の蓄積によるところが大きいのですが，その許容性が議論されている具体例としては，義務づけ訴訟と予防訴訟とがあります。

義務づけ訴訟は，判決が行政庁に対し特定の処分をなすことを命じる訴訟です。たとえば，不許可処分を取り消すだけにとどまらず，積極的に許可するよう命じるという判決です。裁判所は，行政庁の行うべき第一次判断権を侵害してはならないため，義務づけ訴訟は，法が行政権行使の内容を一義的に覊束しており，法の機械的執行がなされるような場合，あるいは行政庁の裁量権がゼロ収縮した場合などに提起されることになります。これには，特定処分をなすべき義務の確認訴訟なども含まれることになります。

予防訴訟は，行政庁が一定の処分をなすことにつき，事前に差止めを求める訴訟です。つまり，処分が行われるのに先立ち，その処分を行ってはならないことを請求の趣旨とするわけです。この訴訟も義務づけ訴訟と同様に，行政の第一次的判断権を実質的に侵害することがないように構成しなければなりません。したがって，事前の差止めを認めなければ損害の回復ができず，他に救済のための適切な手段がつきているような場合に限り，例外的に認められるものと考えられます。

(2)　**当事者訴訟**（行訴法4条）

当事者訴訟とは，「当事者間の法律関係を確認し又は形成する処分又は裁決に関する訴訟で法令の規定によりその法律関係の当事者の一方を被告とするもの」（形式的当事者訴訟）と「公法上の法律関係に関する訴訟」（実質的当事者訴訟）と定められています。

形式的当事者訴訟は，土地収用法で土地収用がなされた場合に，収用につい

てだけではなく損失補償の額だけを争うような場合を想定しています。損失補償の額は，土地収用委員会の収用裁決によって決定されるため，これを取消訴訟で争うことも可能ですが，収用裁決自体について不服があるわけではなく，金額だけを争いたいというのであれば，収用委員会を被告として争うのは妥当ではありません。むしろ，土地所有者と起業者の間で金額について争わせた方が，紛争の実態に適しているはずです。そこで，本来は処分の効力を争うものでありながら，便宜的に抗告訴訟ではない形式で争わせるというものです。

一方，**実質的当事者訴訟**とは，公法上の法律関係に関する紛争ではあるものの，形式的当事者訴訟とは異なり，抗告訴訟の性格を有しないものをいいます。たとえば，公務員の身分の確認訴訟があります。実質的当事者訴訟の本質は，民事訴訟と同一で，適用される法律も民事訴訟法になります。近年では，公法と私法の区別が相対化していることもあり，民事訴訟をもって足りることから，実質的当事者訴訟の必要性が疑問視されることもあります。しかし，公共事業の差止めとの関係で，実質的当事者訴訟の活性化論が主張されることがあります。

《判例》 **大阪空港訴訟事件**（最大判昭56・12・16民集35巻10号1369頁）：空港の騒音公害につき民事訴訟による被害者救済を否定した事例
　　空港の騒音公害につき，原告らが民事による差止請求を提起した。最高裁は，空港の使用は非権力的な側面だけではなく，公権力性も不可分一体に内包していることを理由に，「行政訴訟の方法により何らかの請求ができるかどうかはともかくとして」，民事訴訟で飛行差止めを求めることは不適法であるとして却下した。

大阪空港事件において，最高裁は行政訴訟であれば請求できることを示唆しながらも，どの形式によるべきであるかを明らかにしませんでした。民事訴訟と同じ性質を持つ，実質的当事者訴訟によることも一つの考え方であるということができるわけです。

(3) 民衆訴訟（行訴法5条）

民衆訴訟は，「国又は公共団体の機関の法規に適合しない行為の是正を求める訴訟で，選挙人たる資格その他自己の法律上の利益にかかわらない資格で提

起するもの」です。つまり，行政法規の正当な適用を確保するために政策的に認められる客観訴訟の一種になります。この類の訴訟が一般的に可能であるとすると，濫訴の弊害も出るため，個別の法律の規定があって初めて認められることになります。民衆訴訟の具体例としては，公職選挙法203条以下が規定する選挙訴訟・当選訴訟，および地方自治法242条の2の住民訴訟などがあります。

(4) 機関訴訟（行訴法6条）

　機関訴訟は，「国又は公共団体の機関相互間における権限の存否又はその行使に関する紛争についての訴訟」です。国または地方公共団体の機関相互間における争いは，行政権内部の問題であるため，共通の上級機関や特別な裁定機関によって解決されるのが本来のあり方です。たとえ法的な紛争があったとしても，行政庁は権利の主体ではないことから，原則として裁判になじまない問題であるということもできます。

　しかし，行政機関内部の争いであるとはいえ，共通の上級機関が存在しないこともありますし，その他の理由で上級機関による解決が難しい場合もありえます。そこで，民衆訴訟と同様に，やはり法律の個別の規定にもとづき，行政機関相互の訴訟が認められています。たとえば，地方自治法176条7項の地方公共団体内の議会と長との争いについては，共通の上級機関がなく，仮に争いが生じた場合には選挙で住民の審判を仰ぐか，公平な第三者機関である裁判所の判断によらざるを得ないところがあるわけです。

4　取消訴訟

　行訴法は，取消訴訟を中心に行政事件訴訟を組み立てる，取消訴訟中心主義を採用しています。つまり，条文のほとんどは取消訴訟についてであり，これが他の行政事件訴訟に準用されているわけです。そこで，ここからは取消訴訟の提起をめぐるさまざまな論点を見ていくことになります。なお，行政行為の取消しを求める場合には，抗告訴訟の中でも取消訴訟以外の訴訟形式によることはできません。このことを**取消訴訟の排他的管轄**といいます。

第1編　行政法総論

(1) 取消訴訟の訴訟要件（要件審理）

　取消訴訟が提起されると，裁判所はまず訴訟要件を満たしているかどうかを判断します。これは，要件審理ないし本案前審理と呼ばれています。裁判所で請求を審理してもらうためには，まず入口論として，一定の要件を満たしている必要があるわけです。これを満たしていない訴えは補正を命じられ（民事訴訟法53条），それができないときには不適法な訴えとして，請求の内容についての審理をすることなく却下されます。

　取消訴訟では，この訴訟要件の充足をめぐって重要な問題や判決があります。以下は，主要な訴訟要件です。

　① 処分性（行訴法3条）　取消訴訟は，行政庁の処分その他の公権力の行使にあたる行為を対象としています。したがって，基本的には行政行為が取消訴訟の対象となるわけです。つまり，行政庁の行為であっても，行政契約，行政計画，そして行政指導などは，非権力的行為であることから処分性が認められず，取消訴訟では争えないことになります。最高裁は，公権力の主体たる国または公共団体が行う行為のうち，その行為によって直接国民の権利義務を形成し，またはその範囲を確定することが法律上認められているものが処分であるとしてきています（最判昭30・2・24民集9巻2号217頁）。このことから，処分であるためには，公権力の行使であることと，具体的な法律効果が発生していることが要件であるということができるわけです。

　《判例》　**ごみ焼却場事件**（最判昭39・10・29民集18巻8号1809頁）：ごみ焼却場の設置行為の処分性を否定した事例（公権力の行使の否定）
　東京都がごみ焼却場設置計画の下で，建設工事に着手しようとしたことから，近隣住民Ｘらは，この行為の無効確認を求めて出訴した。最高裁は，ごみ焼却場の設置を計画し，その計画案を都議会に提出した行為は，東京都自身の内部的手続行為にとどまり，公権力の行使によってＸらの権利義務を形成し，またその範囲を確定することを法律上認められている場合には該当しないと判示した。

　しかし，下級審では，歩道橋の設置について，処分性を肯定した例も見られ

ます（国立歩道橋事件：東京地決昭45・10・14行集21巻10号1187頁）。

《判例》 **墓地埋葬法通達事件**（最判昭43・12・24民集22巻13号3147頁）：通達の処分性を否定した事例（具体的な法律効果発生の否定）
　墓地埋葬等に関する法律13条は，墓地などの管理者は，正当な理由なしに埋葬などの求めを拒んではならないと規定している。厚生省は当初，異教徒の埋葬を拒否できるとの通達を出していたが，後に異教徒の埋葬拒否を許さないという内容に変更した。そこで寺院Xは，新通達の取消しを求めて出訴した。最高裁は，通達は一般国民を直接拘束するものではないことを理由に，通達の処分性を否定した。

　寺院がこの通達を争うとするならば，実際に異教徒の埋葬の求めを拒否して，罰則を受けてからということになります。
　処分性を緩和して考え，取消訴訟の対象を広げようとする主張もなされることがあります。しかし，処分性を緩和すると，本来は行政行為ではない行政庁の作用であっても処分と見ることにより，公定力が及ぶと考えられることに注意が必要です。

② **原告適格**（行訴法9条）　取消訴訟を提起するには，取消しを求めるにつき「**法律上の利益**」を有することが必要です。「法律上の利益」をどのように解釈するかについては，学説が分かれています。
　まず，「**法律上保護された利益説**」（通説・判例）では，法律上の利益を処分の根拠法が保護している利益と考えます。つまり，処分の根拠法が個人の権利利益を保護する趣旨であるならば，原告適格が認められ，処分につき取消訴訟を提起することができるわけです。不利益処分を受けた者は，原告適格を有することになりますが，たとえば他人に対する風俗営業許可につき，既存の業者が自らの既得権益を侵害されたとして許可の取消しを求めることはできないのです。風俗営業の許可制の趣旨は，風俗上の秩序維持にあり，既存の業者の利益を保護する目的ではないからです。既存の業者にあった独占の利益は，法的に保護された利益ではなく，法の履行の結果として受けていた反射的利益にすぎ

ないことになります。

次に，「**法律上保護に値する利益説**」では，法律上の利益を広く捉えて，裁判によって保護を受けることが望ましいと考えられる者については，原告適格を肯定すべきであると考えています。この考え方をさらに広げて，環境をめぐる裁判の原告に，動物を含めたりする例も出ているようです。つまりこの説は，処分の根拠となった条文にとらわれることなく，原告が被害を受けているかどうかについて検討し，その被害を排除することが裁判上の保護に値するかどうかを判断することによって，原告適格を基礎づけることになります。最高裁判例の傾向は，「法律上保護された利益説」を原則としつつも，この「法律上保護に値する利益説」の考え方を取り入れるようになってきていると評価できます。

《判例》 伊場遺跡事件（最判平元・6・20判時1334号201頁）：「法律上の利益」を認めず，原告適格を否定した事例
　静岡県教育委員会は，伊場遺跡につき，静岡県文化財保護条例による静岡県史跡指定を，同じく同条例の規定により解除した。これに対し，遺跡を研究対象としてきた研究者Xらが，史跡制定解除処分の取消訴訟を提起した。最高裁は，条例や法律の規定の中に，遺跡の保存・活用から受ける利益を個々人の個別的利益として保護すべきものとする趣旨を明記しているものはなく，そのような趣旨を導くこともできないとして，Xらの原告適格を否定した。

《判例》 新潟空港事件（最判平元・2・17民集43巻2号56頁）：「法律上の利益」を認めて，原告適格を肯定した事例
　運輸大臣は，航空会社らに定期航空運送事業免許を付与した。これに対し，新潟空港の周辺に居住するXらが，免許の取消訴訟を提起した。最高裁は，免許の根拠規定である航空法100条・101条はXらの利益を保護する趣旨ではないが，航空法の目的など他の関連する法体系を全体として見ると，航空機の騒音による障害の防止を目的としており，これはXらが航空機の騒音によって著しい障害を受けないという利益を個々人の個別的利益としても保護する趣旨であると判示した。

この新潟空港事件における原告適格の認定は，後のもんじゅ訴訟（最判平

4・9・22民集46巻6号571頁，1090頁）にも引き継がれています。

③ 訴えの利益（行訴法9条）　処分の取消しを求めて出訴したとしても，原告の救済が実現できるような状況にない場合には，訴えの利益は認められません。処分性と原告適格を具備しているとしても，ある特定の日にデモ行進をする請求が不許可になった場合，不許可処分の取消訴訟を提起しても，その特定の日が既にすぎてしまっているのならば，取り消しても救済は現実的ではないことから，訴えは却下されることになります（皇居外苑使用許可事件：最大判昭28・12・23民集7巻13号1561頁）。

しかし，**行訴法9条括弧書き**では，処分の効果が「期間の経過その他の理由によりなくなつた後においてもなお処分又は裁決の取消しによつて回復すべき法律上の利益を有する者」については，訴えの利益が延長されると規定しています。地方議会から除名処分を受けた議員が，除名処分の取消訴訟を提起し，その継続中に任期満了となったような場合が想定できます。除名処分が取り消されれば，任期満了までの期間につき議員報酬を受け取る権利があることから，訴えの利益があることになるわけです。

9条括弧書きのいう「法律上の利益」についても，原告適格における「法律上の利益」と同様の理解をすることができます。問題となるのは，名誉や信用などの人格的利益の侵害も含めて考えることができるかどうかです。たとえば，飲食店経営者が衛生面での問題を理由に営業停止処分を受け，処分の取消訴訟を提起したものの，係争中に営業停止期間が経過したような場合です。飲食店経営者としては，処分の取消判決を得て，店の名誉や信用を回復したいと考える可能性があります。学説や判例は，処分が違法であるならば，国家賠償訴訟により金銭的な賠償を受けることになると解し，名誉や信用を取消訴訟とは別に考えています。

④ その他の訴訟要件　その他の訴訟要件としては，出訴期間（行訴法14条：処分のあったことを知った日から3カ月，ただし処分のあった日から1年を経過したときには，正当な理由がない限り出訴することはできない），被告適格（行訴法11条1項：処分庁を被告とする），不服申立前置（行訴法8条：不服

申立ての前置が規定されている場合には，あらかじめ不服申立手続を経ておく）などがあります。

(2) 本案審理

訴訟要件を充足した訴えは，いよいよ裁判所でその請求内容の審理を受けることになります。これは，本案審理と呼ばれています。

① **訴訟物**　本案審理の対象は，処分の違法性一般です。取消訴訟は，処分の取消しを求める訴訟であることからも，処分に**違法性**があるかどうかが審理の対象となるわけです。訴訟物は，処分の違法性一般であることから，原告の主張する個々の違法性が訴訟物となるわけではありません。したがって，あとから違法事由を追加した場合でも，訴えの変更となるわけではありません。

行政庁の側からは，処分理由の追加・変更ができるかどうかが問題となります。訴訟物が違法性一般であることからは，これも許されることになりますが，主張の変更を認めることは別の処分を認めることになるのではないかとの批判もなされています。なお，理由付記を要する処分についての理由の追加・変更については，処分の同一性を害するような理由の差替えは許されないと解釈されています。

② **職権主義**　民事訴訟では，当事者主義（訴訟審理のための資料収集を当事者の権能・責任とすること，弁論主義）がとられているのに対し，行政訴訟では個人の権利利益の保護や救済にとどまらず，適正な行政の確保も目的とされています。行訴法は，特別の規定がない限り民事訴訟の例によるとしているため（7条），当事者主義が原則ではあるものの，職権主義（審理の客観的妥当を期するため，裁判所が自発的に行動できる権能）が加味されています。具体的には，職権証拠調べ (24条) があります。裁判所が，当事者の主張していない事実についてまで斟酌できるとする職権探知主義については，否定的に解されています。

③ **立証責任**　立証責任とは，訴訟上ある事実の存否が確定できないことから，この事実を法律要件とする条文を適用されないため，判決において自己に有利な法律効果が認められないことになる当事者の一方の危険，または不利

益をいいます。

　かつては，取消訴訟の対象となる処分には公定力があることを理由に，処分は適法性の推定を受け，したがって立証責任は原告にあるとする説が有力でした。しかし，公定力は行政行為の効力であり，処分を支持する具体的な事実の存在を推定するものではないことから，一方的に原告に立証責任を負わせることには疑問も指摘されています。そこで，今日では，国民の権利利益を制限し義務を課す処分については行政庁が，そして国民が権利利益の拡大を求めるような場合には原告が立証責任を負うとの説が有力ですが，立証責任は事例ごとに判断されることになります。

　④　**違法判断の基準時**　　本案審理では，処分の違法性をどの段階を基準として判断すべきかも問題となります。これには処分時説と判決時（口頭弁論終結時）説の対立がありますが，裁判所の任務は行政庁の処分が適法であったかどうかを事後的に審理するものであるということから，**処分時説**が有力となっています。しかし，取消訴訟の本質を，行政庁の処分によって生じた違法状態の排除にあると見るならば，判決時説によることになります。

　⑤　**その他**　　近年では実務上，処分性と原告適格を緩和して考える傾向がある中で，取消しの理由の制限（行訴法10条）の適用がなされる例が見られます。原告適格が認められた例として引用した新潟空港事件では，原告が免許処分の違法事由として具体的に主張した内容は，いずれも自己の法律上の利益に関係のない違法であるとして，訴えは棄却されました。行訴法の9条および10条は，相互に関連性があるものではありませんが，今後の審理の動向が注目されます。

(3)　仮の権利保護：執行停止と内閣総理大臣の異議

　①　**執行停止**（行訴法25条）　　行政不服申立てにおけるのと同様，処分に対し取消訴訟が提起されても，処分の効力や執行，また手続の続行は妨げられるわけではありません。公定力の存在からも，処分の**執行不停止が原則**となっています。執行停止を原則とすると，行政目的の早期実現が害され，また濫訴のおそれがあることも，この理由といえます。しかし，執行停止が認められないとすると，取消訴訟で勝訴したとしても，もはや回復の見込みがなく救済を得

ることが著しく困難となるような場合も考えられます。そこで例外的に，**積極要件**として(i)適法な取消訴訟が係属していること，(ii)処分を停止することによって現実に原告の権利が保全されること，(iii)回復困難な損害を避けるため緊急の必要があること，および**消極要件**として(i)執行停止によっても公共の福祉に重大な影響が生じないこと，(ii)本案について勝訴の見込みがあること，を充足すると，執行停止が許されることになっています。行審法が，これらの要件がそろうと執行停止をしなければならないと規定しているのとは異なりますが，行政訴訟の場合も同様に解してよいと考えられています。執行停止には，処分の効力の停止，執行の停止，および続行の停止（後行処分の差止め）があります。

執行停止制度には，いくつかの問題点が指摘されています。たとえば，国立大学4年生が，退学処分を受けこの取消訴訟と同時に執行停止の申立てをし，かりに執行停止が認められると取消訴訟係属中に卒業できてしまうというようなケース（満足的執行停止）です。その他，入学試験に不合格となりこの取消しを争った場合，執行停止が認められたとしても，執行停止には行訴法33条2項の準用がないことから，積極的に入学が認められるようになるわけではなく，単に不合格ではない状態に戻るだけであることから，仮の権利保護として十分であるかどうか疑問が指摘されています（高校入学不許可事件：神戸地決平3・7・22行集42巻6＝7号1193頁）。

② **内閣総理大臣の異議**（行訴法27条）　内閣総理大臣は，執行停止がなされると公共の福祉に重大な影響を及ぼすと認めた場合，執行停止の申立てにつき裁判所に異議を述べることができます。異議が出されると，裁判所は執行停止の決定をすることができず，決定後であってもそれを取り消さなければなりません。この制度は，行政権による司法権の侵害にあたるとして，違憲との主張も有力になされています。これについては，執行停止は本来行政権の行使であることから，裁判所に委任する際に一部を行政権に留保しても，司法権を侵害するものではないとされています。

異議を申述する際には，理由を付すことになっています。理由では，執行停止をしなければ公共の福祉に重大な影響を及ぼすおそれのある事情を，具体的

に示さなければならないことになっています。裁判所が，理由が付されているかどうかといった形式的な面だけではなく，理由の実質的な内容についてその妥当性を審査できるかどうかについては争いがありますが，形式的審査のみできるとする見解が有力です。

《判例》 デモ行進進路変更事件（東京地判昭44・9・26行集20巻8＝9号1141頁）：内閣総理大臣の異議を合憲とした事例
　Xは，東京都公安委員会に対しデモ行進の許可を申請した。委員会では進路変更の条件付で許可処分をしたため，Xはこの条件の取消訴訟と条件の執行停止の申立てをしたところ，裁判所は執行停止の決定をした。しかし，内閣総理大臣が異議を述べたことから，裁判所は執行停止決定を取り消した。そこで，Xは国に対し憲法21条違反を理由に，慰謝料の支払いを求めて出訴した。裁判所は，執行停止の権限は，立法政策上裁判所の権限とされているものであり，行政作用の司法権への委譲であるとした。そして，どのような態様で委譲し，どのように司法機関に行わしめるかも立法政策の問題であり，当・不当を論じる余地は十分にあるとしても，合憲違憲の問題は生じないとした。

(4) 取消訴訟の終了

　取消訴訟は，判決によって終了しますが，その他に訴えの取下げ（原告による訴えの撤回）や和解もあります。
　① **訴えの取下げ・和解**　　原告に取消訴訟を提起する自由がある以上，撤回を禁止しなければならない理由はないと考えられますが，和解については争いがあります。つまり，法治行政の原則の下で，行政庁が原告と自由に和解をしてそれにもとづいて処分をなしうるのかという問題です。違法な処分でないのであれば，あくまで処分の適法性を行政庁は主張すべきではないかとも考えられます。そこで，和解を認めるとしても，当事者が自由に処分をなしうるような法律関係にあることが必要となるといえるでしょう。
　② **訴訟判決**（請求却下判決）　　これは，取消訴訟が訴訟要件を充足していないため，不適法として退けられる判決です。却下判決では，本案審理がな

されていないため，処分の違法性の有無については判断されていません。したがって，却下判決によって，処分の適法性が判示されたことにはなりません。

③ 本案判決 取消訴訟が訴訟要件を充足している場合には，裁判所は原告の請求に理由があるかどうか，処分の違法性につき審理を行います。そして，その請求の当否を判断したのが，本案判決です。

(a) 請求棄却判決と事情判決 これは，原告の請求に理由がないとして，それを排斥する判決です。処分の適法性が確認されたことになりますが，取消訴訟の場合には，原告の請求を理由ありとしながらもその請求を棄却する事情判決（行訴法31条）があります。

事情判決とは，特別の事情による請求の棄却です。つまり，違法な処分であっても，原告の権利など一切の事情を考慮した上で，それを取り消して原状回復をさせることが公共の福祉に適合していない場合には，判決の主文で処分は違法であるとしつつも，原告の請求を棄却する判決です。

《判例》 **坂出市土地区画整理事業事件**（高松地判平2・4・9行集41巻4号849頁）：事情判決の事例

坂出市は，土地区画整理事業の事業計画を決定し，Xに対し仮換地指定処分を行った。Xは，準工業地域で製材業を営んでいたが，仮換地は住居地域であった。そこで，Xは製材業を継続できなくなることから，処分の取消しを求めて出訴した。裁判所は，事業がほぼ完成し仮換地の利用も100パーセントに近く，準工業地域には仮換地として指定できる土地がないことから，仮に処分が取り消されると事業計画に大幅修正が必要となること，また他の地権者に多大な影響が生じることになるとした。そして，処分によってXの受ける損害は，処分の取消しによって多数の者が受ける損害よりも僅少であり，金銭賠償で塡補できるため，事情判決を下した。

事情判決の考え方は，議員定数不均衡訴訟で用いられたことがありますが，選挙訴訟では行訴法31条をそのまま適用することはできないため，事情判決の背後にある考え方（法理）によっていました。事情判決の具体例としては，公

共事業をめぐる裁判があります。

　(b)　**請求認容判決**　これは，原告の請求に理由があるとして，その全部または一部を認容して，処分を取り消す判決です。これによって，処分の公定力および処分の存在そのものが失われることになります。取消判決と呼ばれることもあります。

(5) 判決の効力

　① **形成力**　取消訴訟は，**形成訴訟**ともいわれるように，取消判決が確定すると行政庁の処分の取消しを待つまでもなく，処分は当然に効力を失い，最初から処分がなされなかったのと同じことになります。つまり，取消判決によって，一定の法律関係が形成されるわけです。

　② **第三者効**（行訴法32条）　処分が取り消された場合，処分が最初からなかったという状態が，行政庁と原告との間に生じるとしても，その他の第三者にも同じ状態といえるのかが，第三者効（対世効）の問題です。行政訴訟は，取消判決が第三者に対しても効力を有することを規定しており，これによって原告の救済が確実に図られることになります。訴訟外で権利侵害を受ける者の手続保障については，第三者の訴訟参加（行訴法22条）と第三者再審の訴え（行訴法34条）があります。

　③ **拘束力**（行訴法33条）　取消判決は，その事件について当事者である行政庁その他の関係行政庁を拘束します。つまり，行政庁に対し，処分を違法とした判決の内容を尊重し，その事件について判決に従って行動することを義務づける力です。これにより，取り消された処分を行った行政庁は，同一の処分を繰り返すなどの，判決に矛盾する処分を行うことはできないことになります。

　④ **既判力**　拘束力と既判力の区別が問われることがあります。既判力とは，民事訴訟におけるのと同様に，確定判決の内容である裁判所の判断が，これを受けた当事者間で事後の法律関係を規律する基準となる効力を意味しています。そこで，拘束力が既判力の確認であると同一視する見解もあります。この他，既判力は再度同じ紛争を蒸し返すことはできないという一事不再理効を内容としており，つまり当事者が同じ救済を求めて出訴した場合には，後の訴

えを受けた裁判所はこの訴えを却下することになるとみる考え方もあります。

5 損失補償

(1) 損失補償とは何か

損失補償とは，土地収用の例で見られるように，適法な公権力の行使によって加えられた財産上の特別の犠牲に対し，全体的な公平負担の観点から，これを補塡するための財産的補償であると位置づけられます。

憲法29条3項は，私有財産は正当な補償の下に公共のために用いることができると規定しています。つまり，財産権が公共の目的のため侵害されるとき，行政庁には正当の補償をすることが義務づけられます。損失補償には，一般法が存在しないため，これについては個別の法律の規定によることになります。個別の法条が存在しない場合に，**憲法29条3項を直接適用**できるかという問題がありますが，これについては肯定的に考えられてきています。予防接種禍をめぐる一連の訴訟では，憲法29条3項の直接適用が認められてきました（予防接種の副作用が争われた事件で憲法29条3項を直接適用した最初の事例は，東京地判昭59・5・18判時1118号28頁）。最近では，直接適用を避けて国家賠償法1条の法律構成をする傾向が定着してきていますが（最判平3・4・19民集45巻4号367頁；東京高判平4・12・18高民集45巻3号212頁），これは直接適用を禁じる趣旨ではないと理解すべきでしょう。

(2) 補償の基準と範囲

補償の有無の基準は，財産侵害行為の対象が特定人を対象としているか（形式的基準）と，侵害行為が財産権の本質的内容を侵すほどに強度かどうか（実質的基準）とから判断されることになります。次に正当な補償の範囲が問題となりますが，これには**完全補償説**（収用される財産権の客観的価値の全額を補塡すべき）と**相当補償説**（完全補償でなくとも，公正な算定の基礎にもとづき算出した合理的金額を補塡すれば足りる）との二つの考え方があります。特定の個人の財産を公共のために用いている以上は，完全補償を原則として考えるべきといえるでしょう。

土地収用法は，「通常受ける損失」(68条以下，88条) について補償するとしていますが，これは通常の事情の下でだれでもが受けると認められる損失で，特別の事情にもとづく損失は含まれないと解されています。そこで，たとえば土地を収用されることに伴う移転費は補償の対象となりますが，精神的な損害はこれには含まれません。

6 国家賠償

明治憲法の下では，国家賠償に関する規定は設けられておらず，違法な公権力の行使に伴い国民の側に損害が発生したとしても，国民に対して責任を負わないとする「国家無答責の原則」がとられていました。小学校の校庭に設置された器具によって損害が生じた場合，民法の規定によって損害賠償が認められた例もありました (徳島遊動円棒事件 (大判大5・6・1民録22輯1088頁)：民法717条による救済を認めた事例) が，公務員による損害については請求はできなかったことになります。

現行憲法の17条は，公務員の不法行為により損害を受けた者は，国または公共団体に対し損害賠償を請求しうると規定しています。この規定を受け，国家賠償に関する一般法である国家賠償法は，違法な行政活動から生じた国民の損害を補塡する制度を規定しています。1条では，公務員による損害について，そして2条では公の営造物の瑕疵により被った損害について，国民の側から賠償請求ができることが規定されています。なお，国家賠償制度は，違法な行政を前提とする点で，損失補償とは性質を異にしています。

(1) 国家賠償法1条

この責任の本質をめぐっては，国や地方公共団体が公務員に代わって責任を負うとする**代位責任説**と，国や地方公共団体が自ら責任を負うとする**自己責任説**とが主張されています。このどちらをとるかで，制度の運用が変わるわけではありません。1条2項が，違法な公権力行使を行った公務員に対して国は求償権を有すると定めていること，判例上公務員個人に対する損害賠償請求が認められていないこと (最判昭30・4・19民集9巻5号534頁) からは，代位責任説が

前提であるといえますが，被害者救済を十分にするためにも国が自ら責任を負うと構成すべきであるとの考え方も有力です。1条の下での国家賠償成立要件は，以下があります。

① **公権力の行使にあたる公務員の行為であること**　まず，「公権力の行使」については，行政行為に限定されるとする説（狭義説），非権力的行政活動も含むとする説（広義説），そして私経済作用も含めるとする説（最広義説）が見られますが，判例は広義説の立場を取っています。なお，近年では公権力の不行使についても国家賠償が肯定されています。

《判例》　武蔵野市教育施設負担金事件（最判平5・2・18民集47巻2号574頁）：行政指導が違法な公権力の行使にあたるとされた事例
　Xがマンション建設を計画したところ，武蔵野市との事前協議で宅地開発指導要綱にもとづき，教育施設開発負担金の寄付を求められた。そこで，Xは寄付願とともに事業計画承認計画を提出し，建築確認を受けた。Xは寄付金を納付したが，納得できず寄付の取消しと返還を求めて出訴した。最高裁は，寄付を求めること自体は強制にわたらなければ違法とはいえないとしながらも，武蔵野市の実態は行政指導の限度を超え，違法な公権力の行使であると判示した。

次に，公務員とは，必ずしも公務員法が規定する公務員に限定されるわけではなく，一時的に公権力の行使を委ねられた者も含みます。なお，集団的加害行為について，加害公務員の特定をする必要はありません。

《判例》　施設入所者死亡事件（広島地福山支判昭54・6・22判時947号101頁）：公務員は，実質的に公権力を行使するすべての者であるとした事例
　福山市は精神薄弱者援護施設を設置し，その管理業務を社会福祉法人に委託していた。法人職員が，寮生を引率して農作業を始動していたところ寮生の1人が行方不明となり，後日遺体で発見された。そこで，死亡した寮生の両親が，福山市に対して国家賠償請求，法人に対して民法715条にもとづく損害賠償請求を提起した。裁判所は，公務員とは実質的に公務を執行するすべての者のことであり，国または公共団体のために公権力を行使する権限を委託された者をも含むとし，

福山市は法人職員の被用者であるとした。

② **職務行為であること**（外観主義）　加害行為が職務の遂行によるものではなかったとしても，公務員本人に職務遂行の意図があったかどうかからではなく，通常人から見て公務員の外観から，職務の遂行を推認されればよいとされています。

《判例》　**川崎駅前事件**（最判昭31・11・30民集10巻11号1502頁）
　警視庁巡査は，金銭を奪う目的で非番の日に制服を着用し，警視庁管轄外の川崎駅前で通行人に職務質問をした。しかし，所持品検査の後に預かった現金を持ち逃げしようとして，騒がれたため相手に発砲し，死亡させた。そこで，遺族らが東京都に対して，損害賠償を請求した。最高裁は，公務員が主観的に権限行使の意図をもってする場合に限らず，客観的に職務の外形を備える行為によって他人に損害を加えた場合には，職務行為であるとした。

③ **公務員に故意または過失があること**　故意とは，自己の行為により違法の事実が発生することを認識しながら行うことであり，過失とは注意を欠いたために違法の事実の発生を認識しないで行う場合です。これらは，公務員の主観的な意図に関わる問題ですが，現在ではこれらを区別せずに，**客観的な注意義務違反**と捉えるようになってきています。国家賠償制度の運用上，公務員の主観的事情によって，被害者に救済が求められたり認められなかったりするのを避けるため，一般に要求されている職務上の注意義務に違反していることさえ認定できればよいとするわけです。これは，公務員が，違法な事実が発生することを予見可能であったか（**予見可能性**），また予見可能であった場合でもそれを回避可能であったか（**回避可能性**）という基準から判断されることになります。

④ **違法な加害行為が存在すること**　ここでいう違法とは，法令に違反する場合だけに限らず，行為が客観的に正当性を欠く場合も含まれています。つまり，行政法の一般原則に違反する行為も違法に該当するほか，裁量権の濫用

第1編　行政法総論

やゼロ収縮時における規制権限の不行使も違法となります。

(2) 国家賠償法2条

　公の営造物，つまり道路や河川など，その他の公の目的に使われている有体物の設置・管理に瑕疵のあった場合は，2条の対象となります。1条と異なり，2条の責任は公の営造物の設置管理の瑕疵により損害が発生したという客観的事実によって成立し，このような瑕疵の生じたことについて管理者の故意・過失を問うものではありません。したがって，危険責任主義にもとづく**無過失責任**を認めたものだということができます。道路や河川の管理権限は，大臣や知事といった機関に属しており，その権限行使の結果について，国や地方公共団体が責任を負うことになるわけです。

　① **公の営造物**　　公の営造物とは，国または地方公共団体によって公用（学校や官舎など国または地方公共団体が自分のために使用）または公共の用（一般大衆の共同使用）に供用される有体物または物的設備を意味しています。公の目的に利用されていないのであれば，公の管理の下にあっても公の営造物には含まれません。また，不動産に限定されるわけではなく，動産も含まれます。これまで裁判で認められた例としては，中学校の等や公用自動車，自衛隊の砲弾などがあります。また，河川が例に挙がっていることから明らかなように，人工のものだけではなく自然公物も含まれます。

　② **設置管理の瑕疵**　　公の営造物の設置管理の瑕疵とは，営造物が通常有すべき安全性を欠き，他人に危害を及ぼす危険性のある状態をいうと解されてきています（大阪国際空港訴訟事件：最大判昭56・12・16民集31巻10号1369頁）。より具体的には，**設置の瑕疵**とは，物自体が原始的に安全性を欠く状態（最初から所定の強度を有しない建築物）のことであり，**管理の瑕疵**とは，物自体の後発的な危険状態（修理すべき建築物をそのまま放置）のことを意味しています。天災などの不可抗力による損害については，2条の責任が成立しないことは明らかであるものの，具体的にどのような場合にそうであるかは，道路と河川とで異なった考え方がなされてきています。

　(a) 道路管理の瑕疵　　最高裁判決は，道路の設置管理の瑕疵につき，2条

を無過失責任主義の立場から適用しています。

　《判例》　高知落石事件（最判昭45・8・20民集24巻9号1268頁）
　Aは高知県内の山腹を走行中，自然落下した岩石の直撃を受けて即死した。Aの遺族であるXらは，自己が予見可能であったと主張して，国および管理を委ねられていた高知県に対して賠償を請求した。被告らは，財政上，落石事故の完全な防止措置を講ずることは期待可能の範囲を超え，不可抗力により生じたものと主張した。最高裁は，通行車に対し注意を促すなどの処置を講じただけでは足りず，防護柵を設置する費用が多額にのぼるとしても，賠償責任は免れないとした。
　《判例》　奈良赤色灯事件（最判昭50・6・26民集29巻6号851頁）
　奈良県内の県道では工事箇所を示すため，赤色灯を設置していた。しかし，Aらが通りかかる直前に他車によって倒され消えてしまっていた。Aは倒れた赤色灯に気づいていたが，道路から3m下に転落し，同乗者が死亡した。遺族Xらは，道路管理に瑕疵があったとして，奈良県に対し賠償を求めた。最高裁は，道路の安全性に欠如があったといわざるを得ないものの，時間的に赤色灯を原状に復し道路を安全良好な状態に保つことは不可能であったとして，設置管理の瑕疵を否定した。
　《判例》　和歌山自動車放置事件（最判昭50・7・25民集29巻6号1136頁）
　Yは大型貨物自動車で運転中，車両に故障を感じたので，これを国道上の中央線よりに駐車して放置した。約87時間後に，Aが原動機付自転車で時速60kmで走行中，放置された自動車に激突して死亡した。Aの遺族らはYの他，和歌山県に対しても賠償を求めた。最高裁は，故障車が長時間放置されていることによって道路の安全性を著しく欠如する状態であったのにもかかわらず，故障車が放置されていることすら知らず措置を講じなかったことに，和歌山県の設置管理の瑕疵があったことを認定した。

　これらの判例からは，まず財政上の制約は，設置管理の瑕疵との関係では抗弁とならず，これによって国や地方公共団体は免責されないことが指摘できます。また，損害の発生について回避可能性がなくてはならないこと，つまり危険防止措置を講じることが可能でない場合には設置管理の瑕疵があったとはいえませんが，時間的に危険防止措置をとることが可能であるならば，瑕疵が

第1編　行政法総論

あったことになります。道路については，通行止の措置を講じることができることもあり，無過失責任主義がそのまま適用されている状況にあります。

(b) 水害　河川の管理は，道路と比較すると一定の制約があることが認められています。1984年の大東水害事件最高裁判決以前は，水害についても無過失責任論の下で，国や地方公共団体の損害賠償責任は認容される傾向にありました。しかし，大東水害事件では，道路と異なり財政上の制約があることから，改修中の河川については過渡的安全性で足りると判示しています。

《判例》　**大東水害事件**（最判昭59・1・26民集38巻2号53頁）
豪雨により，大阪府寝屋川水系の谷田川の未改修の狭窄区間で溢水があり，Xらは床上浸水の被害を受けた。そこで，溢水した箇所が未改修のまま放置されていたことが瑕疵にあたるとして大阪府に対し賠償を請求した。最高裁は，河川は自然発生的な公共用物であり，もともと洪水の危険を内包していることから，当初から安全性を備えた物として公共用に供される道路とは異なると指摘した。そして改修中の河川については，合理的な改修計画に則って改修が進められていれば特段の事情がない限り瑕疵は認められず，過渡的安全性で足りると判示した。

この判決は，財政上の制約を抗弁とすることができるとの立場をとっています。つまり，河川が危険な箇所を順次に予算を割り当てるのが，合理的計画であると見ることができるため，未改修河川が氾濫しても，それは回避不能ということになるわけです。この意味で，河川についての2条の無過失責任は，1条の故意過失責任に接近したということができます。なお，最高裁は改修済み河川については高い安全性を要求していますが，これ以降の水害訴訟では改修済み河川についても財政的制約による免責を認容するようになりました。その傾向を修正したのが，多摩川水害訴訟です。

《判例》　**多摩川水害事件**（最判平2・12・13民集44巻9号1186頁）
豪雨により多摩川は著しく増水し，堰の一部が損壊したため，多数の家屋が流失した。そこで被災者Xらが，国に対して損害賠償を請求した。最高裁は，改修

済みの河川が備えるべき安全性とは，改修がなされた段階において想定された洪水から，当時の防災技術水準に照らして，通常予測しかつ回避可能な水害を未然に防止するに足りる安全性であることを確認した。

なお，多摩川水害訴訟では，未改修河川の安全性につき，過渡的安全性ではなく「段階的安全性」という表現を用いています。

── 第 2 編 ──

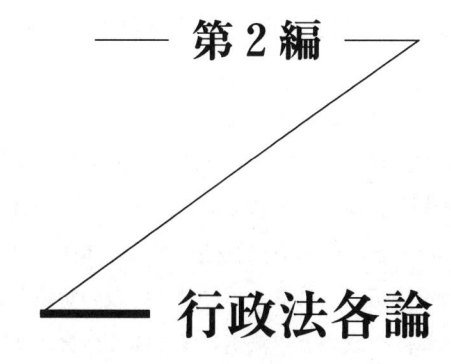

── 行政法各論

I 行政の透明性

§1 行政の公正と透明性

　近代国家において国民の権利利益を保護するためには，国家と地方公共団体による権力濫用を防止する制度装置を設けることが肝要でした。**法治主義**はこのような制度の基本原理を表現したものであり，そこでは保護されるべき権利とその権利が侵害されたときの救済方法を確保する実体法が専らの関心事でした。しかし，行政活動が公正にされるためには，行政の対象となる国民のがわに正確な情報が伝えられ，行政の意思決定に参加する機会が保障されるべきであると考えられ求められるようになってきます。とりわけ，現代社会は価値観も文化も異なる集団で構成される多元的な構造となっており，何が公益かという決定は簡単には決められないことがあります。そのようなときこそ，意思決定に平等に参加する機会を確保することが要求されます。これは民主主義の要請であり，この機会を付与する手続法が重視されるようになったのです。
　こうして，いまや，**情報公開法と行政手続法は「民主主義国家の標準装備」とまで言われています。**

§2 行政手続法──公正と透明性──

1 諸外国の行政手続法

　英米法では，「法の適正手続」ということがうるさくいわれます。
　アメリカの憲法典は，連邦と州のそれぞれの権限行使がデュー・プロセス・オブ・ロー (due process of law) 原則に従わなければならないと定め，イギリ

スの裁判所は，手続の公正さを自然的正義（natural justice）という表現で要請しています。

　もともと英米では，ヨーロッパ大陸のフランスやドイツとは異なって，国の公の事務を担当する組織と裁判事務を扱う組織とは明確に区別されていませんでした。たとえば，裁判を担当する治安判事や保安官が行政的事務も同時に担当していました。そういうところでは，公の事務もまた裁判と同じ手続にもとづいて行われるのが当然で，この手続が公正手続であるということになります。やがて公の事務を担当する行政組織が裁判機構とは別に形成されてくると，この組織における意思決定の仕方についての手続を定めた法律が必要になってきます。

　まずアメリカでは，1946年に，連邦の行政組織に適用される行政手続法（APA）ができますが，この法律の特徴は，行政的決定に際しては裁判類似の手続をとることが正式な手続とされ，この正式手続について詳細に定める一方，裁判手続の一部を簡略化した手続は略式手続としてその詳細は定めていません。正式手続と略式手続との違いは，法廷における対審構造にならって，利害関係人による聴聞すなわち口頭陳述と反対尋問の場が保障され，専門の行政官が裁判を主催する裁判官にあたる審判官として運営するかどうかにあります。もっとも，実務上は，正式手続ではなく略式手続によるものが圧倒的で，せっかくのAPAが適用される場合が少ないため，略式手続法も設けるべきだという意見もあります。

　イギリスでも，1968年に行政審判法（Tribunals and Inquiries Act）ができます。ヨーロッパ諸国にみられるような性格の行政機関がなかったイギリスでは，行政事務が増えてくるにつれてその事務の特性にあわせて多くの行政審判所ができました。この審判所では裁判に似た手続が採られました。1968年の法律では，決定には理由が示されねばならないという手続が定められたにとどまり，各審判所の手続規則はそれぞれで作られることになりましたが，この法律では行政審判会議という機関を設けて各審判所がつくる手続規則の審査を受ける仕組みとしましたから，1968年法はイギリス行政手続法という性格をもっています。

行政事務を担当する行政組織が発達したヨーロッパでも，多くの国に行政手続法があります。特に日本の行政法の母法ともいえるドイツが1976年に連邦行政手続法を定めました。官僚組織が早くに確立し，通常の民事・刑事裁判所とは別の行政裁判所があるフランスでは，1979年に法律上の義務に違反した者に制裁を課す行政的決定には理由を必ず明示しなければならないことを定めた法律ができていましたが，その後1983年に行政手続令ができました。もっともフランスでは，行政的決定にあたって審議会に諮問し，審議会に送り込まれた利益団体の代表が審議に与かるという多元的社会における公益判断への参加行政手続が制度として保障されているという事情があります。韓国でもすでに1998年にドイツにならった行政手続法ができました。

2　制定の経過

このように，行政手続法の制定は世界的傾向であり，そこには，公正な行政は透明でなければならないという考え方が一貫してみられるのです。行政手続法制定の狙いと制度を理解するためにも，日本でこの法律制定経過を辿ってみますと，1964年に行政改革を審議する第一次臨時行政調査会が「行政法の不備不統一を是正し，公正手続を確保し，行政の適正かつ円満な運営を確立するためには，統一的な行政手続法を制定することが必要である」という答申と法律の草案を発表しましたが，この草案は，アメリカ風の専門官が裁判類似の手続を主宰するという内容で，日本の行政手続法の歴史上画期的なもので，当時としては大変進んだものであったといえます。この試みはその後いったん立ち消えになってしまいました。

つづいて，国鉄民営化などの行政改革を迫る第二次臨時行政調査会が1983年にまとめた最終答申は，情報公開による「開かれた政府」の実現と行政手続制度による「適正な手続」の確立とは，行政に対する国民の信頼を確保する基本的前提であるから，「統一的な行政手続法を制定するため，行政法全般にわたる専門的検討及び行政運営の実態調査並びに諸外国の立法例および運用の調査等を行う臨時の専門的な調査審議機関を設置すべきである。」と指摘しました。

そして1991年、第三次臨時行政改革推進審議会の中に設けられた「公正・透明な行政手続部会」が取りまとめた行政手続法要綱案に沿って、法案作業が始まります。当時は日米貿易摩擦の最中で、アメリカが排他的取引慣行是正策の一つとして行政手続法の制定を要求していたという事情が背景にあり、結局わが国で行政手続法ができたのは、ようやく1993年でした。

§3　行政手続法の概要

　行政活動の公正と透明性を確保する法律として、各国には行政手続法が定められていますが、これら各国の手続法には共通する基本的内容がみられます。日本の行政手続法の制定に尽力された塩野宏教授は、これらの共通する内容とは、①**告知と聴聞**、②**文書閲覧**、③**理由付記**、④**処分基準の設定・公表**の四つとされています（塩野宏『行政法Ⅰ』（第二版増補版）222頁。）

　行政手続法ができるまでの日本では、法律に手続の定めがある場合でなければ、これらの手続を欠いているからといって、行政庁がした処分が公正を欠き違法だとまではされてきませんでした。

　運転免許のように、申請にもとづいて免許を付与する処分であれ、不注意で大惨事を起こした電力会社の事業免許を取り消す不利益な処分であれ、行政機関が決定をするに先立って、処分内容を通知して本人の言い分を主張させ証拠を提出する機会を保障することは、公平な決定を下し無用な権利利益侵害を予防するうえで重要な手続です。裁判にならったこの手続が、**告知と聴聞**です。行政手続法13条は少なくとも許認可を取消資格を剥奪するといった不利益な処分をするときは聴聞を義務づけました。行政機関が処分に際して用いた情報は処分される本人も知り得なければ公正さを判断できないところから出てくる手続原則が**文書閲覧**ですが、行政法18条は不利益処分をされる本人に情報の閲覧請求権を認めているだけで、問題はあげて情報公開制度の運用に委ねられることになります。どんな理由で処分したかを行政に説明させることは、行政の慎重な判断と恣意抑制、処分される側の説得、不服を申し立てるべきかの判断材

料提供といった役割を果たすものですから，行政法8条と14条は**理由の明示**を義務づけています。判例ではこの理由は相当に詳細でなくてはならず，「第○条に該当」だけでは理由として不備とされています。免許付与の根拠条文には「必要があるとき」「相当の理由があるとき」という文言が用いられることがよくありますが，この場合，行政庁の判断基準が公表されていれば申請しても免許が下りるか予測できますし，免許拒否が公正といえるかを判断する材料になります。法5条は申請処分にはこの原則を義務づける一方，不利益処分については，あらかじめ**審査基準**を見て違反ぎりぎりの行為に及ぶ事態を防止する必要上，努力義務にとどめています。

　このような内容の適正手続の要請は，憲法の個別の条文から導き出せるでしょうか。あらゆる行政的決定に先立って，何らかの調査が行われますが，行政法ではこれを**行政調査**といっています。この行政調査は，憲法が保障している基本的人権を侵害しないような配慮が必要で，この配慮を欠くときは憲法違反とされるということは判例・学説上確立した見方です。その場合に適用されるのは，本来刑事手続における人権侵害を阻止する趣旨で定められた条文です(何人も，裁判所の令状がなければ書類を押収されることはないという憲法35条や，自己に不利益な供述を強要されないという憲法38条の規定)。

　これらの憲法規定が何故行政手続である行政調査にも適用されるのかについては，別の理屈が必要です。この理屈としては，①憲法の具体的条文に根拠をおく考え方と，②個別の憲法条文ではなく法治主義という憲法原理に求める考え方という二つがあります。

　最高裁の判例は，「憲法31条の定める法定手続の保障は，直接には刑事手続に関するものであるが，行政手続については，それが刑事手続でないとの理由のみで，そのすべてが当然に同条による保障の枠外にあると判断するのは相当ではない」とまではいっていますが，それでは具体的にどんな手続を保障しているかまで判断した例はありません。**適正手続**を保障している個別の制定法の解釈にあたっては憲法31条の適正手続の理念を尊重するというところに留まっているようです。

Ⅰ 行政の透明性　§4　情報公開—知る権利と説明責任—

　たしかに，行政手続とその内容は刑事手続とは比較にならないくらい多様であることを考えると，憲法31条にとらわれていては限界があるでしょう。そこで，**憲法の個別条文を離れて，法治主義という行政法の基本原理から導き出そうとする学説が有力になってきており，高田敏教授や塩野宏教授の法治主義国論がこれです**。法治主義とは，個別の憲法条文に定めがあるなしにかかわらず，近代国家における行政活動を統制する基本原理とされており，法律による行政ともいわれています。ここにいう法律には，行政活動が権利利益を侵害できる場合を限定することで国民を守る実体的な法だけでなく，侵害を未然に防止するための手続整備のための手続法も含まれます。つまり，法治主義原理は適正な行政手続の保障の根拠となるわけです。同じく憲法には適正行政手続の具体的条文をもたないドイツでも，法治主義原理が憲法原理であるからだという説明がされます。

　憲法31条を根拠にすると，問題となる行政手続を刑事手続と区別し，そのうえで今度は多様な行政手続の中にあって憲法31条の保障の範囲内にある手続であることを二段構えで証明してみせなければならないことになり，国民の側には負担加重です。そう考えると，この学説には大変説得力があると思われます。

§4　情報公開——知る権利と説明責任——

1　情　報　公　開

　情報公開とは，「行政機関が管理している情報を私人の要求により公開すること」です。行政手続法のもとで具体的事案について関係者に限って必要な情報を公開するのとは異なります。

　国の情報公開法が施行されたのは2001年4月ですが，都道府県と市町村を合わせた地方公共団体3,296は，その66.1パーセントで情報公開条例か要綱を制定しています。もっとも，個別に情報公開を定めた法律が日本には全くないわけではありません。憲法62条は国会の国政調査権にもとづく記録の提出を定め，地方自治法100条1項は地方議会のいわゆる百条委員会に記録の提出を求める

権限を与えています。また，都市計画法や土地区画整理法は，計画決定に際しての計画案の縦覧・公告・意見提出手続を定めています。さらに，行政不服審査法33条は不服審査手続として，不服申立人本人と参加者の書類閲覧の機会を保障しています。また，行政手続法18条も不利益処分の聴聞手続の中で本人には文書閲覧権を保障しています。

　世界をみると，北欧諸国がこの分野では先進国で，1766年の出版自由法で国家が所有する行政情報を国民にも入手することを認めたスウェーデンが最初でした。ヨーロッパでは1978年にフランスが行政文書へのアクセスに関する法律を定めています。しかし，情報公開法制定に向けて大きな推進力となったのは，アメリカの情報の自由法（Freedom of Information Act）で，**FOIA**（フォィアー）という略称で呼ばれています。とくに日本では，国に先立って情報公開制度を推進したのは自治体であり，その条例制定にあたって多いに参照されました。アジアでは1996年には韓国が情報公開法を制定していますし，EU（ヨーロッパ共同体）のアムステルダム条約は，すべてのEU市民に，EU議会・理事会・委員会が保有する情報を自由に入手する権利を認めています。

2　国民主権の理念

　このような状況のなかで，日本でもすでに1969年の最高裁判決のなかで「知る権利」という情報公開制度の基本理念に触れられてはいましたが，未だ法律制定への歩みは遅々たるものだったといえます。しかし，地方自治体における情報公開条例を使った行政訴訟がつぎつぎと起こされて，情報公開制度の認知度が高まり，行政の公平と透明性という情報公開法の狙いと同じ法目的をもつ行政手続法が1993年に制定されました。ここに到って，行政実務のスタイルの改革を余儀なくされることになり，1999年に法律が制定されましたが，この法律の施行のためには，請求に迅速に応じられるように各省庁が保有している文書を整理して管理しておかなければならないため，この準備に2年かけて実施できることになったのです。

　こうして制定された情報公開法（正式の名称は「行政機関の保有する情報の

公開に関する法律」）1条は，**国民主権**を理念として，政府の有するその諸活動を国民に説明する責務を全うすることと国民の的確な理解と批判の下にある公正で民主的な行政を推進することの二つを，この法律の目的としています。

国民主権とは，国の政治のあり方を終局的に決定する力が（主権）が国民にあることをいいます。ここにいう力には，国の政治のあり方を最終的に決定する権力を国民自身が行使するという権力的側面と，国家の権力行使を正統づける究極的な権威は国民に存するという権威的な側面があります。権力的側面は，選挙や国民投票といった直接国民が政治的決定をする機会にみられますが，それ以外は，通常，後者の権威的側面しかみられません。

選挙によって国政を最終的に正しく決定するためには，的確な状況判断が必要であり，そのためには情報と説明が不可欠です。同じように，もっぱら政府の政策の正統性の根拠を提供する権威的存在である通常の場合に，つまり，日本のような議会多数派がその時々の内閣を任命する議院内閣制度の下では，内閣は「国民の厳粛な信託」を受けて権限を行使するのですから，時の政府がその活動について国民に説明する責務を有することもまた，当然といえます。こうして，**国民主権のもつ二つの側面のいずれからも，政府の説明責任が導きだされます**。

3　説 明 責 任

説明責任（accountability；行政が主権者たる国民に対していかに行政を行っているかを説明する責務）という言葉自体，日本では情報公開法制定過程で普及したのでした。それ以前からいわれてきた**政府の政治責任（responsability；職務の結果が目的を達成できず非難を受ける場合には辞職までを視野に入れて責任をとる）**と合わせてこの二つの責任は，議議院内閣制の下では内閣が負うと考えられています。各大臣はその行政活動について国民代表である国会に説明し，非難に価する違法な活動については政治責任を負って辞任することで，国会と国民に対して二つの責任を果たすわけです。しかしアメリカでは，硬い三権分立制度のもとで議会から独立した大統領を首長として行政活動

が展開され，さらに議会が規制権限を与えて設立した強力な独立行政委員会 Administrative agency が存在するため，そもそも国民代表機関である議会に対する大統領の政治責任だけでは足りず，行政委員会を統制する方法として，行政手続法を定めて説明責任を負わせる制度を設ける必要がありました。議院内閣制の母国であるイギリスでも，各部門に行政機関 Agency が設けられるようになるにつれ，この行政委員会に対して説明責任を課す必要がでてきます。それだけでなく，行政がかかわる事務が膨大になってくるにつれ，臣責任とは別に，適正な行政事務が行われているかは行政組織自身の説明を聞く必要性が増してきます。

こうなってくると，政治責任と説明責任とが大臣だけに集中している議院内閣制度のもとでこれまでは責任をとわれることのなかった官僚に対しても，説明責任が問われる仕組みが求められるのは当然の成り行きだったといえます。

情報公開制度については，それは「知る権利」（right to know）の制度化であるという考え方があります。

4 知る権利

知る権利とは何かについてはいろいろ議論されていますが，その基本は，国民主権の理念を実質化するためには政府が保有する情報を国民が知っていなければならないということでしょう。それではこの権利は憲法のどこかで保障されている基本的人権である必要があるでしょうか。現代社会において国民が情報を得る情報の伝達手段は，ラジオ，テレビ，インターネット，新聞などのマスメディアが主体です。

最高裁判決によればこれら「報道機関の報道は，民主主義社会において，国民が国政に関与するにつき，重要な判断の資料を提供し，国民の『知る権利』に奉仕するものである。したがって思想の自由表明とならんで，事実の報道の自由は，表現の自由を規定した憲法21条の保障のもとにあることはいうまでもない。また，このような報道期間の報道が正しい内容をもつためには，報道の自由とともに，報道のための取材の自由も，憲法21条の精神に照らし，十分尊

Ⅰ　行政の透明性　　§4　情報公開—知る権利と説明責任—

重に値いする」ものです（博多駅テレビフィルム提出事件命令事件：最大判昭44・11・26刑集23巻11号1490頁）。

　このよう情報入手の権利を国民個人が憲法上保障されているかについて、別の最高裁判所判決によれば、「各人が自由にさまざまな意見、知識、情報に接し、これを摂取する機会をもつことは、その者が個人として自己の思想及び人格を形成、発展させ、社会生活の中にこれを反映させていく上において欠くことのできないもので」あるだけでなく、「民主主義社会における思想及び情報の自由な伝達、交流の確保という基本的原理を真に実効有らしめるためにも必要」だとされています（法廷メモ事件：最大判平元・3・8民集43巻2号89頁）。

　権力的であれ権威的であれ、国民主権のもとで国民が政治を的確に判断するためには政府が情報を独占するのではなくすべての情報を国民に公開することが必要であり、知る権利とはこのような制度を求める法的根拠に他なりません。こう考えてくると、知る権利が憲法に明文で規定されていなければならないということにはならないし、法律に明文でおかれる必要すらないということになりましょう。

　たしかに、情報公開法の先進国アメリカでも、情報公開法FOIAがなくても、合衆国憲法典の表現の自由規定を根拠にして直接政府情報の公開を請求できるという議論はされていません。日本でも、憲法にも情報公開法にも知る権利を明文ではおいていません。それでも、憲法が民主主義を基本原理として選びとっているところでは、その民主主義の実効性を担保するために、国民が政府情報を自由に入手できる制度を設けることは、現代社会では不可欠な「標準装備」なのです。知る権利と法文上明記されているかどうかにこだわる必要はなく、知る権利の内容を実現する実定法の仕組みがあることで十分だというに尽きます。

第2編　行政法各論

§5　情報公開法の基本的仕組み

1　実 施 機 関

　情報公開法1条は，国民主権の理念にのっとり，行政文書の公開請求権者と請求手続を定めて，政府の説明責任を果たさせるとともに公正で民主的な行政の推進を実現することを，法目的としています。ここには「知る権利」を実現すると明示されてはいませんが，国民主権の理念にのっとった制度であると言っていますから，すでに§4で述べたところからも，知る権利の実現のための法律であることははっきりしています。

　情報公開法や条例では，請求を受けて自分が保有する情報を公開するそれぞれの行政機関のことを，実施機関といっています。情報公開法2条は，国の行政機関の組織と権限を定める法律の違いに対応して6つを列記していますが，結局，省・委員会・庁と会計検査院や人事院までの国のすべての行政官庁を実施機関としています。国の機構のうち，実施機関でないのは，国会と裁判所だけです。内閣自身は実施機関には入っていませんが，内閣の事務を担当する内閣官房が実施機関ですから，閣議情報は内閣官房に公開請求すれば入手できることになります。もっとも，警察庁や検察庁のような独立性が強い機関は，別に政令で独立の実施機関とすることができます。現在渦中にある独立行政法人や特殊法人は，実施機関から除外されていますが，同法42条は情報公開を実施するような法整備を講ずることとしています。たとえば特殊法人であるNHKは，総務大臣の意見を聞いて独自のNHK情報公開基準を設けて制度を実施することにしています。民間化の前に予定されている郵政公社も実施機関となるものと思われます。

　実施機関が保有するすべての情報が公開対象にはなりません。**公開を請求できる情報を法律は「行政文書」といっていますが，この範囲は，職務上作成・取得され現に保有している組織的に共用しているすべての媒体です**。県や市の情報公開条例が対象を決済供覧文書に限定しているのと比べて，本法は，行政

機関は組織として活動するところから，局―部―課―係という通常の組織で使い保有している情報が請求対象になります。したがって，個々の職員が保有している起案のためのメモ書きは対象に含まれません。反対に，特定の問題のために，特別に置かれる研究班で作成されたメモであっても，組織としての意思決定に用いられた情報は対象に含まれると解されています。

情報公開法3条は「何人」も公開を請求することができると定めています。条例によってはその県や市の住民に限定している例がみられますが，この法律のもとでは，諸外国の立法同様，国籍を問わず，個人にも法人にも公開請求権が認められています。このように，**何人も**請求できるということは，公開請求にあたって，請求する者の個別的利益の存否や，情報を入手して何に使うのかという使用目的も問わないということです。よって，この公開請求権は，法的には手続的請求権であると性格づけられます。

2　非公開情報

公開請求すればすべての保有情報は請求どおりに公開されるのではありません。第1に，何らかの理由で公開を拒否されることがあります。第2に，全部ではなく部分的にのみ公開されることがあります。第3に，請求した情報があるかないかということ自体の回答をもらえないことがあります。

請求された情報が，行政機関以外の個人または法人という第三者の情報であるとき，そしてその第三者が個人であるときは人権に配慮し，保護する必要がないものを除き原則として公開は拒否されます。この保護する必要がない情報として情報公開法5条1号はイ，ロ，ハ，と列記していますが，いずれも不動産登記情報や公務員の役職名簿など公にする慣行があるときや，生命・身体・健康の保護のため公開が義務づけられる場合などです。第三者が法人であるときは，個人の場合とは異なって，法人の営業上の利益を侵害するおそれがあるときか公開しないという約束で行政機関が法人から情報を入手しているときに限って公開を拒否されますが，生命・身体・健康の保護のため公開が義務づけられるときにはこの限定も崩れて公開されるところは，原則非公開個人情報の

場合と同じ扱いになっています。公開請求された実施機関の長が，同法5条3号の国の安全に関する情報と4号の公共の安全と秩序維持に関する情報であると認めるにつき「相当の理由がある」ときは，**行政上の秘密情報**であるため公開を拒否されます。同じ行政上の秘密でも，同法5条5号の意思決定過程にある審議情報と6号の事業情報は，行政機関自身の活動を円滑に遂行する必要上非公開とすることができるのですから，これに当たる非公開情報といえるかどうかの実施機関の判断は，より厳格にされねばなりませんし，請求拒否の理由で，業務遂行にどのような支障が生じる蓋然性があるかを明記しなければ，理由としては不備となるでしょう。このような行政上の秘密にあたるかどうかの判断が公正にされるために，行政手続法上も，公開・非公開の審査基準の制定が求められていますし，是非必要です。

　情報公開法6条は，公開請求されている情報の中で上に述べたような非公開情報にあたる部分を区別できるときは，非公開部分を除いて（マスクして）公開することを求めています。県や市の情報公開条例の運用では，墨で塗りつぶした文書が公開されて議論となっていますが，請求者にとって意味のない残滓個所を公開してみても，ここにいう部分公開の趣旨ではないでしょう。また，文書が電子情報である場合には，非公開部分削除のための技術開発が必要だともいわれています。

　アメリカのグローマー拒否制度に倣って，非公開という条件で交わした国際的な情報，犯罪内定情報，内部人事情報などの公開請求に対して，情報公開法8条は，公開請求があった情報を行政機関が保有しているかを答えること自体，非公開情報として保護されている利益が害されると考えて，保有の有無を明らかにしないで公開拒否とすることができるとしています。行政機関がした拒否回答の妥当性を審査するためには，行政機関は不服審査の場に文書を提出し，審査官だけはその情報をみることができるインカメラ審査方式という特別の手続が設けられています（同法27条）。

　公開拒否決定は「申請による処分」ですから，行政手続法8条によっても必要にして十分な理由が明記されていなければなりませんが，情報公開法も9条

でこの旨を重ねて定めています。情報はいったん公開されてしまうと取り返しが効きませんから、第三者情報（原則非公開の個人情報や原則公開の法人情報）を公開するに先立っては、当該第三者の手続参加が保障されているべきです。行政手続法10条は、申請者以外の者の意見を聞く公聴会の機会を設ける努力規定ですが、情報公開法はこれとは別に同法13条で、公益目的で公開する場合は、第三者に通知して意見書提出の機会を設けることを義務づけています。

3　他の法律との調整

　情報公開法は行政機関に説明責任を課し公正な行政の推進を目的のために情報の公開を請求する制度ですから、この目的と直接の関係しない制度やすでに情報の整理と公開について別に整備されている分野については、この法律は適用されません。たとえば、すでに確定した刑事事件の訴訟記録は本法の実施機関である検察庁に保管されていますが、記録の閲覧公開については、刑事確定訴訟記録法が適用になります。

　刑事訴訟法53条の2は、裁判中の事件の書類や押収物の閲覧公開には情報公開法の適用を除外しています。民事事件の記録は裁判所が保管しており裁判所は情報公開法の実施機関ではありません。特許法は特許出願から1年6カ月経過すると申請内容を公表するとしているので、逆にそれまでの期間は公表を予定していないため、情報公開法は適用しない旨を明文で定めています。行政機関が政策立案のため調査委託した報告書や免許や認可申請書類に添付された書類・写真を請求に応じて公開してしまうと、著作者には公表権がありこれは財産権ではなく人格権ですから、著作者本人の同意なしに公表すれば著作権侵害になるおそれがあります。たとえば、マンション建築のために建築確認申請書にマンション図面を添付したり、ゴルフ場建設にあたって県に環境影響評価書を提出しますが、これらの文書情報を公開請求に従って公開を認めてコピーをさせることは、著作権法で保護されている著作者の公表権や複製権を侵害することになる、と判例は言っています（たとえば、東京高判平3・5・31、名古屋高判平10・3・24など）。このような事態を避け情報公開法や条例と著作権法との調

整を図るために，著作権法18条3項は，未公表の著作物を行政機関に提供したときは情報公開法上の公開に同意したものとみなすとしました。そして，同条4項1号は生命・身体・健康情報として公開するべきと判断された場合の著作物の公開には著作権法の適用はないと明文で適用を除外していますし，同法49条は，公開請求が認められた情報を請求者がコピーすることも認めているので，実施機関は公開決定にあたって上のような心配はしなくてすむようになりました。

4 不服申立て

最後に，公開しないという拒否回答をした場合や部分的な公開しかしない場合には，その実施機関宛に不服申立てをすることができます。この不服申立制度については，一般的法律である行政不服審査法の定めに従って，非公開決定をした実施機関自身に再考を求める異議申立方式か**第三者のより客観的で合理的な判断を求める審査請求方式**かを選べるのですが（この制度については，第1編§5 行政救済法で扱っています），情報公開法21条は後者の方式を採って，**情報公開審査会**を内閣府に一つ置き，不服申立ては各実施機関に提出する → 各実施機関は不服審査会に諮問しなければならない → 諮問を受けて不服審査会は審査し答申する（この答申内容は公表される）→ 実施機関はこの答申を尊重して最終的に不服申立人に回答する，という手続を採用しました。なお，本法はこの不服申立てをしなければ訴訟を起こせないという立場で，公開を拒否した実施機関の長を被告として争う行政訴訟を直接裁判所に提起するまえに，まずは情報公開審査会の公平な判断を受けるというのが制度の趣旨と思われます。

Ⅱ　暮らしと行政

　行政の任務は，憲法の定める原理・原則を現実社会において具体的に実現することです。明治憲法のもとでは，個人の自由の保障とその共存による国家秩序の維持が基本的理念とされていたため，行政は，国民の自由領域（社会）には極力干渉せず，ただ「公共の安全と秩序の維持」にとって必要な限度でのみ関与すればよい，と考えられていました（**消極行政**）。しかし，戦後制定された日本国憲法は，消極的な自由権だけでなく，より積極的な人権を保障しています。とりわけ憲法25条は，国民はすべて健康で文化的な人間らしい生活を営む権利（生存権）を有し，国はその権利の実現のために福祉の増進に努めるべき社会的使命を負っていることを，宣言しています。このように社会福祉の増進を積極的に目指す国家を，「**社会国家**」または「**福祉国家**」といいます。

　こうした憲法理念の変化に伴って，行政は，「公共の福祉の増進」，すなわち国民生活の向上のために，より積極的な活動を要請されるようになりました。現代行政の特徴は，この**積極行政の展開**にあります。ここでは，その中でも私たちの日々の平穏な暮らしを確保する上で最も不可欠な，公害・環境問題および社会保障問題に関する行政活動，ならびにその法制度について見ていきましょう。

§1　公害・環境問題と行政

1　公害問題の広がりと環境保全行政の発展

(1)　環境保全行政とは

　私たちの生活は，時代の流れと共に，科学技術の発展により高度な成長を遂

げてきました。しかし，それは他方で，大気汚染や水質汚濁などの公害を発生し，自然破壊だけでなく人体の健康へも大きな被害をもたらすことになりました。そして現代では，さらに環境ホルモンによる生態系の崩壊や地球温暖化といった，世界規模での環境問題が深刻化しています。国家は，自国の自然と市民の健康，ひいてはあらゆる生物および地球の未来を守るために，そのような工業活動による公害発生や乱開発による自然破壊を規制し，被害者の救済を図り，さらにはより積極的に良好で快適な生活環境の確保に努めるべき任務を負っています。こうした**公害・環境破壊の事前的予防措置および事後的対処に関する行政の活動**を，「**環境保全行政**」といいます。

(2) 環境行政法の形成と発展——公害対策基本法と自然環境保全法の制定——

わが国では，公害問題はすでに明治時代から存在していましたが，当時の対応は，衛生警察の領域で消極的・場当たり的に行われていたにすぎませんでした。独自の行政法制として環境保全行政が形成されはじめるのは，高度経済成長期のさなかであった1960年代です。このころ，四大公害訴訟（新潟水俣病事件，四日市ぜん息事件，富山イタイイタイ病事件，熊本水俣病事件）をはじめとする公害訴訟が相次いで提起され，また全国各地で公害反対運動が高まっていきました。こうした公害問題の広がりと重大化によって，まず各地方自治体がそれぞれ公害防止条例の制定へと動きだし，それがやがて国レベルでの法制整備を促すことになったのです。

こうして，1967年に「**公害対策基本法**」が制定されました。この法律は，**大気汚染**，**水質汚濁**，**土壌汚染**（1970年に追加），**騒音**，**振動**，**地盤沈下**，**悪臭**の7つを典型公害と定義し（同法2条），これに対する事業者，国，地方公共団体および住民の責務を明らかにすると共に（同法3条～6条），人の健康と生活環境を保全するために維持されるべき「**環境基準**」を導入して（同法9条），日本の公害対策法制の基本構造を作り上げました。さらにこれを受けて，翌年には大気汚染防止法と騒音規制法が制定されます。

しかし，当初の公害対策基本法には，経済成長優先思想の名残から，「生活環境の保全については経済の健全な調和が図られるようにする」(同法1条2項)

which**経済調和条項**が設けられ，しかも規制基準が比較的緩やかであるなど，公害対策法制としてはまだまだ不十分な点がありました。そのため，産業の発展と共に公害はますます深刻化していきます。そこで，1970年に「公害国会」が開催され，公害対策基本法からの経済調和条項の削除，水質汚濁防止法の制定，廃棄物処理法の制定，大気汚染防止法の改正など，全14法の制定・改正が行われ，公害法制の抜本的整備が行われました。

さらに，この改正で公害対策基本法に自然環境保護規定（17条の2）が設けられたことを受け，1972年には**「自然環境保全法」**が制定されます。それ以前は，わずかに自然公園法が国立公園などの自然風景の保護を規定していた程度で，「原生の自然」をそのまま保護しようという趣旨の法律は存在していませんでした。わが国の環境保全行政は，もともとは公害対策行政から出発しましたが，ここに，自然環境の保全も行政の責務であることが明らかにされたのです。こうして，日本の環境保全行政は，**公害対策基本法と自然環境保全法を二大柱とする体系**へと発展されました。

(3) 環境庁の設置

そして，もっとも画期的なことは，1971年に，**公害・環境問題を担当する専門官庁として環境庁が設置された**ことです。従前は，公害による健康被害は厚生省，産業の汚染規制は通産省というように，各省庁がそれぞれの所管事務に関連する問題を分掌してバラバラに対応していましたが，ここに，環境庁がそれらを総合調整し，環境保全行政を一元的に推進する役目を担うことになったのです。

けれども，環境庁は，あくまで「省」ではなく，総理府の外局である「庁」という位置付けにあり，したがって規模や権限の面で必ずしも十分なものではありませんでした。それは，環境問題に対する日本政府の関心の低さを象徴していました。しかし，環境問題への国際的意識がますます高まっていく中，21世紀に向けた行政改革において，環境庁はついに2001年1月6日付けで「**環境省**」へと格上げされ，その権限も大きく拡大されるに至ったのです。

2 環境問題のグローバル化と環境基本法の制定

その後も産業経済は一層の高度成長を続け、また都市化・乱開発が進んだことにより、現代社会は、さらに新たな都市型公害や廃棄物問題に悩まされることになりました。そして、世界各国でこのような環境破壊が進んだことにより、いまやオゾン層の破壊、地球温暖化、酸性雨、野生生物の種の絶滅危機といった、地球規模での環境問題にまで事態は深刻化しています。

こうした環境破壊の危機に直面して、1992年6月、リオデジャネイロで「**環境と開発に関する国連会議**」（**地球サミット**）が開催され、世界183カ国の代表および165カ国の NGO（非政府組織）の参加のもとに「**リオデジャネイロ宣言**」が採択されされました。それは、人が自然と調和しつつ健康で生産的な生活を営む権利を有すること、かつ各国は、その開発を将来世代においても持続可能で環境への負荷が少ないものへと変えていくべき責任を有すること、などを宣言したものです。

日本は、この国際的な動きの中で、環境保全行政をより総合的・計画的に推進することが緊要となり、翌1993年11月、公害対策と自然環境保全を統合した「**環境基本法**」を成立させました（これに伴い、公害対策基本法は廃止されました）。この法律は、公害の防止と自然環境の保全に関する基本理念および基本指針、ならびに国、地方公共団体、事業者、国民の責務を規定しているほか、従来の公害対策基本法には定められていなかったさまざまな新しい施策を導入し、日本の環境保全行政のさらなる前進を目指しています。

これまでの環境関連法律は、公害対策基本法とその系列法（大気汚染防止法、水質汚濁防止法、騒音防止法、悪臭防止法など）、自然環境保全法とその系列法（自然公園法、森林法、鳥獣保護法など）、廃棄物処理法（従来は衛生行政の分野）、オゾン層保護法などの地球環境保全に関する法律（従来は国際法の分野）というように、それぞれ別個の法体系に分岐されていました。しかし、これらはすべて環境基本法の体系の下に一元化され、環境基本法の趣旨に則って解釈・運用されなければならないことになりました。ただし、放射線物質による大気汚染、水質汚濁、土壌汚染の問題については、産業・エネルギー規制

行政の分野に属する問題として，原子力基本法の体系の下に置かれ，環境基本法の規律対象からは除外されています（環境基本法13条）。

3 環境基本法の内容と問題点
(1) 基本理念
環境基本法は，①現在および将来の世代が健全で恵み豊かな環境の恩恵を受けられるように，環境が保全されるべきこと（同法3条），②環境への負荷の少ない，持続的発展が可能な社会の構築を目指すこと（同法4条），および③国際的協調のもとで地球環境の保全に積極的に努めるべきこと（同法5条），を基本理念として掲げています。これは，前述のリオデジャネイロ宣言の理念を受けたものです。

(2) 基本施策
環境基本法は，環境保全行政の手法として，従来のような規制という消極的手段だけでなく，計画，経済的措置（助成・負担），環境保全事業の推進その他の多様な手段を取り入れ，行政が環境保全のためにより積極的に関与することを要求しています。中でも重要な基本的施策としては，**①環境基本計画**の作成，②大気汚染，水質汚濁，土壌汚染，騒音に関する**環境基準**の設定，③**公害防止計画**の作成，④**環境影響評価制度**の推進（後述），⑤環境負荷低減を誘導するための**経済的助成**（低利融資，税制優遇措置など）と**経済的負担**（課徴金，環境税など），⑥環境保全事業の費用に関する**汚染原因者負担の原則（PPP）**などが挙げられます。

(3) 問題点——具体性の欠如と環境権規定の欠落——
しかし，環境基本法の定めるこれらの規定は，あくまで基本的指針を示した抽象的な規定（**プログラム規定**）にすぎず，その具体的な実行については個別の立法措置や行政上の政策決定を待たなければなりません。したがって，環境保全のための統一的法典としてはなお実践性の乏しいものとなっています。

また，何より批判されているのは，「**環境権**」が明記されていないことです。環境権とは，「良好な環境を享受しうる国民の権利」を意味します。良好な環

境は，健康で文化的な人間に値する生活のための条件といえます。そこで，憲法はこれをとくに明記していませんが，憲法25条の生存権および13条の幸福追求権に由来する憲法上の人権として，1970年代より多くの弁護士や学者が「環境権」の存在を提唱してきました。

ところで，「環境」には，個人的生活環境，原生自然環境，歴史・文化環境などがありますが，当初は，公害から生命・健康を守ることが緊急課題であり，それに密接に関わる個人の生活環境の保護が問題であったため，**人格権的環境権**だけが想定されていました。それは，個人の生命・身体・生活に密接に関わる環境上の利益は人格の本質的なものとして保護される，という考え方です。しかし今日では，野生生物や風致・景観といった原生の自然環境一般を対象とする**自然享有権**や**景観権**，歴史的・文化的遺産の保護に関する**歴史的文化環境権**ないし「文化財享有権」などの観念を主張し，一般的な環境権概念はこれらをすべて含むものである，とする学説の見解が強くなっています。

環境保全行政は，こうした国民の環境権が広く保障されることによってはじめて実効性を確保されるのです。これまでの公害・環境訴訟において，裁判所は，一般的環境権の存在を正面からは認めず，環境保全行政の結果として国民が受ける環境上の利益は，それが個人の生命・健康（人格権）への重大な被害に関わるのでない限り，単なる**反射的利益**であるにすぎない，と述べてきました（この点については後述）。もし環境権が認められれば，公害・環境訴訟を通して国民が行政の違法行為や怠慢を責問し，野生生物の種の保存や歴史的遺産の保護など，将来世代へと持続する良好な環境保全を実現することができます。

けれども，環境基本法の制定にあたっては，「国民の健康で文化的な生活の確保に寄与」することが目的に掲げられたに留まり，環境権は，その法的性格や内容の不明確性を理由として，結局明記されるに至らなかったのです。そのため，環境基本法の制定後に提起された訴訟においても，裁判所は依然として一般的環境権なるものの存在を否定しています（岐阜地判平6・7・20判時1508号29頁，奈良地判平11・3・24判タ1035号190頁など）。なお，地方公共団体の中には，

環境基本条例を制定して，住民の環境権を明記しているところも見られます（川崎市，大阪府など）。

4 環境影響評価（アセスメント）制度

環境基本法の規定（同20条）を受け，1997年に**環境影響評価法**が制定されました。環境影響評価とは，事業を行う際に事前にその事業が環境に与える影響を予測・評価し，その結果次第では事業計画の変更を余儀なくする，という制度です。それは，情報公開と市民参加の保障のもとに，環境への負荷を最小限にする選択を慎重かつ民主的に行っていこうとするものです。外国法に倣った制度なので，言語にもとづき，一般に「**環境アセスメント**」と呼ばれています（以下，アセスメントと呼びます）。

先進諸国（OECD加盟国）の中でこの手続を法制化していないのは唯一日本だけであったため，環境庁（現；環境省）はこれまで何度も法案を提出してきましたが，そのつど経済界や旧建設省などの反対に遭って廃案とされ，ただ要綱の形で定められるに留まっていました。しかし，アセスメントは，環境保全のためには極めて重要な手続であり，地方公共団体の多くが既にこれを制度化していたことから（1976年に川崎市が最初に条例化し，現在では約40の地方公共団体が制度化しています），国内外からの世論に押され，ついに国レベルでの法制化が実現されることになったのです。

もっとも，環境影響評価法は，すべての事業行為について適用されるわけではありません。対象となるのは，道路・ダム・鉄道・空港・土地区画整理などの大規模な事業のみに限られています。しかも，そのうち必ずアセスメントを実施しなければならないのは一定規模以上のもの（＝**第一種事業**）だけであり，それに達しない規模のものについては，当該地域の自然的・社会的環境等に照らして，個別にアセスメントの対象事業（＝**第二種事業**）とすべきか否かを判定することとされています（この判定手続を「**スクリーニング**」といいます）。また，発電所については特例措置が設けられています。

簡単な手続の流れを見てみましょう。手続は，第二種事業の場合には，まず

スクリーニングから開始されます。これによって第二種事業の判定を受けた事業および第一種事業は，「**スコーピング**」の手続に入ります。スコーピングとは，「絞り込み」という意味であり，事業者が作成した「環境影響評価方法書」について，知事，市町村長および住民の意見を聴き，アセスメントの項目・範囲・方法などを具体的に絞り込む手続です。続いて事業者は，スコーピングで絞り込まれた内容に則って，環境への影響に関する調査・予測・評価および環境保全対策の検討を行い，「環境影響評価準備書」を作成します。それについて，知事，市町村長および住民等の意見をあらためて聴取し，これをもとに，今度は所轄の許認可機関に提出すべき「環境影響評価書」を作成します。許認可の審査に先立ち，環境大臣は，必要に応じて所轄の行政機関に環境保全上の意見を提出し，これを受けて当該行政機関が事業者に対して意見を述べ，必要な補正を要求します。そして，最終的に補正された評価書にもとづき，許認可の審査が行われることになります。

　このように，環境アセスメントの手続は，対象の自治体および住民の意見を反映し，かつ慎重な段階を踏んで実施されます。しかし，現行の環境影響評価法のもとでは，対象事業の範囲が限定されているという問題点のほか，代替案の検討が義務づけられていないこと，計画そのものの中止は定められていないこと，また，市民は単に提出された情報について参考意見を述べることができるというにすぎず，市民参加の保障が消極的なものに留まっていることなど，環境保全のためにはまだまだ不十分な点が残されています（図1）。

5　被害者の救済に関する手続

　環境保全に関する諸法律は，環境汚染とそれによる被害の発生を未然に防止することを目的として，そのために必要な規制・計画等のさまざまな施策を定めていますが，それが違反された場合には，速やかに違反状態を是正して環境破壊を防ぐ共に，被害者の救済を図ることが必要です。環境問題に関する救済手続には，行政機関による**行政上の救済**と裁判所による**司法上の救済**があります。

II 暮らしと行政 §1 公害・環境問題と行政

図1 環境影響評価法の手続の流れ

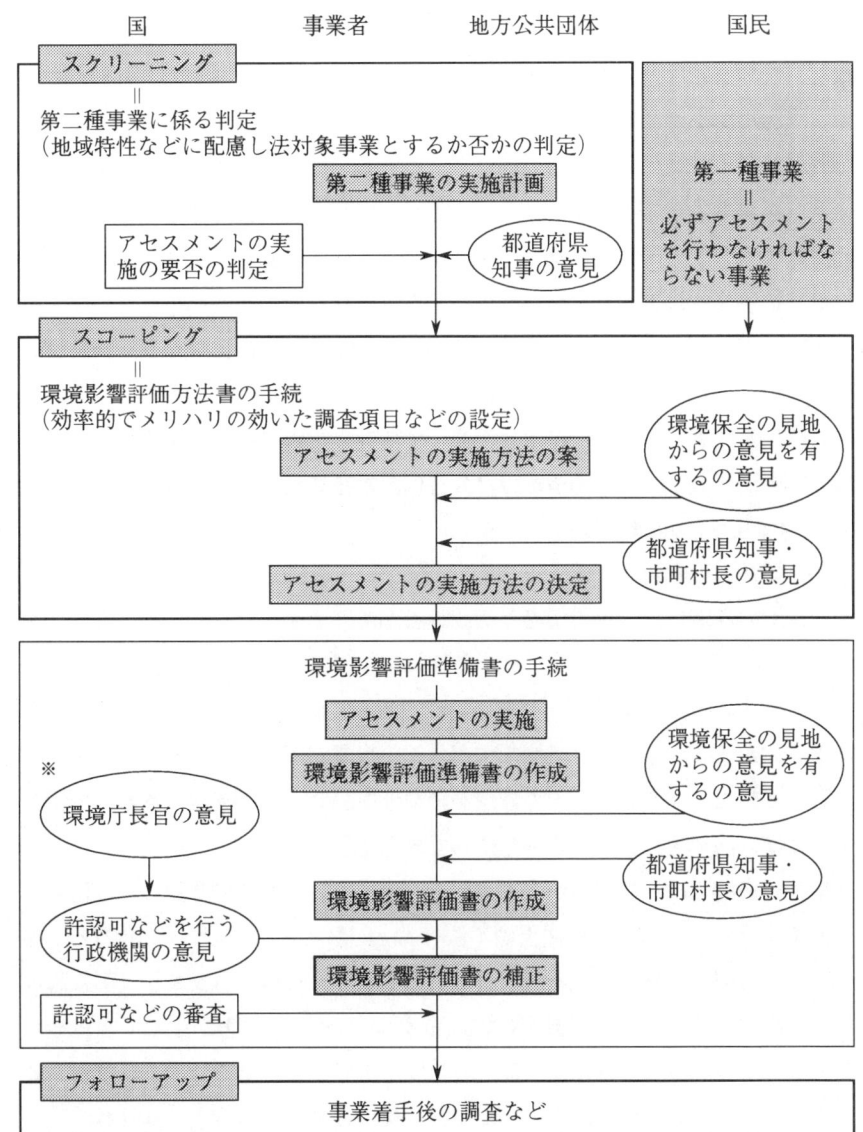

| | 国 | 事業者 | 地方公共団体 | 国民 |

スクリーニング
＝
第二種事業に係る判定
（地域特性などに配慮し法対象事業とするか否かの判定）

- 第二種事業の実施計画
- アセスメントの実施の要否の判定 → 都道府県知事の意見
- 第一種事業 ＝ 必ずアセスメントを行わなければならない事業

スコーピング
＝
環境影響評価方法書の手続
（効率的でメリハリの効いた調査項目などの設定）

- アセスメントの実施方法の案
- 環境保全の見地からの意見を有するの意見
- 都道府県知事・市町村長の意見
- アセスメントの実施方法の決定

環境影響評価準備書の手続

- アセスメントの実施
- 環境影響評価準備書の作成
- 環境保全の見地からの意見を有するの意見
- 都道府県知事・市町村長の意見
- ※ 環境庁長官の意見
- 許認可などを行う行政機関の意見
- 環境影響評価書の作成
- 環境影響評価書の補正
- 許認可などの審査

フォローアップ
事業着手後の調査など

注）太線で囲った部分は環境影響評価法で新たに入ったもの。※ 環境庁長官の意見→環境省大臣の意見。
資料：環境庁『環境白書 1997年版』より。

101

(1) 行政上の救済

行政上の救済には，**公害紛争処理制度**（公害紛争処理法）と**行政不服申立制度**（行政不服審査法）があります。前者は，典型7公害に関する民事上の紛争を，国の公害等調整委員会または都道府県公害審査会によるあっせん・調停・仲裁・裁定を通して解決するものです。したがって，自然環境保全に関する紛争や行政機関を相手方とする紛争は，この制度の対象にはなりません。行政機関を相手方とする紛争は，後者の制度によって処理されます。行政不服申立制度は，違法または不当な行政処分の是正を直接に行政機関（処分庁またはその上級庁）に対して不服申立する救済手続で，環境保全行政に限らず，行政処分一般について適用されます。

このほか，大気汚染または水質汚濁による健康被害者やその遺族に対する行政上の救済措置として，**補償給付**と**公害保険福祉事業**の制度が設けられています（公害健康被害の補償等に関する法律）。

(2) 司法上の救済

司法上の救済には，民事訴訟と行政訴訟があります。

(a) 民事訴訟　民事訴訟による救済には，損害賠償請求と差止請求の方法があります。請求の相手方（被告）には，公害・環境破壊の直接の原因者である事業体が含まれることは当然ですが，その事業が国や地方公共団体の政策と結合していたり，あるいはその管理が国や地方公共団体の権限・責務に属する場合には，国や地方公共団体も含まれてきます。

損害賠償請求は，被害者が法律違反をした加害者に対して金銭による損害の賠償を請求する訴えで，民法上の不法行為（民法709条）にもとづくものと，国や地方公共団体を相手とする国家賠償法にもとづくものがあります（国家賠償は，行政訴訟ではなく民事訴訟に属します）。しかし，被害が生じてからそれを金銭によって償うだけでは，救済として不十分です。そこで差止請求が，被害の発生や拡大を未然に防止するために，現に行われているまたは行われようとしている違法な行為の中止を求めて，提起されることになります。

差止訴訟に関する明文の規定はありませんが，これまでの公害訴訟では，裁

判所は，しばしば「人格権的環境権」の考え方を根拠としてのみ，民事上の差止請求を認めてきました。たとえば日照権，通風権，嫌煙権，静穏権などが，そうした人格権にもとづく私法上の環境権として説かれてきたものです（熊本地判昭46・4・15判時633号49頁，千葉地決昭62・2・7判時1243号90頁など）。したがって，個人の健康や生活を直接的に害するものではない一般的な風致・景観や歴史的・文化的遺産の破壊行為に対する訴えの場合は，（文化財享有権，自然享有権，歴史的文化環境権などといった）環境権の存在は一貫して否定され，信義則違反などがある場合を除けば，差止請求はおよそすべて却けられています（京都地判平4・8・6判事1432号125頁，仙台高判平5・11・22判夕858号259頁，和歌山地判平6・11・30判例自治145号36頁など）。

また，高度な公共性を有する公害施設（道路・空港・鉄道など）については，生命・健康の危険に関わる重大な被害がある場合でさえも，裁判所は公共性を重視するあまり，損害賠償請求は認容しても差止請求は否定する，という方向を一貫して辿ってきました（大阪地判平3・3・29判時1383号22頁，横浜地判平6・12・5判時1481号19頁など。ただし，最近これを認めた画期的判例として，神戸地判平12・1・31判時1726号20頁，名古屋地判平12・11・27判例集未登載）。

(b) 行政訴訟　公害や環境破壊の原因行為が，行政庁の違法な許認可や適切な規制権限発動の懈怠に起因している場合には，その行政庁の違法な公権力の行使ないし不行使を是正させる，という行政訴訟の方法によることになります。具体的には，行政事件訴訟法が定める**抗告訴訟**（取消訴訟，不作為の違法確認訴訟，無効確認訴訟）または**住民訴訟**の形式で提起されます。中でも取消訴訟がもっとも重要です。たとえば，行政庁が環境保全の法律に違反する開発許可をした場合には，その許可を取り消してもらうことによって，事業者の開発行為による公害・環境被害を防止することができます。

しかし，取消訴訟は，具体的な権利侵害を受ける者でなければ原告となれないため，一般的な環境権の概念が裁判所によって承認されていない現段階では，原告適格が否定され，訴えを門前払いされてしまうケースがほとんどです。環境保護を定めた法律規定が，周辺住民など個人の享受する環境上の利益も保護

する趣旨である場合には，その法律に対する違反行為は個人の権利侵害をもたらすことになります。しかし，裁判所は一般に，個人の生命・健康・財産の危険に関わる場合（たとえば原子炉施設の設置など）を除き，環境保全に関する法律の目的は，不特定多数の公衆が共有する「公共空間としての環境」を保護することにあり，それによって受ける個人の環境上の利益は単なる「反射的利益」にすぎない，と解しています（最判平元・6・20判時1334号201頁，京都地判平6・1・31判例自治126号83頁，東京高判平7・11・21行集46巻10＝11号998頁など。ただし，宇都宮地判昭44・4・9判時556号25頁参照）。

これに対し，住民訴訟というのは，民衆訴訟の一種であって，民事訴訟や取消訴訟におけるように個人の具体的な権利侵害を主張する必要はなく，地方公共団体の住民が公益代表者という客観的立場で行政の違法を争うことのできる訴訟形式（客観訴訟）です。けれども，このような客観訴訟は，法律がとくに定めている場合にしか許されず（行政事件訴訟法42条），そして地方自治法によれば，住民訴訟の対象は，地方公共団体の長または職員などの財務会計上の行為のみとされています。したがって，環境問題に関する住民訴訟の可能性は，違法な公金支出等が関連している場合だけに限られてきます（大阪高判平6・10・28行集45巻10＝11号1881頁）。

本来であれば，環境を害することになる行政の権限行使をそもそも事前に止めさせる方法（**差止訴訟**）や，あるいは，法律に違反している事業者が存在するのに行政機関が何もしないでいる場合には，逆に，規制などの適切な権限を行使するよう行政を義務づける方法（**義務づけ訴訟**）を認めることが，もっとも直接的かつ実効的に被害者救済および環境保全を達成させることでしょう。これら行政事件訴訟法に明文上定められていない訴訟形式は，**無名抗告訴訟**とよばれます。無名抗告訴訟は，完全に排斥されているわけではありませんが，どのような場合に例外的に許されるのかについては，議論が分かれています。判例の態度は極めて消極的であり，この形式の環境訴訟が認められることは，現段階では非常に難しい状況にあります（なお，大阪国際空港事件に関する最判昭56・12・16判時1025号39頁，その後の横田基地事件に関する最判平5・2・25判時1456号53

頁および厚木基地事件に関する最判平5・2・25判時1456号32頁参照)。

§2　社会保障制度と行政

1　社会保障制度とは——生存権の保障と国家の社会的使命

　憲法25条2項は，1項が定める国民の生存権を保障するために，国が社会福祉や社会保障の増進に努めなければならないことを定めています（社会国家の原則)。社会保障制度とは，この憲法理念を具体的に実現するものとして，疾病・障害・老齢・失業などによって**生活困窮に陥った者に対し，国家の責任のもとで，金銭給付や福祉サービスを通じて「健康で文化的な最低限度の生活」を維持できるように保障する制度**をいいます。行政は，国家の執行機関として，この社会保障制度を具体的かつ積極的に実施していく役割を担っています。

　社会保障制度は，私たち国民の生活に不可欠のものとして組み込まれていますが，急速な少子高齢化という現代的問題に直面して，これからますます重要性を増していくことは明らかです。こうした状況を踏まえて，行政は1989年末に高齢者保健福祉推進10カ年計画を立て，在宅介護サービスを主眼とする老人保険福祉事業の整備に着手し，2000年4月には新しい介護保険制度（介護保険法）をスタートさせています。社会保障行政の果たすべき役割と責任は，このように今日きわめて大きなものとなっています。

　なお，先に見た環境保全行政は，同じ積極行政であっても，「規制」という権力的作用を中心として，それに助成や計画その他のさまざまな手法を連携させて行われる活動ですが，社会保障行政は，「給付」という非権力的な作用を本来的内容とするもので，**給付行政**の典型とされています。

2　社会保障制度の法原則

　社会保障制度を支える法としては，統一的な基本法典が制定されているわけではなく，個別の制度ごとに法律が設けられているにとどまります（ただし，学問上は総称として「社会保障法」の表現が用いられることがあります）。そ

のため，それぞれの制度の仕組みおよび運用は一様ではなく，非常に複雑です。しかし，それら個別の制度すべてに共通する，社会保障制度全体に関する基本的な法原則がいくつか挙げられます。

　第1は，**社会国家の原則**です。この点については，既に冒頭で述べました。第2は，**平等原則**です。これは，すべての国民が制度の対象となり，公平と機会均等を保障されなければならないことを意味します。第3は，**補完性の原則**です。これは，行政の責任は，あくまで憲法の保障する「最低限度の生活」水準に満たない部分を補完するにとどまることを意味します。民主主義の社会にあっては，国民は自らの努力で自己の生活を維持する責任を負うべきである，と考えられるからです。ただし，この原則は，従来ともすると行政責任を最小限のものに限定するために機能してきたため，最近ではこの原則を疑問視する見解も現れています。第4は，**社会連帯の原則**です。これは，国民もまた自らの問題として社会保障に積極的に参画し，互いに助け合って対処していくという社会連帯の精神にもとづき，それぞれの能力に応じて制度の維持に必要な社会的義務を果たさなければならない，という原則です。具体的には，国民各人も，保険料や保険税を自己のためだけでなく他の社会的弱者を助けるためにも拠出し，医療や福祉サービスの給付については全部または一部費用を自己負担し，また行政庁の必要な調査には協力すること等を受忍しなければならない，ということです。

3　社会保障制度の種類と内容

　社会保障の制度は，その保障の方法や給付目的の違いに応じて大きく分類すれば，社会保険（労働保険を含む），公的扶助，社会手当，社会福祉の4種に区分されます。

(1) 社会保険・労働保険

　社会保険とは，保険料の支払い（拠出）を前提とした**相互扶助の方式**によって，**特定の生活上の危険事故が生じた被保険者に対し，主としてその所得を保障することを目的とする給付制度**をいいます。社会保険は，他の制度と異なっ

て**拠出を前提**とすること，および社会普遍的に一定の確率で発生する**定型的な生活危険事故**（疾病，障害，老齢，死亡など）に対して**定型的な給付**を行うものであることに，特徴があります。

社会保険は，その制度目的および内容の違いから，**医療保険**，**年金保険**，**労働保険**，および2000年4月に新たにスタートした**介護保険**に分類されます。医療保険とは，被保険者の傷病に対して医療給付や手当金の給付を行う制度で，年金保険とは，被保険者の老齢，障害，死亡などに対して年金や一時金の給付を行う制度です。これらはさらに，それぞれ保険対象者の区別に応じて，全国民を対象とする**国民保険**（国民年金），被用者を対象とする雇用関係単位の**被用者保険**（健康保険，厚生年金保険，各職域別の共済組合など），および自営業者や農漁業者など被用者でない者を対象とする**地域保険**（市町村・組合の国民健康保険）に分類されます（図2・図3）。

医療保険と年金保険が国民一般に適用される制度であるのに対し，労働保険は，労働者を使用する事業のみに適用されます。したがって，自営業者や公務員には適用されず（公務員については別の制度が設けられています），また事業主も保護の対象からは除外されます（ただし，中小企業の事業主や一人親方など自ら作業に従事している者については，特別加入制度があります）。労働保険は，このように労働者の権利保障に関する制度であるため，従来は旧労働省の所管に属する労働行政の問題として，旧厚生省の所管である一般社会保険の問題とは別に取り扱われていました。しかし，そうした縦割行政の弊害を是正するために行われた行政改革において，社会保障問題の一元化を目指す観点から，両省は，厚生労働省へと統合されました。したがって，労働保険もまた，広義において社会保険の一類型に数えることができます。

なお，労働保険には，**労働者災害補償保険**（労災保険）と**雇用保険**の種類があります。前者は，労働者の業務災害や職業病による負傷，疾病，障害，死亡について，医療給付や年金・一時金などの補償給付および労働福祉事業を行う制度で，後者は，労働者の失業，再雇用による賃金低下，育児休業・介護休業による賃金喪失等に対して，手当金などの保険給付を行う制度です。労働保険

第２編　行政法各論

図２　医療保険制度の体系

被用者保険

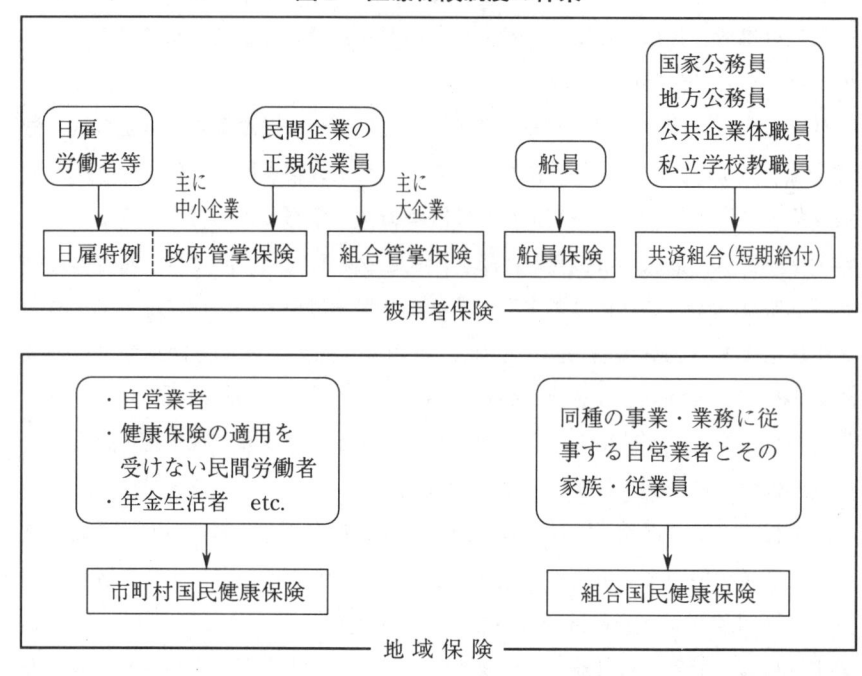

- 日雇労働者等 → 日雇特例 ｜ 政府管掌保険（主に中小企業）
- 民間企業の正規従業員 → 組合管掌保険（主に大企業）
- 船員 → 船員保険
- 国家公務員／地方公務員／公共企業体職員／私立学校教職員 → 共済組合（短期給付）

地域保険

- ・自営業者
- ・健康保険の適用を受けない民間労働者
- ・年金生活者　etc.
→ 市町村国民健康保険

- 同種の事業・業務に従事する自営業者とその家族・従業員
→ 組合国民健康保険

図３　公的年金保険制度の体系

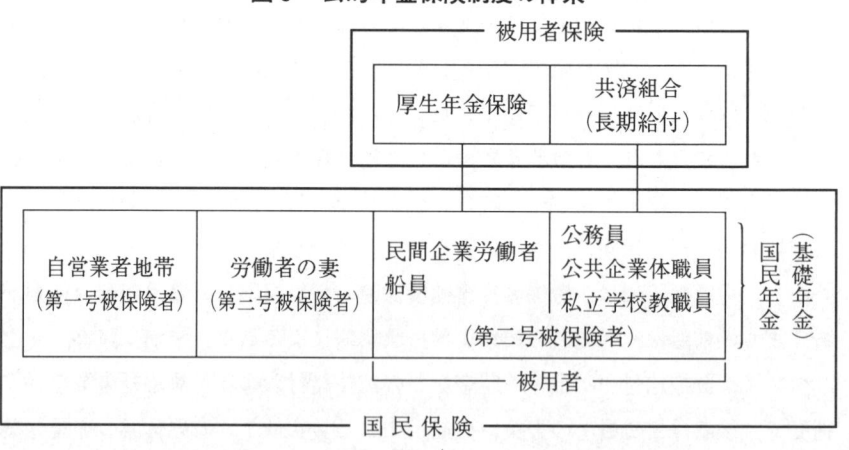

被用者保険

| 厚生年金保険 | 共済組合（長期給付） |

国民保険

| 自営業者地帯（第一号被保険者） | 労働者の妻（第三号被保険者） | 民間企業労働者　船員 | 公務員　公共企業体職員　私立学校教職員 |

（第二号被保険者）／被用者

国民年金（基礎年金）

108

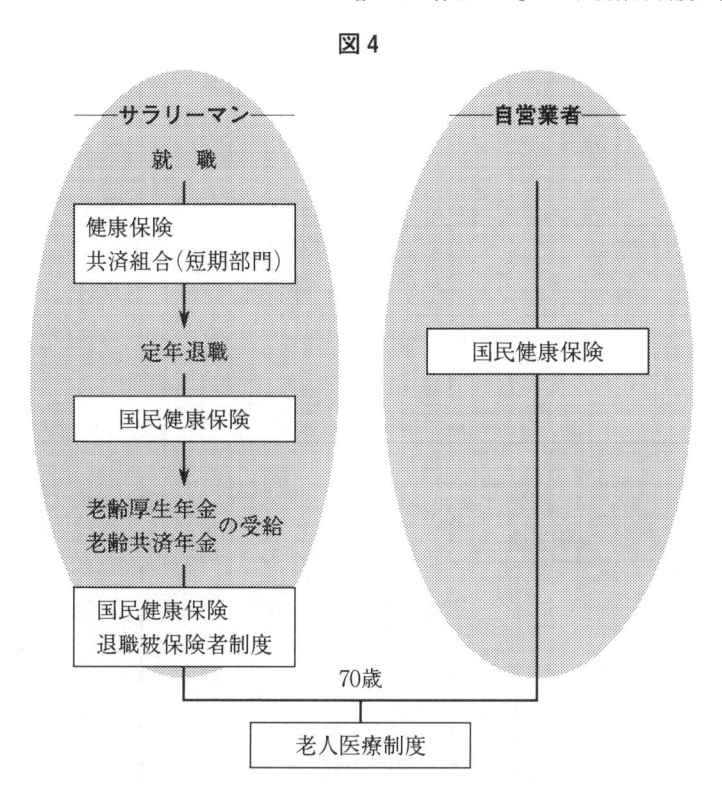

Ⅱ　暮らしと行政　§2　社会保障制度と行政

図4

```
──サラリーマン──            ──自営業者──
     就　職
       │
   ┌───────┐
   │健康保険   │
   │共済組合（短期部門）│
   └───────┘
       │
       ▼
    定年退職                 ┌───────┐
   ┌───────┐              │国民健康保険│
   │国民健康保険│              └───────┘
   └───────┘
  老齢厚生年金
  老齢共済年金 の受給
   ┌───────┐
   │国民健康保険│
   │退職被保険者制度│
   └───────┘
              70歳
         ┌───────┐
         │老人医療制度│
         └───────┘
```

料は，労災保険分と雇用保険分をあわせて納付する仕組みとなっていますが，労災保険分については事業者のみが負担し，雇用保険分については事業主と被用者の双方で負担することになっています。

　最後に，介護保険は，後述の老人福祉制度と連携する制度として40歳以上の者を対象とし，これらの者が要介護状態または要支援状態となった場合に，その在宅または施設による介護養療福祉のための費用を支給するという制度です。

　これら社会保険の各制度における給付金は，被保険者や事業者からの拠出金と国および地方公共団体の負担金・補助金によって賄われています。ただし，定年退職し年金で生活することになった高齢者（元被用者）に関しては，医療保険について従来どおりの保険料の支払いは困難であるため，その負担が減少

第2編　行政法各論

図5　医療保険制度全体の財政の仕組みの概要

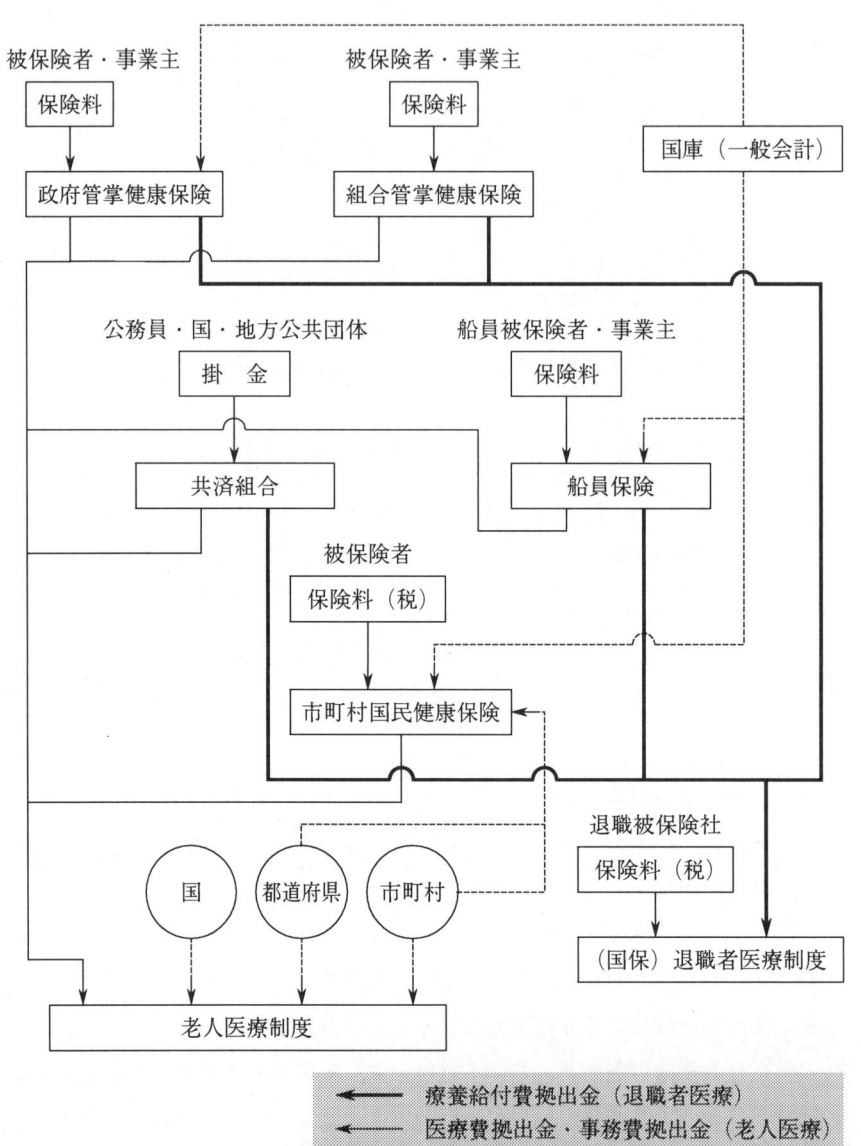

```
被保険者・事業主           被保険者・事業主
   [保険料]                    [保険料]                [国庫（一般会計）]
      ↓                          ↓
[政府管掌健康保険]         [組合管掌健康保険]

       公務員・国・地方公共団体      船員被保険者・事業主
            [掛金]                      [保険料]
              ↓                            ↓
         [共済組合]                    [船員保険]

                  被保険者
                 [保険料（税）]
                      ↓
               [市町村国民健康保険]

    （国）　（都道府県）　（市町村）           退職被保険者
                                           [保険料（税）]
                                                ↓
         [老人医療制度]                  [（国保）退職者医療制度]
```

──────→　療養給付費拠出金（退職者医療）
←──────　医療費拠出金・事務費拠出金（老人医療）
←------　国等の負担金・補助金

注：国民健康保険組合は省略した

され(＝退職被保険者制度)，また自営業者を含め満70歳に達した者はすべて，保険料の支払を免除されることになっています(＝老人医療制度)(図4)。この場合の給付金は，健康保険組合などの各医療保険者が社会保険診療報酬支払基金に納入した拠出金と，国・地方公共団体の負担金とによって賄われています(社会連帯による負担受忍の原則)(図5)。

(2) **公 的 扶 助**

公的扶助は，拠出を前提としない**国家扶助の方式**により，**経済的な生活困窮状態の者に対して，所得を保障することを目的とする給付制度**です。生活困窮状態とは，憲法25条にいう「最低限度の生活」を維持できない状態であり，その最低限度に満たない部分について給付が行われます(補完性の原則)。したがって，給付基準が**非定型的**で給付内容は個人によって異なってくるため，「**資力調査**」が必要とされます(社会連帯による負担受忍の原則)。現行の公的扶助制度としては，生活保護法にもとづく「生活保護」があります。保護の内容には，生活扶助，教育扶助，住宅扶助，出産扶助，生業扶助，葬祭扶助および介護扶助(介護保険法の制定に伴い追加)があります(生活保護法11条1項)。

給付内容は，厚生労働大臣の定める「保護基準」にもとづいて決定されます。保護基準とは，一般国民の生活水準との均衡において算定された最低生活保障の基準額であり，これに満たない所得部分が給付の対象となります。なお，通常は金銭による給付が行われますが，医療扶助に関しては，金銭ではなく現物給付(診療の給付)が原則とされています。

(3) **社 会 手 当**

社会手当は，拠出を前提としない**国家扶助の方式**により，**定型的な生活危険事故を生じた者に対して，所得を保障することを目的とする給付制度**です。この制度は，保障対象となる事故内容とそれに対する給付が定型的であり，したがって資力調査を必要としないという点では，社会保険と共通性を有していますが，他面，拠出を前提とせず公の負担で行われる点では，公的扶助と共通性を有しています。社会手当のこのような中間的性格は，この制度が，もともと社会保険の対象とならない社会的危険について個別に対応していくために設け

られたからです。この制度には，児童諸手当と無拠出年金（予防接種法にもとづく傷害年金・障害児年金・死亡一時金，医薬品副作用被害救済・研究振興基金法にもとづく傷害年金・障害児養育年金・遺族年金および遺族一時金）の種類があります。

(4) 社 会 福 祉

社会福祉とは，拠出を前提とせず公的負担で行う**社会扶助の方式**により，**ハンディキャップによる生活困窮状態の者に対して，主として非金銭的な福祉サービスを提供して生活をサポートすることを目的とする給付制度**です。この制度には，給付対象別に分類すれば，老人福祉，児童福祉，母子福祉，身体障害者福祉および精神保健福祉があります。その給付内容には，施設への入所・収容・保護委託（保育所その他の児童福祉施設，老人ホーム，更生援護施設など），介護・居宅サービス，保険・医療サービス，物品の支給，金銭の貸付けなどがあります。

既に述べたように，この分野では，老人保健福祉推進10カ年計画および介護保険法の成立によって，老人福祉の拡充と増進が図られたことが注目されていますが，そのほか精神保健福祉も，1995年から社会福祉サービスの1つとして新たに加えられたものです。それまでは，精神障害者に関しては，精神保健法によって医療中心の施策が講じられていただけですが，それが「精神保健及び精神障害者福祉に関する法律」へと改正され，行政から福祉サービスを受けられることになりました。

4 社会保障行政の担当者

社会保障行政を担当するのは，基本的に国および地方公共団体の行政機関ですが，社会保険の場合は，さらに社会保険事業を行うために設立された**保険組合**が，保険者として一定の行政権限の行使を委ねられています。また，給付の具体的な実施については，さらに別の機関ないし民間組織に委託して行わせる場合があります。たとえば，現物給付として行われる医療給付は，指定された医療機関によって実施されます。介護福祉・施設福祉などの社会福祉事業につ

いても，その現実の実施は社会福祉法人などの民間組織に委託して行われています。

5　給付の仕組み
(1)　社会保障給付の手続構造

　給付行政は，国民の自由に対して命令・強制を加えるという権力的行為ではなく，契約・助言・指導などの非権力的行為によって営まれるのが通常で，その行政と国民との法律関係は原則として対等であると理解されています。しかし，社会保障行政においては，──具体的な手続構造はそれぞれの制度によって異なっていますが──一般的には，あらかじめ法律で受給資格その他の要件を定めておき，被保障者からの申請に対して行政庁が認定，決定，裁定等を行う，という手続システムが採用されています（たとえば，社会保険，労働保険，社会手当の支給・不支給決定，生活保護の保護決定，保護の変更・廃止決定，介護福祉の要介護認定など）。また，老人ホーム・保育所等の福祉施設への入所についても，行政庁の決定が必要とされていますが，この福祉施設入所の措置決定に関しては，申請がなくても行政庁の職権で下せる仕組みとなっています。給付を目的とする本来非権力的な社会保障行政の分野に，このように行政庁の決定行為が介在する理由は，膨大な量の事務を一律かつ合理的に処理する必要があるからです。

　これら社会保障に関する行政庁の決定行為は，たいてい法律によって明確に「行政処分」として扱われ，**行政不服申立ておよび抗告訴訟の対象**とされています。もっとも，それは単に手続的便宜から「処分」と構成されているにすぎず，権力の実態を伴うものではないので，本来の権力的な行政処分と区別して，**「形式的行政処分」**と呼ばれることがあります。

　処分であることが法律上明確にされていない決定行為については，行政庁の一方的判断で下される権力性の強いものに関しては，処分性が肯定される場合がありますが（福祉施設の入所措置決定など），一般的には，私人と対等な立場で行われる契約の申込みに対する意思表示にすぎない，と考えられています。

ただし，行政は国民の生存権を保障する責務を負っているので，この場合の契約においては，行政庁は，法定要件に該当する限り，原則として申込みを拒むことはできない立場にあります。

(2) 被保障者の受給権と行政庁の決定

この行政庁の給付決定の法的性格，言い換えれば，行政庁の給付決定が被保障者の受給権の成立について持つ法的意味については，制度によって解釈の違いがあります。社会保険・労働保険の場合には，法律のもとに保険者と被保険者の法律関係（保険関係）はあらかじめ成立しているため，一定の事実の発生によって受給権が当然に生ずるのですが，大量に生ずる受給権のすべてを行政が認識することは困難であることから，それが具体的な請求権として法効果を発生するためには行政庁の決定を要することとされているのです。つまり，被保険者の受給権は，抽象的にせよ既に行政庁の決定以前に存在しています。したがって，この決定は一般に，単なる「確認的行為」にすぎないと解されています。

これに対して，それ以外の社会保障制度に関しては，保障者（行政）と被保障者との法律関係（受給関係）は行政庁の決定によってはじめて成立し，したがって受給権もここではじめて成立するのであって，この場合の決定行為は「形成的行為」である，と考えられてきました。けれども，このように解すると，申請の認容または却下の判断について行政庁の大幅な裁量が認められることになり，生存権を保障する憲法の理念に反するおそれがあります。そのため，この場合の決定も，法定要件を充足するか否かを客観的に認定する「確認的行為」にすぎないと解するべきである，とする見解も少なくありません。

行政庁の決定が，成立している受給権の単なる確認にすぎないのか，それとも受給権をはじめて成立させる行為なのかによって，被保障者がその決定行為を行政不服申立ておよび抗告訴訟で争う場合の結論は異なってきます。社会保障制度が憲法の定める生存権の具体化であるならば，社会保障受給権は，行政庁の自由裁量によって創設されるのではなく，法律が定める要保障状態の要件が充足されることによって当然に成立するのであり，行政庁は，ただその要件

充足の有無を具体的事実に照らして確認するとともに、その具体的事実に即応した給付内容を一定の基準枠内で決定できるにすぎない、と理解されるべきでしょう。

6 被保障者の権利救済

行政の措置に不服のある被保障者は、それが行政の専門技術的判断（第一次判断権）に属する問題ではなく、法律事件として成熟している限り、裁判によって争うことができます。既に見たように、行政庁の決定行為の多くは、法律によって明確に行政処分の性格を与えられ、行政不服申立ておよび抗告訴訟の争訟方法を指定されています。たとえば、社会保険の各制度における保険給付に関する決定（支給・不支給決定、要介護認定など）、保険料の賦課・徴収に関する決定、保険者資格の取得・喪失確認、社会手当制度における受給資格および手当額の認定、生活保護制度における保護開始決定、保護変更・廃止決定などがそうです。

これらは、いずれも**不服申立前置主義**の採用により、行政機関に対する不服申立手続を経た後でなければ、裁判所に抗告訴訟を提起できない仕組みになっています。社会保障行政上の不服申立てについても、原則として行政不服審査法の規定が適用されますが、社会保険に関しては、特別法により、それぞれ独自の不服審査制度が設けられています。つまり、社会保険審査会、国民健康保険審査会、労働保険審査会、介護保険審査会など独自の審査会が設置され、それらが身分および職権行使の独立性を保障された公正中立な第三者機関として、公開審理を原則とする準司法的な審査を行っています（図6）。

行政不服申立ての結果になお不服のある者は、さらに裁判所に抗告訴訟を提起することができます。たとえば、申請に対して行政庁が応答しないでいる場合には、不作為の違法確認訴訟を、不支給決定や給付内容の変更または廃止決定などが下された場合には、処分の取消訴訟を提起することができます。給付行政にあっては、本来は、「これこれの額を給付せよ」と行政庁に命ずる義務づけ訴訟がもっとも直接的かつ実効的な救済方法であり、取消訴訟や不作為の

第2編　行政法各論

図6　健康保険・厚生年金保険・国民年金の保険給付に関する不服申立て

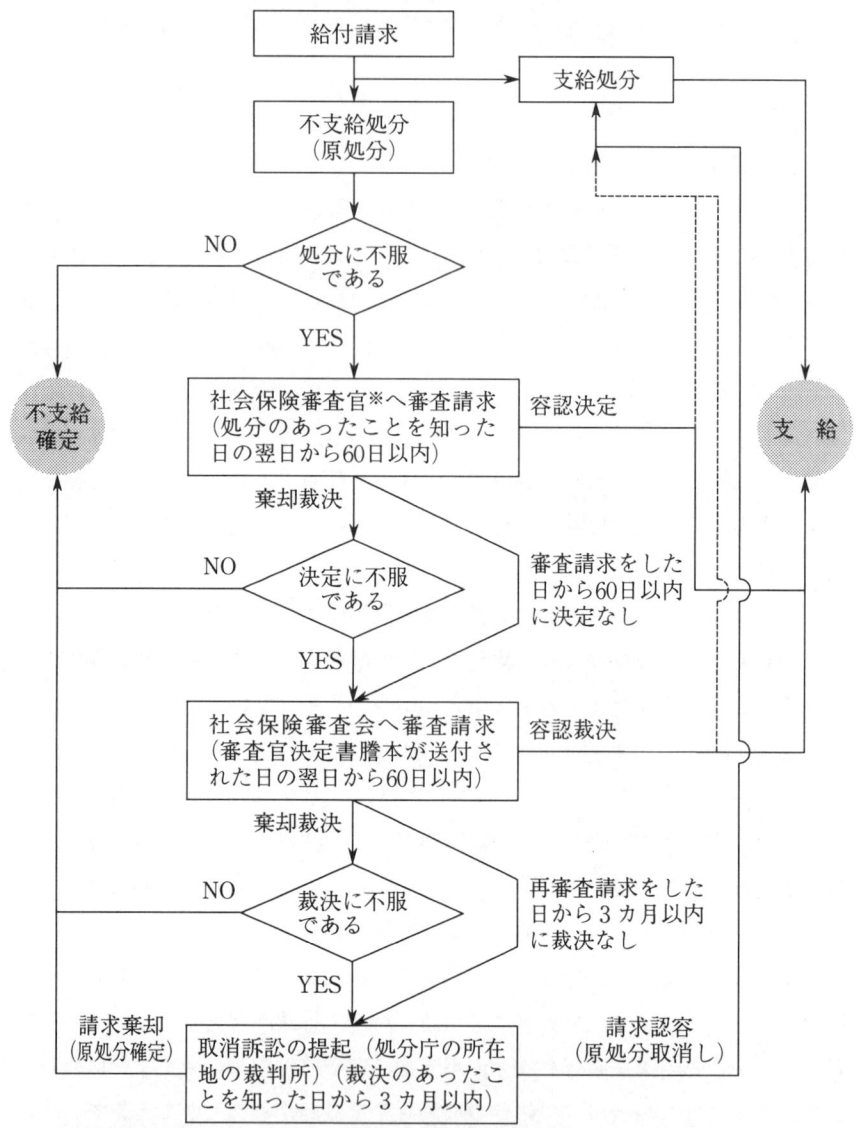

```
                    ┌─────────┐
                    │ 給付請求 │
                    └────┬────┘                    ┌─────────┐
                         │                  ┌─────→│ 支給処分 │←──┐
                    ┌────▼────┐             │      └─────────┘   │
                    │ 不支給処分 │            │            ▲         │
                    │ （原処分） │            │            ┊         │
                    └────┬────┘             │            ┊         │
                         │                  │            ┊         │
              NO    ╱╲                      │            ┊         │
         ┌────────╱処分に╲                  │            ┊         │
         │        ╲不服である╱                │            ┊         │
         │          ╲╱                     │            ┊         │
         │           │YES                   │            ┊         │
         │      ┌────▼──────────┐           │            ┊         │
         │      │社会保険審査官※へ │ 容認決定   │            ┊         │
   ┌─────▼─┐    │審査請求（処分の  ├──────────┘            ┊         │
   │ 不支給 │    │あったことを知った│  審査請求をした              │
   │ 確定  │    │日の翌日から60日  │  日から60日以内              │ 支　給
   └───▲──┘    │以内）           ├─────────────────────────┤
       │        └────┬──────────┘  に決定なし                 │
       │         棄却裁決                                       │
       │      NO  ╱╲                                          │
       ├────────╱決定に╲                                        │
       │        ╲不服である╱                                      │
       │          ╲╱                                           │
       │           │YES                                        │
       │      ┌────▼──────────┐                                │
       │      │社会保険審査会へ  │ 容認裁決                        │
       │      │審査請求（審査官  ├────────────────────────────┤
       │      │決定書謄本が送付さ│                                │
       │      │れた日の翌日から  │  再審査請求をした               │
       │      │60日以内）       ├─────────────────────────┤
       │      └────┬──────────┘  日から3カ月以内              │
       │         棄却裁決            に裁決なし                   │
       │      NO  ╱╲                                          │
       ├────────╱裁決に╲                                        │
       │        ╲不服である╱                                      │
       │          ╲╱                                           │
       │           │YES                                        │
       │      ┌────▼──────────┐                                │
   請求棄却  │取消訴訟の提起（処分庁│                       請求認容
   （原処分確定）│の所在地の裁判所）   │                    （原処分取消し）
                │（裁決のあったこと  │
                │を知った日から3カ月  │
                │以内）            │
                └───────────────┘
```

※　政府管掌健康保険にかかる知事の処分の場合は，当該都道府県に置かれる審査官。
　　健康保険組合・厚生年金基金による処分の場合は，当該健保組合等の事務所の所在地に置かれる審査官。
　　厚生年金保険・国民年金にかかる社会保険庁長官の処分の場合は，給付申請をした都道府県に置かれる審査官。

違法確認訴訟という迂回な方法では十分な救済は期待できないのですが，既に述べたように，現在のところ，裁判所は義務づけ訴訟を認めることにはきわめて消極的です。

　法律によって行政不服申立ておよび抗告訴訟の争訟方法を指定されていない行政庁の決定行為については，原則として，契約上の意思表示という単なる事実行為として，民事訴訟または当事者訴訟の方法で争われることになります。ただし，先述のように，福祉施設の入所措置については，学説・判例ともに行政処分としての性格を肯定し，抗告訴訟の対象となることを認めています。

　そのほか，行政庁が決定に先立って必要な質問・調査を行い，また保護の実施に必要な指導・助言を行うことがあります。これらは，一般的には法的拘束力のない単なる事実行為にすぎませんが，法律によって被保障者の服従義務とその違反に対する制裁が規定され，間接的な強制力を担保されているものもあります。たとえば，社会保険，社会手当，生活保護に関する質問，立入検査，検診などがそうです。これらの事実行為についても，処分性を肯定し，抗告訴訟の提起を認めるべきである，とする見解は少なくありません。判例にも，生活保護における指導・指示について，処分性を肯定したものがあります（秋田地判平5・4・23判時1459号48頁）。

III 都市と行政

§1 開発整備行政と公用負担

1 良好な生活空間を形成すべき行政の役割

　戦後，わが国では，産業経済の高度成長に伴って急速な都市化が進みました。しかし，産業および人口が首都圏へと一極集中したことにより，首都圏においては，公害や乱開発による自然破壊をはじめ，廃棄物処理，地価高騰などの問題が深刻となり，また地方では各地で過疎化が進み，産業・経済が停滞するなど，生活環境に地域的格差が生じました。行政は，生存権を保障する憲法の理念にもとづき，国民がみな平等に健康で文化的な生活を享受できるよう，一定地域に存在する社会的害悪は除去すると共に，より豊かで快適な生活空間を形成して，地域社会の均衡ある発展を積極的に推進していくべき役割を担っています。

　そのため，行政は，一方では私人の開発行為による土地利用を規制・誘導し，他方では，道路・公園・学校等の公共施設や電気・通信・交通網等の生活基盤設備を整えるなど，種々の公共事業を実施して各地域の振興開発・整備を計画的に遂行することにより，**都市機能の分散**と**地域社会における文化的でより良い生活環境の形成**に努めています。このような地域の開発および生活基盤の整備に関する行政の活動分野を，**開発整備行政**といいます。

2 開発整備行政の意義と性質

　開発整備行政とは，**国土の合理的利用と均衡的発展を促進することによって，地域的・空間的な生活条件の向上を図る作用**，と定義することができます。そ

れは，**国民の生活水準の向上を目指す積極的な行政作用**であるという意味では，前述した環境保全行政や社会保障行政と共通性を有しています。しかし，社会保障行政は，所得保障と福祉サービスによる国民生活の「経済的および社会的条件の向上」を目的とするものであって，主として個人の具体的な生活利益に関わる作用です。これに対し，**開発整備行政は，もっぱら一定の地域社会という公共空間の生活利益において営まれる作用**であるといえます。したがって，両者は，究極的な目標を共通しつつも，その直接的な目的，機能および手段において本質的に異なっています。

一方，環境保全行政の場合は，等しく地域的・空間的な生活環境に関する作用である点で，開発整備行政との密接な関連性を認めることができます。良好な生活環境は，公共施設の充実化など地域社会の物的な生活基盤が開発・整備される一方で，同時に自然豊かな公共空間もまた確保・維持されることによって，はじめて形成されることができるからです。「開発」と「保全」は，一般に概念的には対立視されていますが，作用面では表裏一体的な関係にあるのです。もっとも，開発整備行政は，地域社会の均衡的発展と合理的な土地利用の促進を目指して，**地域社会の物的環境を形成・整備する作用**であるのに対し，環境保全行政は，国民の生命・健康および原生自然の保護を直接の目的として，自然環境の破壊を防止し現状のままに保全することを主眼とする作用である点で，両者は一応区別されなければなりません。つまり，前者は，専ら公共の生活空間に関する物的環境の形成作用であるのに対し，後者は，公共の利益のためだけでなく，むしろ主として個人的な生活利益に関わる自然環境の保全作用である，と対比されることができます。

3　開発整備行政の手段

開発整備行政は，合理的かつ計画的な国土利用を推進するために，あらかじめ行政計画を策定し，これにもとづく一連の行政過程において段階的・複合的に遂行されます。開発・整備計画には，まず，おのおのの地域形成の目標が設定され，その目標達成のために必要な手段として，①**私的事業に対する土地利**

用の規制・誘導と，②**公共事業の遂行**を主たる要素とする施策が定められます。しかしまた，これらの施策の具体的な実現は，さらにさまざまな手法を組み合わせて行われています。たとえば，私的事業に対する規制・誘導は，計画にもとづく地域指定によって，一定の用途・形態の建築，工場等の新増設等を制限するほか，これに行政指導，税制上の優遇措置，補助金等の諸手段を組み合わせ，それらの行為を一定の地域に誘致するという方法で行われています。そして，公共事業の遂行にあたっては，その用地を取得するために土地所有者と売買契約を締結し，または契約が得られない場合には強制的に土地を収用し，運輸・通信機関等の公共性ある私的事業主体には事業の実施に係る特権を賦与し，また事業地での他の建築行為を制限する，といったさまざまな手法が用いられます。

　開発整備行政は，このように諸手段の組合せによって実現されますが，その中核となるは，土地の利用制限および権力的取得です。つまり，都市の開発・整備は，**国民の財産権の制約**という犠牲の上に成り立っているのです。この行政計画にもとづく合理的土地利用の目的を達成するために国民に対して権力的に課される財産上の負担を，「**公用負担**」といいます。

4　公用負担の意義と根拠

　私有財産権を保障する現行憲法の下では，たとえ公益上必要とされる事業のためであっても，財産権の取得・制限は，土地所有者等の合意にもとづく民法上の契約方式によるのが原則です。けれども，権利者が合意に応じない場合や緊急を要する場合には，権利者の意思に反してでも対象の財産権を取得・制限できるのでなければ，行政目的を円滑に達成することはできません。公用負担は，こうした事態に対処するために，私有財産権の保障に対する例外として特別に認められた法制度です。

　憲法29条2項は，「財産権の内容は，公共の福祉に適合するやうに，法律でこれを定める。」として，公共の安全・秩序を維持するために必要な制約は，もとより財産権に内在するものであることを明らかにしています（財産権の内

在的制約)。また同条3項は、「私有財産は、正当な補償の下に、これを公共のために用ひることができる。」として、公共の安全・秩序には関係しない行政の積極的な公益目的のためにも、損失補償を与えた上で国民の財産権を制約することができる旨、定めています。ここに、公用負担制度に関する憲法上の根拠があります。つまり、公用負担は、国民の財産権を保障する憲法自体が認めている制度なのです。

　なお、公用負担は、一定の行政目的を達成するための手段であり、それ自体が独立した行政作用であるわけではないので、開発整備行政における土地の合理的利用という目的のためだけでなく、他の行政目的を達成する手段としても用いられることがあります。たとえば、後述の災害対策のほか、環境保全、軍事、国土調査などの目的のために課される公用負担の制度があります。

5　公用負担の種類と内容

(1) 人的公用負担と物的公用負担

　公用負担には、特定の人に対して課される**人的公用負担**と、特定の物に関する財産権に固着して課される**物的公用負担**の種類があります。このうち、開発整備行政の手段として重要な役割を果たしているのは、もっぱら後者の物的公用負担です。人的公用負担は、公益的事業によってとくに利益を受ける者、またはその公益的事業を必要とする原因を生じさせた者に対して、一定の負担金を課し（受益者負担金、原因者負担金）、または災害時などに労務または物品の提供を要求するというもので、いわば社会的利害調整としての機能を果たしているにすぎません。

(2) 物的公用負担の種類

　物的公用負担は、その負担内容に応じて、公用収用、公用権利変換および公用制限に分類されます。

　①　**公用収用**とは、公共の福祉のために必要とされる特定の事業または物のために、権利者の意思に反して**財産権を強制的に原始取得する制度**です。つまり、その負担内容は**財産権の消滅**です。開発整備行政の目的において行われる

公用収用は，もっぱら土地に関する財産権が対象となるので，一般に「**土地収用**」と呼ばれています。公用収用の典型はこの土地収用ですが，後述の災害対策行政の目的においても，災害時の応急対策として救助に必要な物資が収用されることがあり，これを「**応急負担**」といいます（本章§3・4(3)参照）。

② **公用権利変換**とは，土地の合理的利用を促進するために，権利者の意思如何に関係なく，土地所有権等の**財産権を強制的に交換分合する制度**であり，その負担内容は**財産権の変換**です。これには，対象の土地を別の土地と交換分合する「公用換地」と，対象の財産権を整備後の再開発された建築物および敷地の権利と交換する「権利変換」の方式があります。都市計画事業として行われる市街地開発事業（土地区画整理，新住宅市街地開発等）や新都市基盤整備事業などにおいて，この手法が用いられています。

③ **公用制限**とは，土地の合理的利用の促進もしくは公共の利益のために必要とされる事業または物のために，権利者の意思に反して**財産権に一定の制約を付す制度**であり，その負担内容は**財産権行使の制限**です。土地利用規制によって受ける国民側の負担がこれです。公用制限は，伝統的に，その負担内容に応じて**公物制限，負担制限**および**公用使用**に分類されています。公物制限とは，特定私人の財産権に属する物それ自体が公益上必要なものとして公物（公共利用に供される施設）に指定され，その限度で当該私人の権利行使が制限されることです（たとえば，道路・都市公園等を構成する敷地・塀など）。負担制限とは，特定私人の財産権に属する物それ自体が公益上必要なのではなく，公益的事業の円滑な遂行を確保するために，その権利の行使が制限されることです（たとえば，都市計画における地域地区制にもとづく開発・建築行為の制限，公共施設の隣接地利用に関する制限など）。そして公用使用とは，公益的事業を遂行する過程において，特定私人の財産権に属する物を起業者が強制的に使用することをいいます（たとえば，道路や区画整理のための立入測量など）。

以上，いずれも都市開発・地域整備のために欠かせない手段ですが，中でも最も重要な位置付けにあるのは，公共用地の取得のために行われる土地収用の

手段です。

6 公用負担と損失補償

公用負担の制度は，公権力が公益を実現するために強制的に国民の財産権に制約を課すものなので，憲法の財産権保障の理念に照らし，損失補償制度と密接な関係に置かれています。しかし，両者は本来別個の法制度であり，損失補償は必ずしも公用負担制度それ自体の必須要素を構成しているわけではありません。財産権の侵害の度合いに応じた個別の考察が必要になります。以下では，公用収用と公用制限のそれぞれに関する損失補償の理論を見てみましょう。なお，公用権利変換については，財産権を交換分合する制度であるので，原則として損失補償の問題は生じません。

(1) 公用収用

公用収用は，公共の福祉のために必要とされる事業または物のために，特定私人の財産権を強制的に原始取得してしまう制度なので，法律にとくに明文の規定がない場合であっても，直接憲法29条3項にもとづき，被収用者に対しては**必ず正当な損失補償が支払われなければなりません**。また，被収用者の財産権の消滅は，公共の福祉のために強いられた「**特別の犠牲**」であるといえるので，憲法14条の平等原則からも，その不平等な犠牲に対しては正当な補償を支払って全体で負担を公平に調整すべきことが要請されます。

いずれにしても，土地収用については，**土地収用法**が明文をもって損失補償制度に関する原則規定を定めているほか（土地収用法68条以下），実務上の基準として，「公共用地の取得に伴う損失補償基準要綱」が設けられています。土地収用法によれば，損失補償には，**①起業者払**（同法68条），**②個別払**（同法69条），**③金銭補償**（同法70条）および**④前払**（同法95条）が原則とされます。ただし，金銭補償の原則に対する例外として，替地の提供，宅地・耕地の造成，工事・移転の代行といった現物補償の形式が認められ（同法82〜86条），また後述の災害対策における応急負担については，前払の原則に対する例外として，事後払が認められています（同法122条，災害対策基本法82条，災害救助法23条の2，河川法22

条3項等)。

補償の対象となるのは，**被収用地またはその土地に関する権利の損失，残地に関する損失**，その他収用によって**通常受ける損失（通損補償）**です。被収用地またはその土地に関する権利の補償額は，権利者個人の主観的な利用価値や特別の利用状況，歴史的・学術的価値等には関係なく，もっぱら事業認定時における近傍類地の取引価格を基準に客観的に算定されます。権利取得裁決時までに物価の変動が生じた場合には，その修正率を乗じた算定の改めがなされます（収用法71条）。残地に関する補償は，収用によって生じた減価，および収用によって発生した工作物の増改築・盛土・切土等の工事費を算定して行われますが，後述の残地収用請求も，残地に関する損失補償制度の一種です（本章§2.1(3)参照）。そして通損補償とは，それ以外の収用に付随して通常生ずる損失に対する補償であり，たとえば移転料，離作料，営業上の損失，移転による賃貸料の損失などがこれにあたります。そのほか，第三者補償や公共施設等の損害に関する公共補償がなされる場合もあります（隣接地補償，道路の付け替えなど）。

(2) 公用制限

これに対し，公用制限に関しては，財産権そのものを「公共のために用ひる」わけではないので，それに対する損失補償の要否については議論があります。もっとも，公用制限のうち公用使用については，土地収用法が土地収用と併せてこれを規定しており（「土地の収用又は使用」），「その土地及び近傍類地の地代及び借賃」を基準に算定された相当な使用料が補償金として支払われることになっているので（土地収用法72条），とくに問題はありません。しかし，それ以外の公用制限については，個別法律に明文の規定が設けられていない場合にも，憲法29条3項および14条を直接の根拠として損失補償を請求することができるのか否かが問題となります。

自然環境保全や歴史的風土・文化財保護の目的で課される公用制限については，一般に損失補償に関する明文の規定が設けられています。それらは，指定区域内での開発・建築行為を制限するという点で，開発整備行政の分野におけ

る公用制限の一種を構成しています。けれども，開発整備行為を直接の規律対象とする諸法律には，若干の例外を除き（建物の改善・除去など受忍限度を越える強度の制限に関する高速自動車国道法14条3項，航空法49条3項，港湾法41条3項など），公用制限について補償規定を設けている例はほとんど見当たりません。

判例・学説は，一般に，**その制限が社会的共同生活を維持する上で必要であり，かつ財産権の本質的価値を否定するにいたらないものである場合には，財産権の受忍限度内にとどまるものとして補償は必要ないが，それが「特別の犠牲」，つまり社会的に不平等と評価されるほどの負担にいたる場合には，公用収用に類似するものとして，明文の規定がなくとも直接憲法にもとづいて損失補償を請求できる**，と解釈しています。けれども，何が特別の犠牲にあたるのかという具体的基準については，議論が分かれています。

また，公用使用以外の公用制限によって「通常受ける損失」は，財産の将来における使用・収益が制限されることによって受けるものなので，その補償額を「取引価格」や「地代・借賃」といった社会的水準をもとに客観的に算定することができない，という困難も存在します。学説の見解は，①土地利用が制限されたことによって現実に受けた損失に限定する見解，②土地利用制限によってもたらされた地価の低落分と解する見解，③土地利用制限と相当因果関係にあると認められる一切の損失と解する見解など，さまざまです。

§2 土 地 収 用

1 土地収用制度の概要

以下では，開発整備行政の最も重要な手段である土地収用の制度を見ていきましょう。

(1) 土地収用の法的根拠

土地収用制度に関しては，一般法である**土地収用法**およびその特別法である**公共用地の取得に関する特別措置法**が制定されているほか，他にも個別法上の規定が設けられています（たとえば，都市計画法69条，住宅地区改良法11条・13条，農

地法11条など）。

　土地収用は，特定私人の財産権を強制的に取り上げてしまうもので，**財産権の本質を侵害する公権力の行使**であるから，憲法29条2項の文言（「財産権の内容は……法律でこれを定める。」）に照らして，**地方公共団体が独自に条例によってこれを定めることは，一般に否定されています**。

　ちなみに，公用制限についても，収用と類似の効果をもつものについては，やはり条例で定めることはできないと解されます。しかし，産業密集地や住宅密集地など，地域によって開発・増改築等の行為に対する規制の必要性はさまざまであり，そうした地域的事情に応じた適切な規制を行うことは，むしろ地方公共団体の責務であるといえます。そこで今日では，財産権の本質を害するにはいたらない程度の公用制限については，地方公共団体が条例で独自に定めることも許されると解されており（奈良県ため池保全条件事件：最判昭38・6・26刑集17巻5号521頁），現に，そうした規定を設けている地方公共団体の条例がいくつか存在しています（自然保護条例，郷土保全条例などにおける公用制限）。

(2) **土地収用の当事者**

　土地収用手続の当事者となるのは，収用主体（収用法上「**起業者**」とよばれます）と被収用者です。

　起業者は，国や地方公共団体という本来的な行政主体に限らず，特定の公益的事業を行う公共団体（独立行政法人，特殊法人，公共組合など）または私企業であることもあります。土地収用法3条は，起業者となれる公益的事業（**収用適格事業**）の類型を限定列挙しています。その中には，必ずしも直接公共の利用に供されるのではなく，もっぱら私的な利用に供されるものでありながら，結果的に過密防止・都市機能の再配分といった都市開発行政の目的に資する効果をもつ事業も含まれています（住宅団地・流通業務団地・工業団地の造成事業，新住宅市街地開発業，新都市基盤整備事業）。これら国および地方公共団体以外の収用適格事業者に与えられた権限は，**公用負担特権**とよばれます。

　被収用者となるのは，収用の対象となる財産権の主体であり，土地所有者および関係人がこれにあたります。関係人とは，収用土地について所有権以外の

権利（地上権，地役権，採石権，鉱業権，抵当権，賃借権など）を有する者，および収用土地にある物件について所有権その他の権利を有する者をいいます。土地所有者と関係人は，共に被収用者として，ほぼ同等の取扱いを受けます。このほか，土地およびこれに関する権利について仮処分をした者などが，準関係人として手続への参加を認められる場合があります。

(3) 土地収用の対象

収用の対象となる財産権の中心は，土地，立木・建物等の土地定着物件，および土地に属する土砂れきに関する所有権です（土地収用法2条・6条・7条）。しかし，これらについて抵当権，地上権などの所有権以外の権利が設定されており，事業の遂行上それらを消滅させる必要がある場合には，それらの権利もまた収用の対象となります（同法5条）。土地等の所有権を対象とする収用は，起業者がその財産権を取得することが目的であるので，取得収用と呼ばれます。これに対し，所有権以外の土地に関する権利を対象とする収用は，その財産権を消滅させることが目的であるので，消滅収用と呼ばれます。もっとも，被収用者にとってはいずれも財産権の消滅をもたらすものであるので，手続上の区別はありません。

これらの財産権の収用は，原則として事業の遂行に必要な範囲に限定されますが，例外的に，負担を受ける者からの収用請求にもとづき，その者の利益のために収用の対象範囲が拡張される場合があります（**拡張収用**）。土地収用法は，残地収用（同法76条），移転困難または多額の費用を要する物件の収用（同法78条・79条），公用使用制限に代わる収用（同法81条）の請求を認めています。

2 土地収用の手続と効果

土地収用は，特定私人の財産権を強制的に取得する制度なので，起業者と被収用者の利害を慎重に調整するために一連の手続を踏んで実施されます。その過程の中で主要なのは，事業認定手続と収用裁決手続です（図1）。

(1) 事業認定手続

① **事業認定の意義および行政機関**　事業認定とは，具体的な起業者，企

第2編　行政法各論

図1　土地収用法による収用手続の流れ

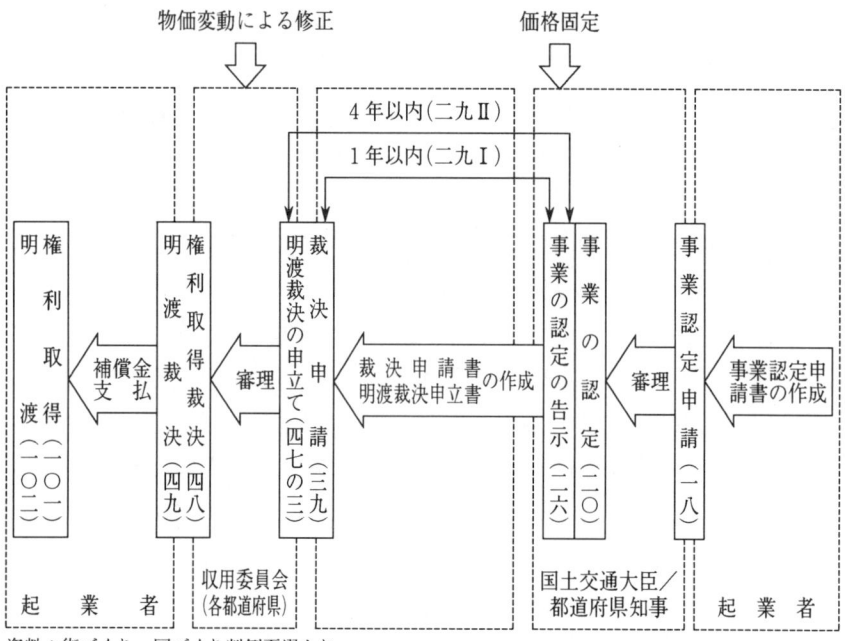

物価変動による修正　　　　価格固定

4年以内(二九Ⅱ)
1年以内(二九Ⅰ)

権利取得 明渡(一〇二) ← 補償金支払 ← 明渡裁決(四九) ← 審理 ← 裁決申請 明渡裁決の申立て(四七の三) ← 裁決申請書 明渡裁決申立書の作成 ← 事業の認定の告示(二六) ← 事業の認定(二〇) ← 審理 ← 事業認定申請(一八) ← 事業認定申請書の作成

起業者｜収用委員会(各都道府県)｜国土交通大臣／都道府県知事｜起業者

資料：街づくり・国づくり判例百選より

業地，事業計画を確定し，その事業が①収用適格事業に該当するか，②事業者に事業遂行の意思と能力があるか，③事業計画が土地の適正かつ合理的利用に寄与するものであるか，④土地を収用するに値する公益上の必要があるか，を判断した上で，**当該起業者に土地を収用する権利を賦与する行政行為**です（土地収用法20条）。事業認定庁は，国土交通大臣または都道府県知事であり，その権限の分担は土地収用法17条に定められています。ただし，都道府県知事が認定を拒否したとき，または三カ月をすぎても認定に関する処分を行わないときは，起業者は国土交通大臣に対して認定を申請することができます（同法27条）。

　②　**事業認定の手続**　　起業者が事業認定の申請書を提出すると，当該起業地が所在している市町村の長は，その申請書の写しを公衆の縦覧に供し，利害関係人は知事に意見書を提出する，という手続が行われます（同法24条・25条）。

そのほか必要な場合には，事業認定庁は，学識経験者に意見を求め，また公聴会を開催することができます（同法22条・23条）。事業が認定されると，事業認定庁がその旨を告示し，その日より認定の効果が発生します（同法26条。ただし，手続保留の制度があります。同法31条以下）。

③ **事業認定の法的効果**　事業認定がなされると，①起業者の権利義務の発生（土地物件調査権，裁決申請権，土地調書・物件調書作成義務など），②土地所有者等の権利関係の画定（土地保全義務，関係人の固定，損失補償の制限など），③土地所有者等の請求権の発生（損失補償請求権，裁決申請請求権，買受権など），④補償額の算定に際する土地等の価格固定，などの効果が発生します。これらの効果は，起業者が，認定の告示があった日から1年以内に次に述べる収用裁決の申請を行わなかった場合には，失効することになります（同法29条）。

(2) **収用裁決手続**

① **収用裁決の意義および行政機関**　起業者が事業認定によって賦与された収用権を現実に行使するには，収用裁決を得なければなりません。収用裁決の手続は，独立行政委員会である**収用委員会が，起業者の収用権の内容および支払われるべき補償額を決定して，起業者と被収用者の法律関係を具体的に形成する手続**です。

② **収用裁決の手続**　手続は，起業者が，事業認定の告示の日から1年以内に，起業地の所在する都道府県の収用委員会に対し，必要な書類を添付して申請書を提出することにより開始されます（同法39条1項・40条）。また，土地所有者および関係人にも，起業者に対して裁決申請をするよう請求できる権利が与えられています（同法39条2項）。申請がなされると，申請書類の写しの公衆への縦覧および利害関係人の意見提出の手続が行われ，その期間の終了と共に，裁決手続開始の決定と登記がなされます。

③ **審理および裁決**　審理は，収用委員会，起業者，土地所有者および関係人等の三者構成により，原則として**公開審理**の方式で行われます（同法62条）。審理の結果下される裁決には，収用権の行使を否認する**却下裁決**と，収用権を

実現させる**収用裁決**があり，収用裁決は，さらに**権利取得裁決**と**明渡裁決**の二段階に分離されています（同法47条・47条の2）。権利取得裁決は，収用できる土地の区域，土地または土地に関する所有権以外の権利に対する損失補償の額，および権利取得・消滅の時期について決定するものです（同法48条）。明渡裁決は，土地・物件の引渡・移転の時期，および権利取得裁決で定められるもの以外の損失補償（移転料補償，営業補償などの通損補償）について決定するものです。収用裁決がこのように二段階に分離されている理由は，土地および土地に関する所有権以外の権利に対する補償金の算定基準価格が事業認定時に固定されるため（事業認定時主義），具体的な土地・物件の明渡しに先立って，とりあえず土地および土地に関する所有権以外の権利の取得効果だけでも早期に発生させる必要があるからです（ただし，必要な場合には，両裁決を同時に下すこともできます）。

なお，収用土地の区域に関する部分は，公益一般に関わる事項として，収用委員会の独自の決定権に属していますが（公益的裁決事項），損失補償に関する部分は，主として起業者と土地所有者および関係人等の私的利害に関する問題なので，その裁決内容は，当事者の申立ての範囲内のみに限定されます（私益的裁決事項）。

④ **収用裁決の法的効果**　権利取得裁決が下されると，起業者は，裁決で定められた権利取得の時期までに補償金の払渡または供託をしなければならず，その義務が履行されない場合には，収用裁決は効力を失います（同法100条）。この補償義務が履行されることを条件として，起業者は，定められた権利取得の時期に対象の土地所有権等を原始的に取得することができ，それと同時に，これと両立しない権利はすべて消滅する，という効果が生ずることになります（同法101条1項）。

また，明渡裁決が下されると，土地または土地の上にある物件を占有している者は，定められた明渡しの時期までに当該土地・物件を引き渡し，また収用対象外の支障物件を移転しなければなりません（同法102条）。この義務が履行されない場合には，起業者は，一定の要件のもとに，市町村長に対して土地等

の引渡しおよび物件の移転の代行を求め，あるいは都道府県知事に代執行を請求することができます（同法102条の2）。

(3) 特別の収用手続

土地収用に関する特別の手続として，「公共用地の取得に関する特別措置法（以下「公共用地特措法」）」の定める**緊急裁決**と，土地収用法の定める**任意的解決**（斡旋・和解・協議の確認）の制度があります。緊急裁決は，明渡裁決の遅延によって事業の施工に支障を及ぼすおそれのある特定公共事業について，補償金に関する審理が尽くされていなくても，概算見積りによる仮補償金を定めて権利取得裁決および明渡裁決をし，事後に正式の補償裁決を下すことができる制度です（公共用地特措法20条・21条）。この場合において，収用委員会が申立てから2カ月以内に裁決を下さない場合には，国土交通大臣が代わって裁決を行うことができます。

また，土地収用法では，当事者の任意的解決を支援して，収用手続の前段階における斡旋委員による**斡旋**（土地収用法15条の2～6），手続進行中における収用委員会による**和解**（同法50条），ならびに事業認定後に当事者間で任意協議が成立した場合においては，収用委員会が起業者からの申請にもとづいてそれを確認し，これをもって収用裁決があったと同様の法的効果を与える，という**協議の確認**（同法116～121条）の制度を設けています。

3　土地収用手続に関する紛争

事業認定および収用裁決について不服のある者は，**行政不服申立て**および**抗告訴訟**によって争うことができます。その際，収用委員会の裁決に関する不服については，国土交通大臣に対して審査請求を行うことになります（土地収用法129条）。

ただし，収用裁決のうち損失補償額に関する部分（私益的裁決事項）は，もっぱら当事者間の法律関係に関する問題なので，その不服を審査請求の理由とすることはできません（同法132条）。したがってまた，収用裁決のうち損失補償に関する争いについては，収用委員会を被告とする抗告訴訟ではなく，当

事者の一方，すなわち起業者が提起するときには土地所有者または関係人を，土地所有者または関係人が提起するときには起業者を被告とする，**当事者訴訟**によって争うことになります（同法133条）。

なお，収用委員会の行う処分については，行政手続法第2章（申請に対する処分）および第3章（不利益処分）による手続保障は適用を除外されています（同法128条の2）。

§3 災害対策行政

1 都市生活と災害対策

都市や地域の物的環境を整備し，市民社会のより快適で文化的な生活空間を形成するためには，行政は，単に国土の合理的利用と公共施設の充実を目指した開発作用を営むだけでなく，同時に，起こりうるさまざまな災害を未然に予防し，また災害が生じた場合には直ちに対処・復旧を図れる体制を整えて，社会生活の安寧を確保する必要があります。豊かで快適な地域社会の形成は，安全な生活環境が確保されてはじめて実現されるものです。そのため，行政は，国土開発をする一方で，災害の防止に必要な国土保全を行い，災害の危険性が高い区域での開発行為を制限し，また耐火性・耐震性ある建築構造・防災設備・避難施設等を整備して災害に強い都市基盤をつくるなど，さまざまな災害対策を講じています。開発整備行政と保全・災害対策行政とは，相互一体的な作用関係にあるのです。したがってまた，都市開発に関する都市計画法，建築基準法，宅地造成等規制法，都市再開発法等は，災害予防に関する事項をも同時に含んでおり，一方では災害対策法としても機能しています。

2 災害対策行政の意義と性質

「災害対策」の概念には，災害の予防，災害発生時の応急対策，災害後の復旧および財政金融措置に関する作用がすべて含まれます。そして，ここにいう「災害」の意味については，災害対策に関する一般法である「**災害対策基本**

法」(以下「災基法」)が,「**暴風, 豪雨, 豪雪, 洪水, 高潮, 地震, 津波, 噴火その他の異常な自然現象又は大規模な火事若しくは爆発その他その及ぼす被害の程度においてこれらに類する政令で定める原因により生ずる被害をいう**」と定義しています(同法2条1項)。また,同法施行令はこれを受けて,その他の災害について,「放射線物質の大量の放出,多数の者の避難を伴う船舶の沈没その他の大規模な事故とする」と定めています。したがって,災害対策行政の対象である災害には,**自然災害**および**人為的災害**の双方が含まれます。

ところで,人為的な原因による被害のうち典型7公害(大気汚染,水質汚濁,土壌汚染,騒音,振動,地盤沈下,悪臭)については,先に見たように,公害対策・環境保全行政の分野に属する問題として,環境基本法およびその下位法の規律する事項となっています。等しく人為的災害に関するものであっても,公害対策は,一定の事業活動によって,相当範囲の地域に渡りかつ潜伏的に惹き起こされる,人の生命・健康および生活環境ならびに自然環境に対する被害への対処を目的とするものです。これに対し,災害対策は,人の事業活動によると否とを問わず,**社会生活一般に降りかかりうる大規模な被害を対象とし,かつ,それが発生した際には即時の対応を迫られる性質のもの**です。この点で,両者はその性質をやや異にします。

もっとも,災害対策行政と公害対策行政は,いずれも社会生活の安全を維持するという**消極的な警察目的の側面(消極行政)**と,良好で快適な生活環境を形成し,また被害者の救済を図るという**積極的な行政目的の側面(積極行政)**とを併せ持つ,複合的な作用であるという点では,共通性を有しています。

3 災害対策行政の主体

災害対策行政の責任者は,国および地方公共団体であり,具体的に措置を講ずるのは,内閣総理大臣が指定する国の行政機関および地方支分部局その他の地方機関(管区警察局,北海道開発局など),各種公共機関(日本赤十字社,電力事業者など)のほか,災害発生時の実働機関である消防機関,警察機関,海上保安官および自衛隊などです。

しかし，災害に対する防備は，社会全体の共通利益であるから，それら国・地方公共団体の行政機関が横のつながりを持ち，ならびに国民も参画して，すべて一体となって取り組むべき問題です。そこで，内閣府に，内閣総理大臣を会長とし，指定行政機関の長および民間の学識経験者を委員として構成された「**中央防災会議**」が設置され，これが災害対策行政全般に関する統一的政策を立案すると共に，関係行政機関を総合調整する，という役割を果たしています（災基法11条・12条）。同様に，都道府県には，都道府県知事を会長とし，指定地方行政機関，指定公共機関，市町村，警察機関，消防機関のそれぞれの長または職員を委員として構成される「**都道府県防災会議**」が置かれ（同法14条・15条），市町村には，市町村長を会長とする「**市町村防災会議**」が設置され（同法16条），相互に連絡調整を行っています。

また，大規模な自然災害，その他国民の生命，身体および財産の安全を脅かすような社会的影響の大きい突発的な災害については，もはや一部の省庁や地方公共団体の責任範囲に留まるものではなく，行政全体として対処する必要があります。それは，行政権の統括機関である内閣およびその首長である内閣総理大臣の果たすべき役割に属します。そのため，社会的に重大な突発的事態に対しては，内閣自らが指令塔となって迅速かつ総合的な危機管理機能を発揮できる体制を整えるべく，1998年に内閣法が改正され，内閣の危機管理事務を統理する機関として，内閣官房に**内閣危機管理監**が設置されました（内閣法14条の2）。内閣危機管理監は，緊急事態に備えて平素の準備体制を整えると共に，災害発生時には，内閣としてとるべき措置を第一次的に判断し，初動措置について行政各部に適宜連絡・指示を発するなど，危機管理に関する内閣総理大臣，官房長官および官房副長官の任務を補佐する重要な役目を担っています。

4 災害対策行政の体系
(1) 防災計画

災害対策行政は，災害の予防に必要な施設の整備や公共空間の確保を，地域社会の開発整備と連携して実施し，災害が発生した場合には迅速かつ適正な対

応措置によって被害の拡大を防ぎ，また事後には災害復旧を合理的に行えるよう，あらかじめ防災計画を作成して計画的に遂行されます。

防災計画の種類には，災害対策基本法が定めているものとして，中央防災会議が作成する「**防災基本計画**」，各指定行政機関がその所掌事務に関する防災措置および地域防災計画の作成基準を定め，または指定公共機関がその業務に関する防災措置を定める「**防災業務計画**」，都道府県および市町村の防災会議が作成する「**地域防災計画**」があります。防災基本計画では，防災に関する総合的長期的計画と，防災業務計画・地域防災計画の重点事項および作成基準が定められ，これにもとづいて，防災業務計画および地域防災計画がそれぞれ具体的な行動計画を定めることとされています（災基法34条）。なお，開発整備行政に関する開発計画や土地利用計画においても，災害予防の観点は欠かせませんが，この点については防災基本計画と整合性を有することが要求されています（同法38条）。

このほか，大規模地震対策特別措置法にもとづく「地震防災基本計画」，「地震防災強化計画」，「地震防災応急計画」，石油コンビナート等災害防止法にもとづく「石油コンビナート等防災計画」など，個別の災害原因に関する計画があります。

これらすべての防災計画について，災害予防対策，災害応急対策，災害復旧対策，情報の収集・伝達に関する事項が，それぞれ定められなければならないこととされています。

(2) **災害予防対策**

災害予防対策の手法は，大きく2通りに分けることができます。一つは，行政の責任において防災のための各種事業を営むという方法であり，もう一つは，私人の行為や財産に対する規制を通して災害を未然に防止するという方法です。災害の予防は，社会全体の利益に属する問題ですから，単に国および地方公共団体のみの責任に帰するものではなく，市民各人もまた共同社会の一員として，その行為または財産に起因しうる災害の危険について自ら防止すべき責務を負っている，といえるからです（同法7条）。

行政主体が実施する防災事業には，①**国土保全事業**（水害を防止する防潮提・防波堤・堤防等の設置・管理といった治水事業，土砂崩れ・落石等を防止する砂防提・防護柵等の設置・管理といった治山事業など），②**都市防災整備事業**（公共防災施設を設置し，避難地・避難路を整備するといった都市の防災基盤を強化するための事業），③**防災集団移転促進事業**（災害発生が予想される区域の住民を全戸移転させるための当該市町村の実施に係る事業），および④その他の**防災体制強化事業**（防災訓練，防災管理事業など）があります。

　私人の行為・財産規制を通じた災害予防措置には，①**防災地域指定による開発行為・土地利用行為の規制**（土砂の流出，がけ崩れまたは水害等が発生する危険のある区域を防災地域として指定し，当該区域内での土地利用行為を禁止し，または許可にかからしめる作用。砂防地，保安林，急傾斜地崩壊危険区域，河川保全区域，災害危険区域，宅地造成工事規制区域の指定など），②**防災責任者等の設置の義務づけ**（大規模な工場，興行場，危険物製造業，石油コンビナート等に関する防火責任者や防災組織の必要的設置），③**建築物に関する耐火・耐震設計規制**，などがあります。

　これら災害予防の目的で私人に課される財産権行使の制限（公用制限）は，一般に，積極的な公益目的のために特定個人に強いられる特別の犠牲なのではなく，社会秩序の安全を維持するために必要な規制（警察規制）として，**財産権の内在的制約**のうちに含まれると考えられています。したがって，その制限については，損失補償の規定が設けられていないのが通常であり（例外として森林法35条など），判例・学説も，それが**財産権の本質的な価値を減殺しない範囲に留まるものである限り，補償は必要ない**と解釈しています（最判昭38・6・26刑集17巻5号521頁）。なお，防災地域指定による開発行為・土地利用規制は，都市計画上の地域地区制の1つとして，国土の合理的利用および良好な都市環境の形成という積極的な行政目的における規制と連動していますが，防災地域以外の規制についても一般に補償は行われていません（本章§1.6⑵参照）。

(3) 災害応急対策

　災害応急対策とは，災害が発生した場合または発生の危険が急迫している場

合に，被害の拡大を防止するために講じられるべき避難勧告，救護活動等のあらゆる応急的措置に関する行為計画をいいます。

　災害応急事態が発生した場合には，行政は，まず**災害対策本部**を設置すべきことを法律によって要求されています。災害応急活動は，第一次的には住民に直結した地方公共団体の責務であるので（災基法4条・5条），災害対策本部は，基本的には当該市町村に，また災害の状況に応じて都道府県に設置されます（同法23条）。当該都道府県だけでは対応できない大規模な災害である場合には，国に**非常災害対策本部**が設置されることになっています（同法24条）。ただし，内閣総理大臣によって地震警戒宣言が発せられた場合には，国および地方公共団体のそれぞれが**地震災害警戒本部**を設置することとされています（大規模地震対策特別措置法10条・16条）。

　災害応急対策においては，即座に緊急措置が講じられなければならない性質上，行政機関に**緊急権**が賦与されており，関係行政機関は，現場の一般私人に対して，救助のために必要なその財産を強制的に収用・使用し，また救助業務への従事を命ずるなどの**応急負担**を課すことを認められています（災基法64条・71条・78条，災害救助法23条の2・26条，地震特措法27条，道路法68条，消防法28条3項5項等）。さらに，一般の交通を禁止・制限し，危険区域からの退去を命じ，または立入を禁止するなどの下命権（災基法63条・76条，地震特措法24条等），ならびに道路や通信施設を優先使用できる特権（災基法79条，災救法28条，消防法27条等）が，緊急権として与えられています。

　応急負担における財産の収用・使用は，災害予防のために課される財産権の制限とは異なり，救助という公共の福祉のために，特定私人に対して財産権の内在的制約の範囲を超えた特別の犠牲を強いるものなので，通常の公用収用および公用使用と同様に，**損失補償を支払うことが必要**です。ただし，緊急措置である性質上，応急負担の場合の補償は，前払の原則に対する例外が認められています（災基法82条，災救法23条の2第3項，地震特措法27条6項，道路法69条等）。救助従事命令による負担についても，通損補償または負傷・死亡等に対する損害補償等が明文で規定されている場合があります（災基法82条・84条，災救法24条

5項，河川法22条6項等)。

このほか，国家経済や公共の福祉全体に重大な影響を及ぼすような激甚な非常災害が生じた場合においては，内閣総理大臣が，災害緊急事態の布告を発し，緊急災害対策本部を設置することができるほか (災基法105条・107条)，内閣は緊急政令を制定することができるとされています (同法109条)。

(4) **災害復旧対策**

災害復旧対策には，①**災害復旧事業**（文教施設，厚生施設，公共土木施設，農林水産業施設等の各種公共施設の被災に関する復旧事業)，②**災害融資**（被災者の生活再建を援助するための災害復旧貸付，災害援護資金，自作農維持資金等の融資)，③**財政負担軽減措置**（被災地方公共団体に対する災害関係地方債の許可，資金貸付，特別交付税の交付など)，および④**激甚災害復旧措置**（国民経済に重大な影響を及ぼす激甚な災害を受けた地方公共団体の公共施設，農業施設および中小企業者に対する特別の資金助成措置)，の種類があります。

(5) **情報の収集・伝達**

災害を未然に防止し，また発生に対して適切かつ迅速に対処するためには，確実で速やかな情報の収集と伝達が不可欠です。そのため，防災基本計画および地震防災基本計画においては，情報の収集・伝達に関する事項が必要的記載事項とされており (災基法35条)，行政機関は，災害の防止に必要な気象・地震情報を収集し，関係機関に的確に連絡・伝達すると共に，市民に対して通報・警報を行う責務を負っています (災基法51条・54条～56条等)。

Ⅳ 国と地方の行政

§1 租税と租税法

1 租税の観念と種類

　租税とはなにか。それは「**文明の対価**」とされています。すなわち，現代社会では，あらゆる場面で公共サービス（財政学では公共財といわれる）が行われていますが，このための主たる財源は，われわれが納める税金です。とすると，税金はわれわれの生活とはきわめて密接な関係にあり，租税に関する租税法の知識も持っているのが望ましいわけです。

　租税が現代社会で果たしている機能は，公共サービスの資金調達，富の再配分，景気の調整の三つをあげることができます。公共サービスを提供する国家には膨大な資金が必要ですが，この公共サービスにも二種類あります。まず，どんな国家も必ずその任務として期待されるのは，**社会生活を安全に過ごすために個人の生命・身体の安全を維持する最小限必要な警察取締り的サービスと国防**とです。このサービスは営利を見込めず自由な競争にも適しない，要するに私的経済法則によっては提供されないいわゆる「市場の失敗」分野ですので，国家がこの役割を果たすことを，国民が期待します。

　これに加えて，**本来は私的経済法則のもとでも提供されますが，それ以上に手厚いサービスを国民が要求するところでは，公共サービスとして国家が提供することを期待されます。現代国家の福祉行政分野とは，この公共サービス分野にほかならず，質量ともに増大しています**。自由主義経済社会では国家が富の再配分に介入するのは控えるべきという考え方から脱して，現代では，貧困者を救済し幼児や高齢者を保護することがむしろ国家の任務だと捉えられてい

第2編　行政法各論

租税の種類

区別の規準		
課税主体	国税	所得税　法人税　相続税　消費税　石油ガス税
	地方税	都道府県民税　市町村税　固定資産税　事業税
納税義務者	直接税	所得税　法人税
	間接税	消費税　酒税　たばこ税
賦課徴収機関	内国税	国税庁―国税局―税務署
	関税	財務省関税局―税関
使途	普通税	（税の多くは普通税として一般財源に充てられる）
	目的税	自動車取得税　軽油取引税　都市計画税

ます。このような国家への期待に応えて社会的弱者を救済するためには，国家による富の再配分によって財源を確保する必要が生じてきます。再配分の方法には，租税徴収方式，最低賃金制度，価格維持制度，給付金制度など幾つかありますが，とりわけ租税徴収方式には，他の再配分方式にはない利点があります。つまり，税金は現在の市場経済自体に介入するのではないから摩擦がおきにくく，最低賃金制は職業についている者にしか再配分されない弱点があるのとは異なって，再配分を必要としている国民すべてに平等に効果を及ぼすことができるのです。累進税率の採用はこの再配分のための方法であり，徴収された租税の再配分の程度は，国家の財政政策によって決められます。

　租税の特徴は，租税法の教科書などでは普通三つがあげられています。第一は**公益性**です。租税は，公益サービスのための資金を得る重要な収入です。同じく収入源になり得る罰金は，制裁のためや犯罪行為の防止を目的としている点で，租税とは違います。第二に，租税の徴収は**強制的**です。この意味では，租税は国民の財産権を侵害する行為であって，国民や住民が任意に支払う公共料金などとは大きく違います。第三に，**非対価性**があげられます。租税は，公共サービスの資金源となりますが，なにか特定のサービスの対価として納めるものではないので，手数料でもありません。ただし，税のなかには，最初から特定の目的にあてることを予定して納める目的税というものがあり，これは特

定のサービスのために支出されるものですから，目的税は例外的に対価性があることになります。

このような租税には，現行制度上，次のような種類があります。

① **国税と地方税**　国が賦課徴収する税が国税であり，地方公共団体が賦課徴収する税が地方税です。地方税はさらに，地方公共団体の階層に合わせて，都道府県税と市町村税の二種があります。国税は，地方公共団体間の財政不均衡を調整し適正な行政水準を維持するために，地方交付税として各都道府県市町村に交付されたり，特定の要請需要の資金として地方譲与税として譲与されたりします。

② **直接税と間接税**　直接税とは，納税義務者が同時に租税の実際の負担者であるような税をいい，間接税とは，納税義務者に課せられた税が納税義務者以外の者に転嫁される税をいいます。所得税はこの意味の直接税の例であり，消費税は消費者に転化されるので間接税の例です。直接税は累進的に賦課され，間接税は比例的に賦課されます。間接税が「転嫁」されているとみるかどうかをめぐっては見解が異なっているため，近年では，所得税や財産税のような直接税を課すべき財産がある場合の税を直接税といい，消費や取引といった直接眼にみえない行為に対する税を間接税と呼ぶようになってきています。直接税と間接税との比率を直間比率といいますが，わが国は先進諸国のなかでは直接税の比率が高いため，間接税の比率をもっとあげるかどうかが，税制の見直し論議では常に指摘されています。

③ **収得税・財産税・消費税・流通税**　収得税とは，収入を得ている事実に着目して所得に課される所得税と，事業のような所有する生産物から得られる収益に課される収益税とをいいます。国税としての所得税と法人税や地方税としての住民税は所得税で，事業税は収益税です。財産税は財産所有に着目する税で，たとえば，不動産という財産に対する固定資産税，自動車という財産に対する自動車税がこれにあたります。消費税には，ゴルフ場利用税のような消費行為そのものを直接対象とする直接消費税と最終消費者に転化される間接消費税とがありますが，わが国では，平成元年に，それまでの個別消費税制度

から後者のタイプの間接消費税に移行しました。ただし，たばこ，酒，揮発油については，両タイプの税が二重に課されています。取引行為によって権利が移転する流通行為について課されるのが流通税で，自宅購入時の不動産取得税，登録免許税，領収書に添付する印紙税などがあります。

　④　**目的税と普通税**　　支出目的が特定されている税が目的税で，目的が特定されていない税が普通税です。ガソリン税は，道路建設と管理費用にあてることに決められている目的税です。大方の税は普通税で，目的税はむしろ例外です。

2　租税法の体系

　租税法とは，以上のような租税に関する法の全体をいいます。租税にはいくつもの種類があるうえ，租税は，再配分や景気調整目的からだけでなく，国のさまざまな経済政策に用いられるため，租税法の内容も複雑で，税を払う側には大変分かりにくいものとなっています。法律学としての租税法は，以下のような体系をもっています。

　①　**基本原理**　　租税の意義，税法の基本原理と法源の解釈原理など，税法全体にかかわる基本的問題を扱います。

　②　**租税実体法**　　納税者が負担する納税義務がどこから由来するのか，その義務の内容としてどんなものがあるか，義務はどんな場合に履行されたといえるのか，あるいは免除されたり消滅するかという，納税者と国や地方公共団体との間の法律関係を扱います。

　③　**租税手続法**　　租税の賦課徴収手続として，納税申告，税額の更正と確定，納税義務を履行しないときにとられる強制徴収手続としての滞納処分などを扱います。

　④　**租税争訟法**　　納税者が税額や所得等の解釈について不服あるときに，どのような申立てを誰を相手にすることができるか，さらにどんな場合に訴訟で争うことができるのかなど，納税者の権利保護の仕組みを扱います。

　⑤　**租税処罰法**　　脱税のような租税犯罪の種類，どのような行為が具体

にこの租税犯罪行為に該当するか，犯罪調査の限界，処罰の種類などを扱います。

租税法学と隣接する専門科学に財政学があります。租税制度の法的側面を研究する学問が租税法であるとすると，財政学は経済的側面を研究する学問です。租税法学は法律学の一つですが，財政学は経済学に属します。租税法の実体的規定は，財政学の成果を基礎としているという関係にあるため，租税法の研究には財政学の知識が必要になります。また，企業に対する課税は企業会計に準拠して算定されます。この企業会計を体系的に研究する学問は会計学ですから，租税法学は会計学の知識も要求されます。

3　租税の法的根拠

租税法は，その内容によって以上のように分類されますが，ここでいうところの法は以下のような法形式で定められています。この法の存在形式のことを，法律学では**法源**といっています。一国の法源はその効力において一つの階層をなしていて，国の最高法規である憲法は，どの法分野においてもその最上位にあり，租税法の法源には，憲法・条約・法律・命令・告示・条例と規則・通達があります。

① 憲法　　憲法に違反する法源は無効ですし，憲法に違反する賦課徴収行為も無効です。憲法は租税について84条に規定を置いています。この詳細は租税法律主義のところで述べますが，このほかにも，14条の平等保護規定をはじめとする基本的人権の定めに適合するかが争われた裁判例は少なくありません。

② 条約　　国際的な経済活動が増えるにつて，わが国は所得税や相続税などの国際的二重課税を防止する目的で，租税条約を締結し，この条約を補充するために交換公文を取り交わしています。条約が国内法と異なる定めをおいているときは条約が優先し，交換公文は委任立法という性格をもちます。せっかく締結した条約内容が相互にバラバラであっては国際的取引を阻害するため，先進諸国間の租税条約については経済協力開発機構（OECD）が，先進国と途上国との租税条約については国際連合（UN）が，それぞれモデル条約を作っ

て統一に努めています。

③ 法律 憲法41条によって，法律は国民の代表である国会がのみが制定することができる法形式ですが，**租税法には租税法律主義という近代国家の基本原則があって，この原則のもとでは法律に根拠がなければ租税を賦課徴収することはできないため，法律は法源のなかでも最も重要です**。国税についての法律としては，各種の国税に共通する事柄を定めたという意味で通則的な，国税通則法，国税徴収法，国税犯則取締法の三法があります。国税徴収法は，納税義務を果たさない者に対し国が強制的に徴収する手続である滞納処分について定めた法律で，この滞納処分という手続で，国税だけでなく地方税の徴収やその他の国と地方公共団体の債権の強制的な徴収が行われています。この三法は通則法ですので，個別に他の法律で特別の定めがあるときを除いては，すべての国税について適用されるのが建前ですが，日本では，個別の国税ごとに通則法の特則として，所得税法，法人税法，相続税法，消費税法などがあり，それぞれの国税ごとに租税の実体的内容，したがって納税義務の具体的内容が定められています。注意しなければならないのは，国税についての個別法に加えて特別措置を定める租税特別措置法があり，さまざまな特例が設けられている点です。

地方税については地方税法があります。この法律は統一法典としての性格をもち，通則規定，各地方税の実体的内容，徴収手続のすべてにわたって，網羅的に定めています。ただし，この法律は地方公共団体の課税制度の準則法で，その地方で地方税を徴収する法的根拠にはなりません。各地方公共団体はこの法律の定めに準拠して自身の条例と規則を制定してからでなければ，地方税の賦課徴収はできないのです。

④ 命令 制定する行政機関がどこかによって，内閣が定める命令を政令，各省大臣が定める命令を省令といいますが，いずれも法源です。多くの法律には，その法律の下で多くの命令が定められています。たとえば，国税通則法には，政令として国税通則法施行令が，省令として同施行規則とが定められています。**法律ですべてを詳細に定めることは不可能ですし法律内容を実施するに**

は詳細な基準がどうしても必要で，これらを定める命令は不可欠です。

⑤ **告示** 告示とは，所掌事務について大臣が一般に知らせる形式をいい，租税法においては法律または委任をうけた政令の規定を告示で補充することが少なくありません。たとえば，租税特別措置法の適用範囲は財務大臣の指定で定まりますが，この指定は告示の形式で広く知らされます。しかし，大臣のする指定によって課税の範囲が定まるのですから，この大臣告示は租税法律主義のもとでは，委任立法に近い法源です。法源としての性格をもつような告示や政令も含めて，制定手続を整備する必要があるのが望ましいと思われますが，現在のところはありません。

⑥ **条例と規則** 地方公共団体の法には，地方自治法が地方公共団体について大統領制をとっているところから，国の法律にあたる法形式として住民代表の議会が定める条例と並んで，自治体の長が定める規則があります。地方税については，地方税法を準則として地方公共団体ごとに条例があり，この条例の実施のために規則があるという法構造になっています。

⑦ **通達** 通達とは，指揮監督権をもつ上級行政庁が下級行政庁に対してする命令をいい，口頭の命令が訓令，文書による命令が通達です。**租税法は複雑で数も多いので，租税行政庁が独自の判断で租税法規を解釈し適用したのでは不平等な結果を招いたり混乱を招くだけですから，統一的解釈を通達で示しておくことは重要ですし，租税法の実務は通達に従って運用されています。**しかし，この通達は行政組織内部のみを拘束する内部法であって，国民と裁判所もこれに拘束される外部法ではありません。つまり通達は法源ではないのです。ですから，通達であらたに納税義務を設けることは租税法律主義に反します。しかし，従来非課税とされてきた取扱いを変更して課税対象とする解釈通達が出されたような場合，その通達の法解釈が正しいときは，たとえその解釈通達がない場合でも法律によって当然課税対象とされるべきなのですから，通達を根拠とした課税ではなく，法律を根拠とする課税に他ならず，租税法律主義に従った課税として適法です。また，通達が定める評価方法によらずに評価したからといって，その評価方法が通達以外の何らかの法源の定めに従っていれば，

適法な租税賦課行為です。

§2 租税法の基本原理

1 租税法律主義

　国と地方公共団体の課税権の行使は，法律の根拠にもとづかねばなりません。これを租税法律主義といい，法治主義国家の大原則とされています。法治主義とは，国民の自由と財産を侵害するには，必ず国民代表議会の定める法律によらねばならないとする憲法原理で，そこでは，法律の根拠なしに命令だけであらたな権利自由を制限することはできないとされ，法律の定めに違反する命令は効力をもたないのです。この租税法の基本原則の思想的淵源は，封建君主や絶対君主による戦費調達や個人的家計調達のための恣意的な税金の賦課徴収に対抗した，旧くはイギリスの1215年マグナカルタにおける「同意なしの課税禁止」やアメリカ独立運動当時の「代表なくして課税なし」というスローガンなどに見られます。明治憲法62条１項の「新ニ租税ヲ課シ及税率ヲ変更スルハ法律ヲ以テ之ヲ定ムヘシ」という定め，現在の憲法84条の「あらたに租税を課し，又は現行の租税を変更するには，法律又は法律の定める条件によることを必要とする」という定めは，いずれも租税法律主義を明文化したものです。そして，租税法律主義は，今日では沿革上の意味を超えて，経済社会生活において複雑で多彩な経済活動に課せられる租税の予測可能性と法的安定性を保障する効果をもっていることの方が，より重要になっています。

　租税法律主義の内容には，課税要件法定主義，租税要件明確主義，合法性原則，手続的保障原則の四つがあげられます。

　① **課税要件法定主義**　課税要件法定主義とは，刑法における罪刑法定主義とおなじ発想で，租税の賦課徴収は国民の財産権侵害行為であるから，課税要件のすべてと賦課徴収の手続は法律で明確に定めておかなければならないという原則です。法律自体では枠組みだけを定めて詳細は政令以下の命令で定めるように委任することは租税法においても許されていますが，課税要件法定主

義の要請から，委任が個別的で具体的なければならないという限界があり，この限界を超えたときは，委任した法律自身が憲法違反の法律です。この場合の，個別的具体的委任と包括的白紙委任の区別について明確な基準が明文化されているわけではなく，判例では「委任の目的・内容・程度が法律自体で明確にされていること」という基準をたてています。

　②　課税要件明確主義　課税要件明確主義とは，課税要件を法律ないし委任された命令で定める際は，課税要件について一義的で明白でなければならないという原則をいいます。行政法では「公益上必要があるとき」という文言は不確定概念といい，解釈上一義的に明確にできないため，公益とは何かという法律を執行する行政庁の判断をまたねば，納税義務が具体的に確定しないことになりますから，租税が法律で定められているとはいえなくなります。課税要件明確主義は，このような文言で課税要件を定めてはいけないとするものです。相続税法が「公益を目的とする事業」については相続税や贈与税を課すと定めているのは，解釈上その内容を明確にすることができるので，租税要件明確主義に反しているとはされていません。

　③　合法性の原則　租税の賦課徴収にあたる行政庁には，租税を減免したり徴収しないという自由はありませんし，納税者との間で勝手に協定を結んで徴収を猶予することも許されません。法律の定めどおりに徴収行政が行われなければ，同じ条件なのにある納税者は減免され別の納税者からは法律の規定どおり徴収されるという取扱いの差が生じて，公平負担の原則が捻じ曲げられる危険が生じるからです。

　④　手続的保障原則　租税の賦課徴収は適正な手続によってされなければならないという手続上の原則をいいます。刑事手続については憲法31条が適正手続を要請していますが，この規定が行政権限の行使にも適用されねばならないかについては議論があります。しかし，不利益処分には理由が説明されるべきですし，公平な審査を確保するために，租税を賦課徴収する行政機関と租税への不服を審査する機関とは制度上区別されています。税務調査のための調査手続も，慎重さが要求されてしかるべきです。これまでは行政庁が権限行使する

にあたっての手続要件についての研究が十分とはいえませんでしたが，平成5年に行政手続法が制定され，租税行政における手続もますます重要になってきているといえます。

2 租税公平主義

租税負担は，担税力に応じて平等に配分されるように，実質的に平等であるべきです。憲法14条1項はすべて国民は平等に扱われると定めていますが，租税負担においても差別してはならないことは，近代社会の基本です。租税負担の不平等は，国民の間に租税法への不満だけに止まらず，遵法精神の崩壊を招く結果になるでしょう。では，租税の公平負担とは，どんな場合をいうのでしょうか。租税の根拠に関する**利益説**によれば，税負担は各人が受ける利益の大きさに比例して配分されるときに公平であることになります。これに対して**義務説**によれば，納税は国民として当然にもつ義務であるから，税負担は各人の有する経済的な負担能力に応じて配分されるときに公平なのだという考えになります。現代は義務説の考え方が支配的で，そこでいう経済的負担能力の尺度としては，所得，財産，消費が用いられています。この三つの尺度のうち，これまでは担税力の尺度として，所得が一番優れているといわれてきました。所得が同じなら同じ額の租税を負担し，所得額に比例して負担額が増えるように累進税率を適用すれば負担の公平を維持しやすいうえ，基礎控除その他によって人的要素も考慮に加えることができるからです。しかし，勤労所得と利子所得とでは所得の原因が異なるのに，額が同じであるからというだけで同一額の負担を課すことが実質的にも公平だとは一概にいえないでしょう。そこで，消費のほうが優れているという考えが有力に主張されるようになってくるわけですが，三つの尺度を適度に組み合わせた租税制度を工夫することが期待されます。

　租税公平主義のもとでは，不合理な差別をすれば憲法違反の法律で無効ですが，合理的な差別まで無効になるのではありません。ここでも，問題なのは合理的と不合理的との区別です。現行の租税制度のなかで，累進所得税制，源泉

徴収制度，給与所得における必要経費控除について，この問題が論議されているのは周知のとおりです。累進税率は，所得が大きくなれば経済学でいう限界効用が逓減し担税力も増加すると考えれば，実質的な平等と富の再配分を実現するための合理的な差別であるといえましょう。事業所得については実費による必要経費の控除が認められているのに対して，給与所得については一律の給与所得控除がありますが，実額控除は認められていません。裁判所は，給与所得控除額は平均的な給与所得者の必要経費額として十分であること，概算経費控除と特定支出が給与所得控除を超えた場合の超過額を追加的に控除することを認めているのだから，事業所得者と給与所得者との間に不合理な差別はないと判断しています。しかし，給与所得者には，給与所得控除と概算経費控除のいずれをとるかを選択する自由を認める方が，公平の観点からはベターではないのかとも思われます。

3 信義則

民法1条2項は「権利ノ行使及ヒ義務ノ履行ハ信義ニ従ヒ誠実ニ之ヲ為スコトヲ要ス」と定めていますが，**法律関係において相手方の信頼を裏切ってはならないとする原則を信義則といいます**。いったんした言動は，それを信頼した相手方を保護するために，たとえ誤りであっても撤回できないという英米法の禁反言の法理は，これにあたります。いずれも，私人間の自由な合意による契約関係についての大原則ですが，租税法においても適用される基本原則とされています。租税行政庁が相手方に対して，誤って非課税であると回答したり，本来課税すべきであったのに誤って課税しないできた場合，租税法上は課税して誤りを是正しなければ，他の者との間で不公平となり，しかし，課税したのでは税務官庁を信頼した納税者の利益を損ないます。結局，信義則を適用する場合は個別具体的に判断するしかなく，税務官庁が公の見解を表示しており，納税者がその表示を信頼して行動し，表示に反する課税がなされたため不利益を被り，納税者の側には信頼したことについて帰責事由がないときには，信義則を適用して遡って課税することはできないでしょう。納税者に対する見解の

表示には実にいろいろありますが，ここにいう公の見解の表示とは，権限ある者による正式見解をいい，納税相談での助言，申告指導，申告是認通知は含まれません。

§3　租税の仕組み

1　国税と地方税：シャウプ税制

　日本の税制度は，明治以降第二次世界大戦まではヨーロッパ型だったのが，第二次大戦後，シャウプ勧告を経てアメリカ型に転換した。
　明治の新政府は，早急な近代化を必要とし，その財源確保のために，税制の整備を急ぎました。1873年の地租改正は，地価を課税標準とし全国一律3パーセントの定率で地主に課し，金納とした近代税制度を実現しました。ついで明治11年に地方税規則を定め，府県が府県議会の議決を得て，国とは別に地方税を賦課徴収できる地方税制度を設けました。明治憲法が制定されその62条で租税法律主義が置かれたのは1889年ですから，それ以前にすでに納税者の承認を制度化していたという意味で，この地方税制は重要です。その後明治末までの間に，日清・日露戦争が起こり，戦費調達のために税制は改廃を重ねます。まず，1887年に所得税が設けられました。譲渡所得までは課税対象とはされなかったものの，この所得税には，1899年制定の所得税法によって，法人所得，公社債利子，個人所得に分け，個人所得について累進税率が採用されています。ついで1905年に相続税が導入されます。さらに，地租は地主階層への課税ですが，力を蓄えてきた商工業者にも，地主階層同様に選挙権を付与して不平等を是正する一方で，外形標準によって課税する営業税法を制定し，国庫収入も増大させる方策が採られました。
　この間，市政・町村制と府県制が敷かれ地方制度も整備されましたが，地方税制限に関する法律によって，地方税は国税への付加税と位置づけられ，税率も抑えられましたから，地方の自主的課税権は大きく制限されました。
　長引く戦費調達のための増税が行われるなかで，1940年に法人税法が定めら

れて，法人税が所得税から分離し独立の税とされました。所得税法も大幅改正され，消費に課税するために物品税法があらたに定められました。地方税制も変わり，地方税法が定められて地方町村民税が導入されました。これが現在の住民税の始まりです。

　戦後の1949年，占領軍総司令部がアメリカから招いた租税法学者カール・シャウプ・コロンビア大学教授を団長とするシャウプ使節団が来日し，わが国の税制改革について全面的な改革提案を連合国最高司令官に提出しました。これが「シャウプ使節団日本税制報告書」，略称**シャウプ勧告**です。この勧告は，その後の税制改革議論が生じるたびに繰り返し引き合いに出され，わが国の租税制度と理論にとってきわめて重要な文書です。

　勧告の骨子は，公平負担こそが税制の基本であること，資産再評価，租税行政の改善，地方自治強化のため地方財政強化などです。勧告は，直接税，なかでも所得税中心主義をとることを勧め，それまでの租税特別措置も公平原則に反するというこの勧告の厳しい指摘を受けて廃止されたのです。

　勧告はまた，納税意識を培うには納税者本人による申告納税制度の充実が望ましいとし，申告制に対応して納税者の権利保護制度の一つとして青色申告制度を提案しています。公正な税申告の確保のためには一定の帳簿を備えこれを基礎に納税申告する慣行が前提となります。青色申告者に特典というインセンティヴを与える勧告は，帳簿の備付けと取引記録を残すというわが国の申告納税制度に大きく寄与しました。

　勧告は，地方自治の尊重の観点から地方税について基本的改革を提案しました。たとえば，一財源を国・府県・市町村が分け合うことは責任を不明確にするとして，一団体帰属を原則として付加税を廃止し，地方の自主財源充実のため住民税はもっぱら市町村の財源とし，府県の財源としては，事業税ではなく付加価値税を提唱しています。ここには，事業所は利益を得ていなくても府県の公的サービス受益者として応分の負担をすべきであるという，応益原則の発想がすでに見られて，興味深いところです。

　1950年の税制改革は，このシャウプ勧告の内容のほとんどを実定法化したも

のであるため，シャウプ税制といわれています。シャウプ使節団は，当時のアメリカの租税制度の長所と短所を熟知した学者で占められ，敗戦国日本の民主化のため理想的な制度を創設しようと改革に情熱を傾けた人びとでしたから，彼等の壮大な実験の試みは，日本の税制の近代化に寄与しえたのでした。

　しかし，その後の税制度は，シャウプ勧告内容とは著しく異なっていく経過をたどります。勧告によって導入された富裕税や付加価値税制は廃止され，厳しく批判された特別措置も廃止どころか増え続けて税制を複雑にし歪みをもたらしています。所得の把握がなかなか進まず，直接税に対してはむしろ批判が強くなってきて消費税が導入され，いまや消費税の税率引上げに関心が集まっている状態です。

　1953年以降，わが国租税制度は，シャウプ勧告からは遠く離反し，未曾有といわれた経済発展を遂げるなかで，複雑化し不公正化してしまったといわれています。高齢化社会を迎えて社会保障行政の財源をいかにして確保するかという各国共通の課題も出てきており，いずれの国でも税制改革は急務となっています。日本における今後の税制改革の課題は，複雑化した税制の簡素化，直接税の特別措置の整理と消費税制の転換，社会保障行政財源としての安定税収確保などがあげられます。また，人的・物的資源が国境を越えて移動する社会における賦課徴収の国際的調和も重要な検討課題でしょう。

2　国際課税：国際取引と対策税制——二重課税阻止条約と租税回避対策税制

　国際的取引日常的になるにつれ，取引によって利益を得た者が，自分の所属する国と利益を得た取引行為をした国との双方から課税されるという事態が起きることがあります。二重課税というこの事態は，租税賦課について属人主義と属地主義という二つの考えがあるためです。

　属人主義とは，国際取引の主体の住所や国籍の帰属国が所得に課税する税制で，居住地課税ともいいますが，所得が国際的取引から生じたかどうかを問わない点で経済活動に対して中立です。属地主義とは，国籍の如何を問わず国際

取引の結果が発生した国が所得課税する税制で，**源泉地課税**ともいい，自国の企業か外国の企業かで差別がありませんから，平等な競争を図る税制です。すべての国が，たとえば属人主義をとりつつ外国税額を控除すれば，取引で生じた利益を得た個人と法人は居住する帰属国でしか課税されないので，二重課税問題は起きません。また，わが国の所得税法と法人税法は，日本に住む個人と日本で商業登録している法人については，取引の成果がどこの国で生じたかを問わず，すべての所得に課税する属人主義をとり，日本に住んでいない個人または日本で商業登録していない外国法人については，日本国内で発生した利益についてのみ課税するという属地主義をとっています。この場合も，国際取引をした相手国が日本と全く同じく，取引主体が居住しているかどうかによって属人主義と属地主義を適用していれば，やはり二重課税問題は生じません。しかし，相手国が，たとえば属人主義だけによるときは，日本で利益を得たその国の国民は，二重に課税されることになります。

相互に属人主義によっていても，法人の帰属を決めるのに，日本は登記上の**本店所在地**を基準としていますが，イギリスは取締役会の開催地のような**管理支配地**を判断基準としており，どの国に帰属するかの判断基準がお互いに異なると，二重課税を生じることになりますし，同じく属地主義によっていても，所得の源泉がどの国で発生しているかをめぐってそれぞれの国の判断が異なれば，二重三重に課税されかねない事態が生じます。

このような二重課税は，国際的経済活動の阻害要因となり，資本・技術・人の国際的流通を妨げるものであるうえ，租税回避行動に走らせる結果にもなります。そこで，各国の課税権発動の重複を避けるような調整手段として，租税条約が締結されています。日本も現在多くの国と二国間条約を結んでいますので，国際取引をする場合は，条約によってその相手国との間でどのような課税取り決めとなっているかに注意する必要があります。国際取引が広範に行われるにつれて，どの国との条約内容も同じであれば二重課税の危険は避けられるわけですから，先進諸国間条約についてのOECD（経済開発協力機構）モデル条約や，先進国と途上国との間の条約についてのUN（国際連合）ガイドラ

インに従って二国間条約が締結されるのが望ましいところです。

国際課税分野ではとくに，法人の租税回避手段として**タックスヘブン**ということがいわれます。不正行為によって租税の賦課徴収を免れる行為を租税ほ脱，税法上認められている特典を受けて租税の減免をはかる行為を節税といいますが，通常の取引形式と同じ経済的利益を得ながら通常とは異なる異常な形式を用いて租税負担を軽減・迂回する行為を**租税回避行為**といいます。通常の取引形式をとった者と同じ経済的結果を得ているものによる租税回避行為は，租税負担公平主義からみると不合理です。そこで，各国とも，これへの対策を設けています。タックスヘブン国とは，その国に登録した法人に法人税を課さない，所得課税しない，国外源泉所得に課税しないなどの税制をとる国をいい，先進国の法人はタックスヘブン国に子会社を設け，子会社を通して得た国際取引利益は親会社に移転せず，子会社に留めおくわけです。子会社は実は利益を留保するためだけの存在で会社としての実体がないペーパーカンパニーにすぎません。日本は，租税特別措置法で，子会社の株式の5パーセント以上を保有する親会社には，持ち株割合に応じて子会社の所得も親会社の所得に合算するという対策をとっています。

移転価格税制も，多国籍企業が通常の取引ではありえない低価格譲渡あるいは高額買い入れのような異常な取引で資産を移動することによって生じる租税の不公平な負担を防止するための税制です。租税特別措置法は，日本法人が株式の50パーセント以上を保有する特殊な関係にある法人との間でした取引の価格と通常の独立企業間取引価格との間に差が生じた場合は，損金に算入しないと定めています。

§4　租税手続法

1　租税行政の組織

内国税の賦課徴収を行う組織として，財務省の外局である国税庁，その地方部局である全国11カ所の国税局とその指揮監督下にある税務署があります。国

税庁には附属機関として，国税不服審判所という不服審査を行う専門組織と税務職員の研修機関である税務大学校がおかれています。関税の賦課徴収は，財務省内の下部行政組織である関税局とその地方機関としての税関が担当しています。地方税は，各地方公共団体ごとに長を補助する行政組織として都道府県なら税務行政部局以下が，市町村なら税務課がおかれているのが普通です。租税職員は公務員としての職務上の守秘義務のほかに，税務調査によって得た納税者の秘密を漏らしてはならない守秘義務も負い，違反者には税法上より重い刑罰規定を設けています。

2 税額決定

　納税者が税額算定の基礎となる事実にもとづいて税額を決定する制度を**申告納税制度**といい，わが国でもこれを原則としています。自主的申告のためには，申告の基礎となる事実を正確に記入した帳簿類を整備しておくことが前提となります。シャウプ勧告に従って帳簿の整備を推進するために青色申告制度が導入されたのは，このような事情が背景にありました。

　期限内に自主的な申告がないとき，課税庁が税額を定めることを決定といい，納税者がした申告が間違いである場合に課税庁が正しく訂正することを更正，再訂正を再更正といいます。申告納税者が自己に有利に訂正してもらう場合も更正といい原則として1年以内なら請求が認められます。納税者が帳簿類を全く備えていないとか，不正確な帳簿しかないとき，帳簿があるのに税務職員に見せないときには，課税庁が正確な税額を算定できないため，同規模同業者から得た平均的数値を用いたり，反面調査で得た資料にもとづくなど，帳簿類以外の資料をもとに税額を算定する推計課税の方法が認められています。青色申告者は正確な帳簿を備えている者なので，推計課税によることは許されません。

　このように正確な納税額を算定して決定，更正するためには，税務職員が必要な情報を入手するために調査をすることが不可欠で，**税務調査**において質問検査権が与えられています。納税者は調査に協力することを義務づけられ協力しないときは罰則を受けます。しかし，脱税犯に対する犯則調査が強制調査で

あるのとは異なり，納税者が拒否しているのに実力行使して室内に入って帳簿類を検査することはできません。税務職員の質問は，事柄の性質上強制できませんが，帳簿検査も任意の協力を限度とする調査と解されています。事前の通知は必要でないか，調査の理由を告げなければならないか，税務調査の必要があるときとはどういう場合か，申告期限前の事前調査が許されるか等など，税務調査の手続と実務とをめぐって議論が続いています（激しい論争が繰り広げられ，最高裁判決が示した基準をめぐって今日まで議論は決着をみていません）。

3　徴　　　収

　申告納税制度では，申告期限と納付期限は同じ日ですから，申告と同時に納税を済ませ，申告によらない決定，更正・再更正の場合は1カ月以内に納付しなければなりませんが，給与所得者の場合は給与支払者が毎月税額を給与から控除して代わって納付しているので，給与所得者本人が納付する必要はありません。事業所得者は年2回の予定納税制度をとっています。租税は金銭で納付するのが原則ですが，小切手や口座振込でもできますし，相続税の物納も許されています。

　租税を納付期限内に納付しないときは，50日以内に督促し，それでも納付しないときは，強制的に徴収する手続をとります。この強制徴収手続を滞納処分といいます。私人間の金銭貸借の場合，借り手がお金を返さないときは貸し手は裁判所で勝訴判決を得て，この判決にもとづいて民事執行法にもとづいて裁判所の執行官に相手の財産を差し押さえてもらい売却代金の中から債権分を取り戻すという方法でしか債権は回収できません。租税は国民や住民全体のための公共サービスの主たる財源なのですから，財源の早期確保のために，債権者にあたる国と公共団体は，裁判手続をとらずに税務職員によって滞納者の財産を差し押さえ公売にかけ換金するという強制的徴収が特別に許されているのです。この強制手続を定めているのは国税徴収法という法律で，この手続は地方税の強制徴収のほか，他の手数料等の強制徴収にも用いられています。

§5 租税争訟法

1 間違った徴税の訂正手続

国税通則法56条1項は還付金または過誤納付金があるときは金銭還付を，地方税法17条は過誤納付金は遅滞なく還付しなければならない，と定めています。ここで**還付金**とは，所得税の源泉徴収額や予定納税額が確定申告税額を超えているときの超過額などをいい，還付請求権は確定申告書提出時に成立すると考えられます。いったん確定した税額が減額されたため生じた減額分を**過納金**といい，確定税額を超えて徴収された租税を**誤納金**といい，誤納金は最初から法律の根拠を欠く徴税なので不当利得として還付を求めることができます。

2 不服審査と訴訟

租税行政に不服ある者は，国税ならばまずはその処分をした税務署長に異議申立てをし，その結果に不満足ならばさらに**国税不服審判所**に審査請求します。地方税に不服ある者は地方公共団体の長に異議申立てをすることができます。**この双方を不服申立てといい，行政不服審査法という一般法が適用されます。**ここにいう不服には，減額更正のように申立者にとって有利な決定は含まれないとされています。この申立ては，処分を知ったときから通常2カ月もしくは処分があったときから1年を超えればもうできません。違法状態の是正より税務行政の法的安定の方を重視するからです。異議申立ても審査請求も，書面によって行うのが原則ですが，申立人が希望したときは口頭で意見を述べる機会が与えられます。国税不服審判長は不服審査請求書に対する税務署の答弁書を提出させ，不服申立人はさらに反論書を提出できます。こうして不服審判長を間にして審査請求人と原処分庁とのやりとりによって絞られた争点について審判所が結論を出します。この間不服申立人は，原処分庁が提出した書類を，第三者の権利侵害の心配があるときを除いて閲覧することができますから，原処分の根拠となった資料を自分の目で確かめることができるわけです。異議申立

てに対する結論を決定，審査請求に対する結論を裁決と呼び分けていますが，不服審査の要件を満たしていないときは却下，不服申立てに理由がないときは棄却，申立てに理由あるときは，原処分を取り消すか変更します。決定または裁決は書面でされます。原処分を取り消し変更しない場合はとくに，結論にいたった経過と根拠を具体的に明らかにされねばならず，これが不十分であると，それだけで決定と裁決自体が違法になります。

国民ないし住民が国と地方公共団体による課税行為や滞納処分を争う訴訟は，その処分をした行政庁が被告になる行政事件訴訟に分類されます。通常の民事訴訟とはずいぶん様子が異なるので，適用される法律も，民事訴訟法ではなくて行政事件訴訟法になりますし，出訴期間といって，裁決から3カ月以内に訴訟を提起すればいいが，裁決から1年が過ぎればもう訴訟は起こすことができません。訴訟になると，課税要件や課税標準，推計課税の合理性については税務官庁に立証責任があります。訴訟の途中で処分のときとは異なる理由を処分が正しい根拠として主張できるかについては，税務訴訟の対象は税額の多寡であると考えればできますし，税務官庁のその税額決定の合理性の争いだと考えれば理由を変えれば処分が変わってしまうのでできないことになります。裁判所はできるという説をとっていますが，できないという説も有力です。

§6　租税処罰法

1　租税犯罪

　行政法は，法律を遵守させ，法律上の義務の履行を促す方法として，制裁を用意しています。**各種の租税法も，違反行為に対しする刑事罰と租税行政秩序維持のための秩序罰という制裁を用意しています。**

　戦前は，租税法違反者に科せられる罰則は罰金・科料という財産刑のみで，刑法総則はほとんど適用されませんでした。ということは，租税法違反者に対する処罰は刑法上の犯罪者の処罰とは性質を異にしていると考えられ，有力学説も，租税処罰の目的は，納税義務者が不正に義務を免れることによって国庫

に不利益を及ぼす事態を防ぐことにあると解していたのです。しかし，昭和22(1947)年以降，租税法違反者に自由刑も科されることになり，罰金額も定額主義から裁判官の判断に委ねることが許されるようになって，今日では，租税犯罪も，刑法総則が一般に適用される刑法犯罪とする学説がふえています。

租税犯罪行為には，脱税犯と租税危害犯とがあります。**脱税犯**とは，納税義務を免れることによって国の債権を侵害する犯罪行為で，行為ごとに，ほ脱犯，間接脱税犯，不納付犯，滞納処分妨害犯に分類されます。**租税危害犯**とは，租税行政の遂行を阻害する犯罪行為をいい，これも行為ごとに，無申告犯，不徴収犯，検査拒否犯等の調査妨害犯に分類されます。

① **ほ脱犯**　租税を納付する義務ある者が，偽りその他不正の行為により租税を免れまたは還付を受けた行為をほ脱犯といいます。所得税法238条・239条，法人税法159条，相続税法68条，消費税法64条，酒税法55条，地方税法72条の60など，多くの租税法で定められています。「ほ脱の意図をもって，その手段として税の賦課徴収を不能もしくは著しく困難ならしめるようななんらかの偽計その他の工作を行う」ときは，偽りその他不正の行為があったとみなされます。二重帳簿などの社会通念上不正と考えられる行為がこれになります。無申告がほ脱にあたるかどうかは，社会通念上許される範囲かどうかによりますし，所得をことさら過少に記載すれば虚偽申告としてほ脱行為になります。法定納税期限までに租税を納めないとき，犯罪が成立します。法定期限を過ぎて虚偽申告したときは，虚偽申告のときにほ脱行為あったことになります。

② **間接脱税犯**　関税や酒税などの租税は，その徴収確保のために，輸入や製造行為自体を一般的に禁止し許可を得た者にのみ行為を許しておき，交換的に租税を納入させる制度がとられています。その場合，許可なしに行為すれば間接的に納税を免れる結果になるところから，これも脱税行為です。

③ **不納付犯**　義務者である給与支払者や消源泉徴収費税納税義務者である事業者などの徴収納付義務を課せられた者が，納付期限内に納付しない行為をいいます。

④ **滞納処分妨害犯**　滞納処分の執行を免れる目的で財産を隠蔽・損壊す

る一種の脱税犯をいいます。

　⑤　**無申告犯**　正当な理由がないのに，納付期限までに申告書を提出しない行為をいいます。

　⑥　**調査妨害犯**　税務職員には適正な徴収事務に必要な情報を入手するため，質問検査権が与えられていますが，この質問に答えずあるいは虚偽の答えをし，検査を拒否，妨害し，虚偽の帳簿類を提出する行為は，租税秩序を乱す犯罪行為となります。

2　犯則調査と通告処分

　租税犯罪の調査には，専門知識と経験が必要であることや件数が多いこと等の特殊性に応じた特別の調査手続き上の工夫が求められます。このようなものとして現行制度上は，租税犯罪の調査権限を与えられた収税職員が犯罪捜査を担当すること，間接国税について制裁として通告制度が採られていることの二つがあります。ここで収税職員とは，直接国税については国税庁調査部の下位組織である国税局調査部所属の査察官を，間接国税については国税局調査官と税務署間接国税担当職員をさし，この捜査を犯則調査といいます。

　犯則調査も人の自由と財産を侵害する行為であるため，法律の根拠が必要で，この法律として1900年制定の国税犯則取締法があります。犯則調査は，収税職員が必要と考えたときにされる質問，帳簿類の検査などで，任意調査と強制調査があります。強制調査とは，拒否しても実力を用いてされる臨検，捜索，差押です。実力で家屋に立ち入るのですから，事前に裁判所の許可が必要で，かつこれを立会人に提示しなければできません。裁判所の許可は，憲法35条が刑事事件手続に求める令状に相当します。

　この調査の結果，直接国税の場合は，国税庁が犯則事実があると思うときは，直ちに告発します。犯則者に資力がないか懲役刑がふさわしいと思うときも告発します。告発の後は，租税行政庁の手を離れ，司法警察によって刑事訴訟法にもとづいて進められます。

　間接国税の場合は，国税局長，税務署長，税関長に報告されます。そして犯

則行為があったと思われるときは，その理由を明らかにしたうえで，罰金・科料相当額，没収品，差押物品の運搬・保管費用等を納付するように本人に通告します。これが**通告処分**です。通告処分を受けてこれを拒否したときまたは20日以内に納付しないときは，国税局長は告発しなければなりません。通告処分が間接国税の犯則事件に限ってとられている理由は，大量に発生すること，犯則の認定と立証が裁判手続を要するほど難しくはないことなどが考えられましょう。通告処分は，刑罰に代わってされる行政的制裁という性格づけをされ，娯楽施設地方税や軽油取引税の犯則事件にも準用されています。

第2編　行政法各論

V　行政と警察

§1　警察法

1　沿革：行政の一つとしての警察の観念

　警察という語は，フランスの police の翻訳といわれていますが，その意味は時代と共に変遷してきており，確定した内容をもっているとはいえません。まず，西欧で国家が統一され絶対的君主が登場すると，国家のあらゆる活動は警察といわれるようになります。しかし，自然法の影響のもと近代国家になると，市民社会と国家は分離され，国家の存立目的は市民社会の治安の維持という消極的な目的に限定されました。ここでは，警察活動は犯罪の取締りと秩序維持のための取締りをさしていました。

　学問上，警察は，**司法警察**と**行政警察**を区別し，さらに行政警察は，広義と狭義の行政警察を区別します。

　フランス法では，行政警察と司法警察を区別し，犯罪の捜査と犯人逮捕のための作用を**司法警察**といいます。これは，特定の犯罪に対して刑罰権を行使する刑事裁判の準備という司法権の作用であって行政権の作用ではありません。司法警察の根拠法は刑事法であって行政法ではないのです。日本の刑事訴訟法189条が，警察官は司法警察職員として職務を行うと定めているのは，司法警察と行政警察とは区別されることを示しているのです。

　ドイツ法では，司法警察とは区別された行政警察活動を，さらに保安警察と行政警察に区別し，もっぱらその作用のみで目的を達成でき他の行政作用を伴わない警察作用を保安警察といいます。保安とは公共の秩序維持であり，公安委員会，海上保安庁の活動のように，他の行政作用を伴わずもっぱらそれぞれ

§1 警 察 法

独立して与えられた権限を行使することで行政目的を実現します。これに対して，衛生警察，消防警察，交通警察，経済警察のように，特定の公益保護を目的とし，他の行政作用と結合して行われる活動が，狭義の行政活動です。

日本で，法令の中で最初に警察の語が用いられたのは，明治憲法時代の司法警察規則（明治7年太政官達14号）と行政警察規則（明治8年太政官達29号）でした。行政警察規則1条は行政警察を「行政警察の趣意たる人民の凶害を予防し安寧を保全するにあり」と定めているのは，司法警察と行政警察を区別して，近代国家の警察すなわち国家活動は公共の秩序維持に限られ，そのうち犯罪の捜査と処罰行為を除く国家活動の意味で用いられていたのです。

新憲法のもとで新たに定められた1954年の警察法2条は，警察の責務を「個人の生命，身体及び財産の保護に任じ，犯罪の予防，鎮圧及び捜査，被疑者の逮捕，交通の取締その他公共の安全と秩序の維持に当たること」としました。ここでは，司法警察も警察として広く解している一方で，交通の取締りを除いて狭義の行政警察を除外しており，これはイギリス法の警察の観念に似ています。ただし，この警察法は，国と地方の警察組織について定めた法律であって，警察作用の通則を定めた法律ではありません。したがって，この法律に定める以外の責務は公安委員会の権限には属しないというだけであって，他の行政警察法で権限を与えられているときは，これ以外の行政活動も警察活動となる余地がありますし，実際，そのような活動の方が圧倒的に多いのです。すなわち，警察法にいう警察の観念と行政法でいう学問上の警察の観念とは異なるということになります。

では，警察法の定める責務以外の行政活動が警察作用であるとする判断基準は何かというと，個別の法律で与えられた目的と手段が警察作用としての実質を備えているかどうかによります。

2　警察の観念

このように，**警察の観念は，警察法が定める国と地方の公安委員会の権限に限定されず，行政作用のうち警察の性質を備えた作用をいいますが，この警察**

の観念の要素は，公共の秩序維持という目的，権力的手段，法令の根拠の三つです。

　警察の目的は三つを挙げることができます。第一は，秩序ある社会生活に欠くべからざる前提と考えられる法秩序を違法な侵害行為から保護する公共の安全，第二は，国民の良識により発展的な社会生活に欠くべからざる前提と考えられる秩序規範に従うことをさす公共の秩序維持，第三は危険の防止です。そして，この警察目的実現のために命令し，国民の自由な意思と財産を侵害し，必要ある場合には実力を行使して強制し，義務違反者に刑罰を科すという強制的手段に訴えます。

　行政法理論では，このような強制的手段を用いる行政活動を権力的作用といいます。強制にわたらない手段が用いられる場合もありますが，警察活動は実力行使という性質をもちます。したがって，消防活動のため延焼のおそれのある建物を破壊する行為は，実力行使という手段に訴えるので警察作用ですが，同じ消防組織が水利施設を管理する行為は，実力の契機がないので警察作用ではありません。警察目的で用いられる実力の行使は，不意打ちでされるわけではなくて，法律・条例や行政庁によって下命・禁止という義務が課されており，この義務を履行しないときに，本人に代って義務内容を実現して危険を除去し行政目的を達成するわけですが，ここで用いられる実力行使を直接強制といいます。義務を課す余裕がない緊急事態であったり，そもそも義務を課す意味がないときにも，危険や秩序維持のためにされる実力行使は即時執行といいます。直接強制も即時執行も，実力を伴う典型的な警察活動であるだけに，どんな場合に行使することが許されるかは，法律で厳格に定められていなければなりません。

　警察活動は国の行政権の発動としてされるものですから，社会を構成するすべての人と法人を対象とし国籍を問いません。地方公共団体が警察権を行使するのは，国の行政権を法律で与えられているからです。したがって，個人や法人が所属するそれぞれの部分社会内部の秩序維持は，ここでいう警察作用にはあたりません。

V　行政と警察　　§1　警　察　法

　学問上の警察の観念に属さないけれども警察という語が用いられていたり，警察と混同されやすい行為との関係はどうでしょうか。
　民事上の法律行為の効果をめぐる規律は，当事者間および最終的には司法権の任務であって，警察の対象にはなりません。警察作用の対象となるのは，私人の行為が公共の秩序にかかわるときだけでその限りです。タクシー営業に免許制度をとって，運転技術と経験ある者に営業の自由を回復させているのは，交通秩序の維持のためであるので，無免許営業のタクシーの料金支払いは，当事者間の法律行為の効果にかかわるのですから，警察が取り締まる対象にはなりません。建築基準法違反の建築物についても，住環境維持のため取り締まるのですから，違法建築を理由とする紛争は警察取締りの対象ではなく民事裁判で解決すべき事柄です。ただし，警察取締法自身で，民事上の法的効果を認めないと定めている場合は，警察法規が民事法と結びついていることになります。
　刑事作用の直接の目的は特定の犯罪行為を処罰することによって犯罪の反復を予防することにありますが，自由と財産への侵害の程度が大きいため，裁判が確定するまでは刑の執行ができません。一方，公共の秩序維持のために取締りの効果をあげるために，営業停止や許可の撤回という下命が，警察行政では一般に用いられます。もっとも，強制的に履行することのできない性質の義務の違反者に対して取締りの効をあげるために罰則も設けられているときは，刑事作用も行政目的達成のための補助手段となります。
　経済規制は，単に個人の経済活動の自由を制約する消極的規制に止まらず，その直接の目的は経済的不平を是正し公共の福祉を実現するという積極的な政策目標から出たものである点で，消極的な取締りという警察とは区別されます。ただ，新薬の製造承認や消費者金融規制，公害規制等が，消極的な取締りか積極的な政策実現かは判断が難しいところです。現代の行政は，近代社会の公共の安全を図り危険を除去・防止するに止まる消極的な取締りを目的とする取締行政を超えて，積極的に公平で豊かな社会を実現するために社会に介入することを目的とする行政活動が求められています。したがって，法律による規制も，取締目的でされる規制と積極的目的のための規制とがあります。

警察規制とは、近代社会以来の公共の安全を図り危険を除去・防止することを目的とする権力的取締りをいい、危険物取締警察、交通取締警察、風俗取締警察、営業取締警察、保健衛生警察、医事・薬事取締警察など、市民生活は警察取締行政に囲まれているのです。

3　警察権の限界

警察活動は、消極的な秩序維持を目的とし、この目的達成のために人の自由を拘束し実力を用いるのですから、公共の安全と秩序の維持と自由と財産の保障との間でどう調整するかという「警察権の限界」は、重要な課題でありつづけてきました。

(1)　警察権の法的根拠

警察権の限界の第一は法治主義から直接導かれます。警察は行政作用の一つですから、行政作用の大原則である法治主義が妥当します。法治主義とは、国家活動として人の自由と財産を侵害できるのは法律に根拠がある場合に限るという近代国家の原則をいいます。憲法41条は国会を唯一の立法機関としていますから、法律の根拠がなければ警察作用は許されません。**憲法13条**は自由と財産権を基本的人権として保障し、公共の福祉に反しない限り立法その他の国政のうえで最大の尊重を必要とすると定めていますので、警察作用の根拠となる法律は、この公共の福祉の範囲内でなければなりません。

憲法13条の解釈については、①公共の福祉は価値概念であり、法律が公共の福祉に適合するか否かは立法機関の判断に委ねられているという見解と、②個人が内在的制約を超えて自由を濫用したときにこれを規制して社会秩序を維持するのに必要な限度で立法権を行使できるという見解とがあります。自由と財産の保障にも内在的制約があり、刑法犯はこの制約のうちで社会の構成員が当然と考えている典型的行為が自動的に犯罪と評価されるものですが、典型例以外の場合で秩序維持のため取り締まる必要あるときは法律でこの制約の限界を厳格に明文化すると解されます。この取締法を保安警察法ないし行政警察法といい、警察権発動の根拠法となります。ただ、将来発生するすべての事態に備

えて具体的に明確に法律だけですべてを定めておくことは避け難いところですし，あるいは法律内容を執行するために，行政機関が定める命令が必要です。法律が憲法違反にならない限りいかなる内容も定めることができるのに対して，命令は必ず法律の委任がありかつ委任された範囲内のことしか定めることはできません。この委任は，義務を課したり権利を制限する命令を定めるだけでなく，違反者に罰則を科す場合にも必要です。また，警察作用は，地方の事情に応じて行われるのが適切であることが多く，法律で一律に決めるよりも法律で細則を地方公共団体の条例に委ねることも行われています。

　国の法律とは別に，**憲法94条と地方自治法14条**は，地方公共団体が法律の範囲内でその地方のための法を定めることを認めており，地方公共団体は，憲法と法律に反しない限りで，その地方の秩序維持に必要な警察活動のための条例と規則を定めることができます。たとえば，風俗営業取締法や公衆浴場法などの法律は，法律の委任にもとづいて地方で施行するために条例が制定されている例ですが，この場合でも，委任されていない対象についても条例で規制すること（いわゆる公害規制条例による横だしの例）はできるとされています。公安条例や青少年保護条例のように，全国一律に規制する法律はないがほとんどの地方で条例が定められていたり，フグ取締条例のようにその地方固有の産業を規制する例があるわけです。法律で条例に委任するときは，条例違反者への罰則を法律で定めるか法律では上限だけを定め委任した条例に任せるかのいずれかですが，法律が罰則を定めていないときは，委任条例でも罰則を設けることはできません。法律がないところで固有の条例を定めるときは，地方自治法14条3項が「二年以下の懲役若しくは禁錮，百万円以下の罰金，拘留，科料若しくは没収」という罰則を独自に設けることを許しています。

　国家公安委員会と都道府県公安委員会は，権限事務に関して法律もしくは条例の委任があれば，規則を定めることができますが，実際に定められている規則は，職員の礼服・制服・表彰，勤務の基準，組織の細則などで，義務を課し権利を制限する内容ではありません。

　警察権の限界は，法律の根拠がない場合は発動してはならないというもので

すが，この場合に根拠となる法が組織法でもいいかという問題があります。**作用法**とは国民や住民に義務を課し権利を制限する内容の法のことで，**組織法**とはかような内容を含まない法をいいます。法治主義の要請は，権利自由の拘束は，国民代表議会の明確な表明である法律とその委任規定に留保されるというものですから，組織について定めた法律は法治主義でいう法律ではなく，したがって組織法を根拠にして権利や自由を拘束する権力作用は許されないことになりましょう。この問題は，警察官による自動車一斉検問の法的根拠をめぐって論争されています。

《判例》 最判昭55・9・22（刑集34巻5号272頁）
「警察法二条一項が『交通の取締』を警察の責務として定めていることに照らすと，交通の安全及び交通秩序の維持などに必要な警察の諸活動は，強制力を伴わない任意手段による限り，一般的に許容されるべきものであるが，それが国民の権利，自由の干渉にわたるおそれのある事情にかかわる場合には，任意手段によるからといって無制限に許されるべきものではないことも同条二項および警察官職務執行法一条などの趣旨にかんがみ明らかである。しかしながら……走行の外観上の不審な点の有無にかかわりなく短時分の停止を求めて，運転者等に対し必要な事項についての質問などをすることは，それが相手方の任意の協力を求める形で行われ，自動車の利用者の自由を不当に制約することにならない方法，態様で行われる限り，適法なものと解するべきである」

警察法は警察組織の一般法であり，警察官職務執行法は警察官の職務執行の態様を定めた作用法です。そして，自動車の一斉検問ができると定めた直接の定めはどの法律にもありません。しかし，最高裁判所は，相手方が任意に応じる限りは作用法上の根拠規定を必要としないとしました。この判決は，自動車を停止させるという自由を制限する作用は根拠法がなければできないという法治主義について，権力的でなく任意の範囲内でなされる場合は，必要とされる法律の根拠は手続法や行政作用の目的規定でも足りるという新しい考え方をとってもいいのかという問題を提起しています。

(2) 警察権の限界の原則

　法律に根拠があり，法治主義の要請に従っていても，根拠となる法の規定が一義的で明確でないことがあります。警察取締が発生するすべての危険を予め明確に定めておくことはとうてい無理であるため，現実にいかなる手段を選択してそれを用いるかどうかの判断の自由を与えているのが普通です。これを裁量といいますが，この判断の自由に対しては，行政法の一般法理として，次の四つの制約があると考えられています。

　① 警察消極目的の原則　　法令の定めるところにもとづいて警察権を発動するのは，社会の安全のため危険を除去して生命財産を守る目的実現のために限られ，積極的に社会福祉の増進の目的では許されません。墓地埋葬等に関する法律で墓地や納骨堂の経営を許可制としているのは，公衆衛生目的で取り締まっているのですから，この目的を超えて墓地経営者の保護のために積極的に規制することは許されず，もし，許可が経営保護目的でされているのならそれは警察作用ではなくなります。

　② 警察責任の原則　　警察権は，警察違反状態があるときに，違反について責任をもつ者に対してのみ発動することができるという原則です。警察違反の原因をつくった者には警察責任がありますが，発動される警察権の内容は，発生する危険を除去することに限られ，これを超えて利益を侵害することは許されません。この警察責任は，故意過失を問いませんし，自己の支配の及ぶ範囲について生じますから，たとえば自分が経営する店の従業員が違反行為をした場合も，従業員が処罰されるのとは別に，管理者として営業停止命令を受けることになります。

　警察違反状態となっている物の所有者・占有者はその物の支配者として違反について責任を問われますから，人に嚙み付いた犬の飼い主は警察責任を問われます。責任の主体は，人に限られず，法人，国，地方公共団体もなりえます。

　③ 警察公共の原則　　公共の秩序維持に関係ない事項について警察権を発動することは許されないことをいいます。公共の秩序に関係ない事項とは，個人の私生活，私住所，私法上の行為などです。ただ，社会は個人の集合ですか

ら，個人の保護が社会の安全になる場合，警察権の発動は許されます。泥酔者が車道に倒れて意識をなくしているような場合には，本人に身体を守ることを期待できないのですから，警察権を発動して警察署に保護することが許されます。また伝染病の蔓延を防止するという一般市民の健康予防のためなら伝染病棟に隔離することも許されます。

公共の場所では禁止される行為でも，個人の居住場所で行われる限りは警察が介入することは許されませんが，私住所内の行為でも，大音響で周辺の静穏を乱すときは公共の生活に影響を及ぼすので警察権の行使が許されます。

私住所でも公道に面してだれからも見られる場所は公共の場となりますし，不特定多数の人が利用する道路，公園などの公共施設や，駅，旅館など多数の客が出入りする建物の公開時間中は公共の場であり，警察権発動の場です。民事上の不法行為や債務不履行は，民事裁判上の保護に委ねられ，警察権発動は許されず，**民事不介入**といわれていますが，幼児や動物に対する虐待など軽犯罪法に定める行為は，警察権発動が許される意味での公共性を持ちます。

④　**警察比例の原則**　　比例原則とは，警察権の発動は，目的達成のために必要な限度内に限り，明文で許されている例外的場合を除いてはその限度を超えて自由と財産を侵害してはならないというもので，警察権発動の目的である障害とこれを除去するための権利侵害とが比例していなければならないのです。

危険が現に発生または確実に予測できるという明瞭な危険の切迫しているときでなければ，警察権を発動できず，用いられる手段も危険と比例していなければなりません。

警察活動の一般法である警察官職務執行法1条2項は「この法律に規定する手段は，前項の目的のため必要な最小の限度において用いるべきものであつて，いやしくもその濫用にわたることがあつてはならない」と，警察官の職務に際してこの比例原則が働くことを注意的に定めています。この原則の下で，警察権の発動は普通に考えて警察違反状態の発生が相当の確実性をもつにいたったときに初めて許されます。そして，公共の安全に対する危険の程度と用いられる権利自由の制限の程度とが対応していなければならないので，とるべき措置

が複数あるときには必要最小限の措置を選択すべきです。許可条件に違反した業者に対して，警告，営業停止，免許撤回のいずれの措置をとるかは，違反の程度と生じた結果に応じて選択されなければならず，両者の均衡を欠く措置は，比例原則違反として違法となります。

以上が警察権行使の限界としていわれてきました。しかし，今日では，この限界の判断が難しい場合があります。民事不介入原則を貫くと，暴力的な貸金取立て行為の取締りに警察が関与することにも消極的になりますが，目に余る暴力的取立てや明渡し強要行為の取締りを求める世論を背景に「暴力団員による不当な行為の防止等に関する法律」が制定されて，警察取締りができるようになりました。この例は，暴力行為が社会的危険に至っていると評価された結果ですし，「ストーカー行為取締法」も，私人間の紛争に警察権の介入が期待されてできた法律です。どんな場合に危険が切迫しているかは，事案ごとの判断が必要です。

§2　警察の諸活動

1　行政上の義務賦課：下命と許可

警察活動には，その法的性質によって，警察下命・禁止，警察許可，警察強制，警察処罰の別がありますが，警察義務を課す法形式は，警察下命と警察許可です。

行政庁がする法律効果をもつ行為のうち，作為を命じるもの，禁止という不作為を命じるもの，給付を命じるもの，受忍を命じるものを警察下命といいます。命令された者は義務を課されることになりますが，この義務は第三者に対して負うわけではないので，第三者が義務の履行を要求することはできません。たとえば，違法建築については，建築主事が違法建築個所を取り壊す建物除去命令を発することができ，建築主はこの命令に従って取り壊す義務を負いますが，隣人がこの義務の履行を請求できるわけではないということです。この例では建築取り壊しの費用がかかりますが，この損失は補償されません。人は本

来社会秩序をみだすべきでないことは権利内在的制約なのですから，社会秩序を乱した者が原状に復す費用を負担すべきは当然だからです。

　下命・禁止とならんで，警察許可という法律行為があります。あらかじめ法律で一律に禁止された行為について特定の場合にその禁止を解除して適法に行為する自由を回復させる行為をいいます。許可は，本来持っている人の自由の禁止を解除するのですから，とくに必要性がない限りは原則として必ず与えられます。警察許可の例として，自動車免許，建築確認，飲食店営業許可，質屋や旅館の営業許可，医薬品の製造承認など，実に多くのものがありますが，この許可は普通，本人からの出願を契機とし，登録証・免許証・許可証などの要式をもち，この書式によって公証するという手続がとられています。警察許可には，設備を新しくしたらとか，工事が終了するまでの間とか何月何日までとかの条件がつけられることがありますが，警察行政庁に判断の自由がない定め方をしているときは，このような条件をつけることは許されないと解されています。

　警察許可の法的効果は禁止の解除という自由の回復に止まり，あらたに権利や利益を設定するものでないので，許可があれば適法な行為と評価されるにとどまります。警察許可なしにされた民事上の法律行為も，民事関係は私的自治に委ねられている以上は法的効果があります。この点で河川敷きでの砂利採取行為に対する許可のような特別の者にのみ特別の使用権を認める行政行為とは全く性質を異にしています。ただし，建築確認を得ることを条件とする家屋の売買契約は，建築確認が得られない結果売買契約も履行できなくなるという結果をもたらすことはあります。消費者保護のためや自由な競争市場維持のためには，法律で無許可業者の取引行為は無効とすべきだという学説が近年有力に主張されていますし，そのような定めがなくても，民法90条のいう公の秩序または善良な風俗に反する法律行為にあたり契約の法的効果は認められません。

2　警察強制の手法

　警察目的達成のためには，義務を課すだけでは足らず，義務内容が実現され

なければならず，そのためには，相手の抵抗を排除してでも強行される必要があります。このように義務の履行を強制する方法が，警察作用には与えられています。この方法として，実力を行使する手法と，間接的な強制手法があります。**実力行使は，一番直接的で強力な手法ですが，自由と財産を侵害し比例原則を超える危険も大きいものです。間接強制にはこのおそれが比較的少ないけれども，そのぶん手法として十分な効果が期待できるとは限りません。**

(1) 代執行，直接強制，執行罰

明治憲法時代は，警察上の強制手法の一般法として行政代執行法があり，ここで三つの手法が認められていました。しかし，新憲法のもとでの行政代執行法は，直接強制は人権侵害のおそれが大きく，執行罰はあまり効果があがらないと考えられて，いずれも採用されず，代執行のみが強制手法と認められて，濫用のないよう手続が厳格に定められました。したがって，直接強制は，警察義務賦課の根拠法で履行手段として許されているとき以外は用いることが許されませんし，法律によってまたは行政下命・禁止で課した義務を，相手方が履行しない意思を確認してからでなければ発動できません。

執行罰は，代執行ができない義務の履行を促す手段として有効ではないかと，近年注目されています。税金や課徴金等の強制的な取立てには，国税徴収法に滞納処分という強制的な取立方法が定められていますが，ここにいう警察強制とは別です。

(2) 行政罰：行政刑罰と秩序罰

行政目的達成のために，義務の履行を促すためのいわば保険として用いられるものに，処罰という方法が考えられます。警察取締行政法が課した義務に違反しあるいは怠っているという過去の非行に対する制裁を行政罰といいますが，行政罰には行政刑罰と秩序罰があります。この他に懲戒罰と執行罰という制裁があります。

懲戒罰とは，公務員の懲戒処分のような特殊な部分社会においてその秩序違反者に科せられる制裁であり，執行罰は将来における義務履行を強制するための手段であるという違いがあります。義務を直接実現してしまう直接強制は

第2編　行政法各論

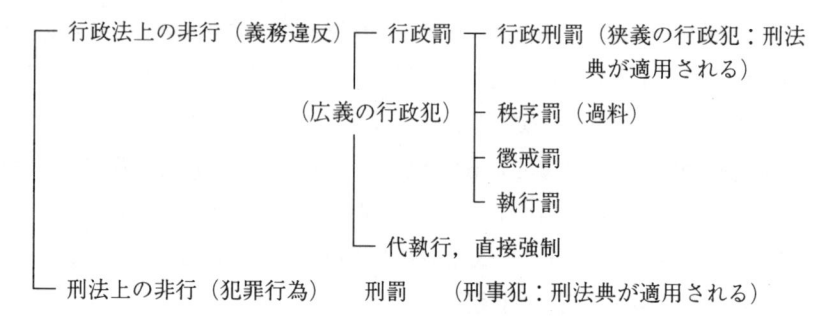

```
      ┌─ 行政法上の非行（義務違反）─┬─ 行政罰 ─┬─ 行政刑罰（狭義の行政犯：刑法
      │                             │          │             典が適用される）
      │                  （広義の行政犯）       ├─ 秩序罰（過料）
      │                             │          ├─ 懲戒罰
      │                             │          └─ 執行罰
      │                             └─ 代執行，直接強制
      └─ 刑法上の非行（犯罪行為）    刑罰   （刑事犯：刑法典が適用される）
```

「罰」ではないので，ここでは除きます。根拠となる行政法で刑法総則を適用しその手続は刑事訴訟法の定めに従うのが行政刑罰，刑法を適用せず行政法で個別の過料に処するのが行政上の秩序罰です。

　刑法学では，行政罰のうち同じく刑法典が適用される行政刑罰と刑罰との違いを問題にするのに対して，行政法学では，行政刑罰と秩序罰の両者を含めた行政罰と刑罰との違いを問題にしてきたために，議論に食い違いがみられました。

　たとえば行政法学では，刑事犯は「その保護が社会生活秩序の維持発展に必要な法益に対する直接かつ現実の侵害である」のに対して，行政犯は「社会生活秩序の基礎となる法益に対する侵害が間接的であり，又はその侵害の虞があるに止まる場合であるであるから，その禁止について警察法律の特別の規定を必要とする。」と考えます（田上穣治・警察法）。この行政法学説に対して刑法学説では，行政刑罰も刑事罰も反倫理的・反社会的行為という同じ性格のものであるから，原則として刑法総則が適用され特別の規定は必要とされていません。ただし，違法性の認識については，行政犯には明文で別の定めがない限りは必要とされると区別します。裁判所も，刑法8条の「他の法令の罪についても，適用する。ただし，その法令に特別の規定があるときは，この限りでない」を，「明文又は法令の規定の性質上，刑法総則規定の適用を除外することが，規定の目的を達するに必要な場合」と解して，明文なき限りは刑法総則を適用しています。秩序罰としての過料は，国が課す場合は非訟事件訴訟法206条以下に

より裁判所で，知事が課す場合は地方自治法149条によります。現行制度上，行政目的を直接達成できる強力な義務履行手段である代執行は法律に定めある場合に限定され，直接強制と執行罰はほぼ否定されていますから，残された間接的な強制手段である秩序罰と行政刑罰のうち，より威力ある行政刑罰を科す傾向になるのは当然でしょうし，両者が併用されることもあります。しかし，刑罰は個人の自由と財産を侵害する究極の制裁なのですから，その適用対象はできるだけ限定されるべきものです。行政法学説も，行政犯には，秩序罰を本来の罰とすべきと考えてきました。

では，行政刑罰と秩序罰との区別の基準をどこにおくべきかについてはいろいろな見解があります。行政目的を直接侵害するか行政目的達成に間接的に障害となる虞があるかで区別する見解によれば，規制値を越えた工場廃水行為は前者にあたり，無許可営業行為は後者にあたるといえます。この見解は反倫理性を重視していません。

一方，刑罰は反社会倫理的な非行を非難するものという伝統的な刑法の考えのもとでは対象は非行に限定されるべきという見解もあります。倫理的に無色な経済行為などは反社会性を帯びないので，刑罰を科してみても犯罪の予防になるかは疑問だからです。しかし現代社会では経済行為に対する行政規制法が増えているのですから，「刑罰による経済規制の有効性は，行為の反倫理性の認識よりはむしろ利益侵害の重大性の認識に依存し，規制によって得られる利益が被る不利益に優ることおよびその実感にかかっている」という見解があります。確かに，倫理性よりは憲法価値との比較が可能な利益を基準とし，利益侵害の重大性に，規制目的と目的達成のための他の手段と比較のうえで，行政刑罰と秩序罰を含めた他の行政目的強制手法との間で選択されるのが望ましいと思われます。

(3) 行政刑罰と二重処罰禁止原則

憲法39条の後半は，同一の犯罪について重ねて刑事上の罪を問われないと定めて，二重処罰ないし二重の危険を禁止しています。

行政刑罰と並んで秩序罰としての過料がありますが，この他にも条例上の秩

序罰，民事上の秩序罰，訴訟上の秩序罰としての過料がありますが，行政刑罰と過料，刑罰と過料，それぞれ併科することはこの原則に反しないというのが，現在の判例の立場です。その理由は，刑罰と秩序罰とは性格を異にすること，二重処罰の禁止は刑法上の刑罰と刑罰以外の制裁の併科には適用がないことにあるようです。前者については，過料の性質を刑罰とは異なるといい切れるかは疑問で，刑法は反倫理性非難と考えない見解をとると，そう明確には区別できなくなるという問題がありますし，後者については憲法39条の趣旨を刑事行政を含めて制裁の非合理的併科を禁止していると広く考えると，個別的判断が必要となってきます。

　最判昭39・6・5（刑集18巻5号189頁）は，住居侵入事件の法廷での証言を拒否した証人が，刑事訴訟法160条違反により過料に処せられ，後日さらに161条違反で起訴された事件で「刑訴160条は訴訟手続上の秩序を維持するために秩序違反行為に対して当該手続を主宰する裁判所または裁判官により直接に科せられる秩序罰としての過料を規定したものであり，同161条は刑事司法に協力しない行為に対して通常の刑事訴訟手続により科せられる刑罰としての罰金，拘留を規定したものであって，両者は目的，要件及び実現の手続を異にし，必ずしも二者択一の関係にあるものではなく併科を妨げないもの」と判示して，憲法39条後段に違反しないとしました。

　法人税のほ脱行為に対しては，刑罰としての罰金と本来の租税に付加して租税の形式で付加される重加算税が併科されることも二重処罰にあたるのではという指摘があります。判例はここでも，罰金は不正行為の反社会性ないし反道徳性に対する制裁であり，加算税は納税義務違反の防止という行政上の措置で，性格の違うものの併科は二重処罰禁止原則に反しないとしています。しかし，いずれも保護利益は同じなのですから，併科は憲法上問題があり，まず加算税を適用し，重大な税法違反については加算税を課さずに刑事手続に移行して刑罰のみを科すという法整備を望む声もあります。

(4)　公共サービスの拒否

　日常生活に不可欠な水道，電気は正当な理由がなければ供給拒否することは

できません。無秩序な都市開発を排除し快適な住環境を維持する都市行政のために，建築基準法や都市計画法などの法律や条例が制定されていますが，これらの法律や条例，行政指導に違反した違法建築者に対して，違法行為に対する制裁としてサービス拒否できれば，違反防止の効果は相当に高いはずです。しかしながら，それは水道法15条の「水道事業者は，事業計画に定める給水区域内の需用者から給水契約の申込を受けたときは，正当な理由がなければ，これを拒んではならない。」の規定にいう「正当な理由」にあたるでしょうか。

　法治主義の原則からすると，水道法は違法建築に対する制裁法ではないので，ここにいう正当理由とは，料金不払いのような場合にのみ限定されることになります。つまり，建築基準法違反以下の違法行為への制裁は別の法的根拠によって行われるべきなのです。ですから，給水を拒否された違法建築業者は民事上の契約を求める訴訟を提起することができますし，水道業者は，違法建築の程度が民法90条の公序良俗違反であることを理由に契約を拒否して争うことになるでしょう。要綱のような行政指導ではなく立法でこのような制裁手法をとることは可能と思われますが，その場合でも，時期や手続を厳格に定められなければなりません。行政指導もソフトな行政手法として有効な方法であり，最判昭60・7・16（民集39巻5号989頁，行政指導損害賠償事件）は，行政指導の目的と妥当性も重視して，相手方の不協力が社会的に許され得る客観的条件を必要とするとしています。

3　即時執行と行政調査

　そもそも相手方に義務を課す意味がない場合，例えば緊急を要するときや相手方がおよそ義務を課されたとしても自ら履行するとは期待できないとき，放置しておいては社会公共の危険を除去できませんから，警察がこれを除去するしかありません。ここには義務を命じる行為はありませんから法律関係の変動はなく，ただ事実として危険が除去されますので，このような事実行為を，行政法の理論では即時執行といいます。

　警察下命は，相手に義務を課す法的効果をもちますから，自由と財産を侵害

第2編　行政法各論

する行為には法律の根拠がなければならないという法治主義の原則によって，すべての警察下命には個別の法律で根拠となる具体的規定があります。そして下命をする際の手続を定める一般法として行政手続法があります。事実行為は法的効果はないけれども，即時執行は，実力を用いて直ちに自由と財産を侵害する行為ですから，法治主義の原則から，権限の根拠と発動の場所，手続について，厳格に法的根拠が要求されます。

(1) 即時執行

　不法滞在の外国人には退去強制が行われます。違法駐車の運転手が現場にいないときは警察がレッカー移動し保管しますし，違法に放置されている自転車も所有者不在のときは自治体が移動し保管しています。このような場合，法律で不法滞在や違法駐車をしてはならない義務を一般的に定めていることをもって，違反者には義務が課されていると解すると，退去や移動は本人に代って義務内容を実現する実力行使となり，行政法理論では直接強制ということになるでしょう。そうではなくて，特定の相手方に対する具体的な退去命令や移動命令は出されていないと解すると，義務を前提としないで行政目的を実現する即時執行です。多くの学説は即時執行と考えています。かつては，国民は先天的に警察義務を負うからとか民法刑法上の緊急権の法理を準用して，警察上の即時執行には具体的な法的根拠は必要でないとの考え方が支配的でしたが，今日の法治主義の原則のもとではこのような考えは基本的には否定され，実力を用いる即時執行には必ず具体的な法律の根拠がなければなりません。

　現在，即時執行についての一般法はありませんが，警察官による即時執行の法的根拠となる一般法として，警察官職務法があります。司法警察の職務遂行は刑事訴訟法の定めるところに従って行われますし，国税徴収法144条の捜索立会や商法390条の会社整理時の検査立会など，とくに警察官の職務を定めている個別法の定めによって職務が行使されることもあります。警察官職務執行法は，それ以外の，警察官が警察法で与えられている個人の生命，身体および財産の保護，犯罪の予防，公安の維持ならびに他の法令の執行等の職務を遂行するために必要な手段を定める法律で，警察官以外では自衛隊や海上保安官，

麻薬取締員による即時執行行為にも準用されています。司法警察として刑事訴訟法に従ってされる犯人逮捕は刑事目的であり、警察官職務執行法による犯罪予防行為は警察目的ですので、競合している場合にはいずれの目的でする行為か明確に区別しされないと、司法手続上違法となることがあるので、注意が必要です。この他にも、国会法による国会内の秩序維持活動、法廷等の秩序維持に関する法律による法廷内で行為者を拘束する行為、消防法による災害区域内での消防援助活動なども、本来の警察活動と区別される職務行為です。

　警察目的を実現するためには、実力を用いるだけでなく、任意の手段に止まる場合もあります。行政法上与えられた権限を行使すべきかどうかの情報収集として、任意の行政調査という手法がありますが、この質問、立入要求、同行要求、警告などの任意手段は強制の契機がないので、法治主義の原則が適用されず法律の根拠は全く不要だということにはなりません。警察官職務執行法にもとづく警察官の実力行為と任意行為が適法であるときは、適法な職務行為として、刑法上の犯罪にならず、民法上の不法行為にもならないうえ、相手方は刑法95条の**公務執行妨害罪**の適用を受けますから、この点からも、職務権限の法的根拠なしに自由に行えると解するべきではないでしょう。しかし、警察官による即時執行も、比例原則に反して必要最小限の範囲を超えるときは違法ですから、抵抗しても正当防衛と認められます。

　同法が定める即時執行が行われる事態と用いる手段の組合せは、任意手段としての質問・立入も含めて、次のようになります。

対象となる事態	→	とられる手段	→対象
犯罪に関係する異常な状態		停止，質問，同行要求，凶器検査，保護	対人
生命に関する異常な事態		保護	対人
犯罪による危険な事態		警告，制止，立入，武器使用	対人
天災・事変・雑踏による危険な事態		警告，引留，避難，緊急立入	対人
		（下線つきの手段は，強制手段）	対物

(2) 他の行政法上の即時執行

　警察官職務執行法以外にも、即時執行を許す行政法は多数あります。

① 精神保健及び精神障害者福祉に関する法律29条は，精神障害のために自身と他人を傷つけるおそれがあるときは，知事が強制入院させることを許しています。出入国管理及び難民認定法52条5項による不法滞在の外国人の退去強制のための収容は，本人に義務を課してその履行を期待できる性質のものではないことから，これも即時執行です。航空法73条の3第1項は航空機長に実力行使を認めています。飛行機の運行の安全確保のために航空機内での秩序維持権に必要な範囲で人の身体に対する即時執行権限が認められるのは，当然といえます。

② 旧憲法のもとでは，職務権限規定は，執行に必要なときは，明文がなくても当然に現居住者の意に反して立入ることまで認めていると解されていました。現憲法のもとでは，建築基準法12条4項や消防法4条1項による建物への立入検査はよく知られていますし，この他にも，店舗や工場内への立入りは，食品衛生法17条や風俗営業法6条による営業監督として，高圧ガス取締法62条による営業所立入りは危険物の保安目的で，電気事業法107条やガス事業法47条による公益事業監督として許す規定がみられます。いずれの規定も相手が正当な理由なく拒否したときは行政罰に処すとしていますが，意に反して強制的に立入ることまでは明文で許していません。そこで，立入拒否は処罰するという間接的な強制に止まり，実力で抵抗を排除することまでは許されないと解すると，いずれの立入りも即時執行ではありません。行政法学ではこの見解が有力です。緊急を要しかつ当事者に一任していては警察取締目的を達成できないときは，実力による強制立入りという即時執行が許させる場合もあるはずですので，明文で即時執行を許す場合の要件について詳細に定めておくことが望まれます。

③ 消防法29条は，消防活動のために建物を破壊するいわゆる破壊消防を許しています。また，食品衛生法17条1項や薬事法69条1項は，検査のための見本の無料収去，関税法86条は携帯品の留置という，財産への侵害を抵抗を実力で排除してすることを許していますが，いずれも即時執行にあたります。

(3) 行政調査

　すべて行政権の適切な行使のためには，正確な情報入手が不可欠です。この具体的な権限行使のための事前の情報入手活動が行政調査です。行政調査の方法には，報告，質問，立入調査があります。土地法の一部では，権限行使に必要な限度で強制立入を認めていますが，それ以外の調査について，現行では，拒否に対する罰則を設けて実効性を間接的に担保しているにとどまっています。

　報告すべきことが自己の刑事責任を問われるおそれがあるときにも報告しなければ罰則の適用をみるでしょうか。憲法38条は，刑事手続において自己に不利な証言を拒否できることを保障していますが，この保障に反しないでしょうか。道路交通法は**事故報告義務**を課していますが，最大判昭37・5・2（刑集16巻5号495頁）は，報告内容が事故の日時，場所，死傷者の数，程度，損壊の程度，講じた措置だけで，刑事責任を問われるおそれのある事項ではないとしました。しかし，通常は事故を報告すれば警察官の現場での事故調査に立会い聴取されるのですから，犯罪捜査の端緒にすぎないと言い切れません。ほとんど損害が発生していないとか警察官が事故情報を入手することが確実であるようなときには，報告義務が免除されるが，それ以外の事故では事故処理に必要な限度で報告義務が生じると考えるのが妥当と思われます。税務調査における**応答義務**についても問題があります。最判昭47・11・22（刑集26巻9号554頁，川崎民商事件）は，所得税法条の質問検査の拒否に対して刑罰が設けられているのは，刑事責任追及のためでないことを理由に憲法38条1項に違反しないとしましたが，議論のあるところです。

　消防法4条は，火災予防のために必要あるときは，建物に立入り質問する消防検査の権限を消防署長に認めています。同じく16条の5は，危険物の貯蔵または取扱いに伴う火災の防止のために必要なときは，市町村長に立入検査の権限を認めています。いずれも，火災の予防上必要があると認める場合または火災が発生したならば人命に危険であると認める場合には，改修，移転等予防行政上必要な措置を命じる権限を与えており，立入質問は措置命令を出すか否かの判断材料として必要な情報収集手段ですし，拒否には罰則が設けられていま

181

すが，即時執行までは許されていません。火災は近隣にも重大な影響を及ぼすことを考慮すると，任意調査にとどめていいのか疑問が残ります。

　警察取締行政のためだけではなく，健康で文化的な生活を支援する給付行政の実務においても，行政調査は普通に行われています。介護保険の要介護認定のためや，生活保護を支給すべきかどうかを決めるためには，申請を受けて，生活状態を調査する必要があります。生活保護法4条は，生活保護は「生活に困窮する者が，その利用し得る資産，能力その他あらゆるものを，その最低限度の生活の維持のために活用」してもなお不足する生活費用を国が補充するものとし，28条はこの調査のために必要があれば居住場所への立入を許しています。資産状況の調査のためですから，犯罪捜査目的ですることはできませんし，立入りの際には身分証明書呈示を求めています。この立入調査を拒否したからといって，社会の危険排除のために実力を行使する必要は生じないので，拒否されれば調査は断念しなければなりません。即時執行が許されないことはもちろん，罰則規定もありません。しかし，調査拒否したことは，保護申請を却下するかどうかの判断の際に考慮されますから，実質上制裁が課せられると言えるでしょう。

　住居への立入調査の必要性の判断は慎重であるべきで，時間帯，理由にも十分な配慮がされねばなりませんし，調査拒否を理由に申請却下する基準が明確でなければならないでしょう。

　行政調査を相手が拒否した場合，質問はその性質上，立入検査は抵抗を実力で排除して強行することまではできず，公共の自由と身体財産のために必要な調査であるときは罰則を設けて承諾を促すことになります。しかし，相手方が拒否しても，危険の除去や防止のためにその調査が不可欠であるときは，相手方の意思にかかわらず即時執行が許されるべきです。法治主義の原理からは明文規定がなければ，即時執行は許されないのですから，即時執行が許される場合についての判断基準を設けて明文化する法の整備が課題として残ります。

VI　経済生活と行政

§1　経済行政とは

1　資本主義経済と国家の介入

　自由主義理念のもとでは，社会生活における私的経済活動は，原則として，私的自治にもとづく市場原理に委ねられ，行政権の介入は，国家の安全・秩序を維持するために必要な最小限度（＝警察規制）に限定されるべきであると考えられます。しかし，市場原理に全面的に委ねられた近代の資本主義経済は，自由放任のゆえにその自律的な調節機能を喪失し，19世紀末に世界的な大恐慌を惹き起こしました。こうした資本主義経済が含む社会的矛盾を克服し，国民生活の安定と向上，ならびに国家経済の安定的発展を目指すためには，国家自ら積極的に社会の経済活動に介入し，それを適切に調整・誘導していくということが必要です。このように経済生活に対して国家が介入するという現象は，現代資本主義国家に見られる共通の特徴であり，その作用は，いまや「経済行政」という一つの独立した行政領域を形成するにいたっています。

2　経済行政の意義と沿革

　もっとも，わが国では，国家による社会経済への積極的介入は，いまだ資本主義経済体制が確立していなかった明治政府のもとに既に行われていました。ただし，それは，天皇主権による絶対主義的な統治構造を基礎とする「富国強兵」の国家実現を目指した殖産興業政策であり，鉄道・海運等の運輸事業を国家独占し，また鉱工業・製鉄業を官営化するなど，政府自らの経営が率いる産業育成を中心とするものでした。また戦時下にあっては，軍需産業を強化する

目的で，生産・流通・消費の全経済活動が国家による厳しい統制の下に置かれていました。現代の資本主義社会に展開される経済行政は，こうした戦前・戦時における国家の経済統制とは，その目的および内容において本質的に異なっています。

現代的意義での経済行政とは，**資本主義経済体制を基本としつつ，公正な取引秩序を維持し，および国民生活の安定・向上を図ること等を目的として，一定の経済政策の実現に向けて社会経済の過程に介入する行政活動**をいいます。すなわち，その特徴を挙げれば，第1に，**資本主義の経済体制を前提とする**ということ，第2に，**経済政策の実現に向けた積極的な行政作用である**ということ，そして第3に，**社会経済活動の全過程に対する直接的な介入である**ということです。

ところで，経済生活に対する行政の介入には，この政策実現のための積極的な規制（**政策的規制**）だけでなく，公共の安全と秩序を守るために行われる消極的な規制（**警察的規制**）があります。たとえば，生命・健康の安全・衛生，環境の保全，災害の防止等を目的として，有害な産業活動が規制される場合がそれにあたります。これらの警察的規制は，経済的観点からではなく，もっぱら社会的観点から必要とされる作用（社会的規制）なので，伝統的に「警察行政」の領域に属する問題として，経済行政作用とは一応区別されています。

3　行政の政策決定権と基本的人権

日本国憲法は，人権保障が完全ではなかった明治憲法とは異なり，国民の経済活動に関する基本的人権（経済的基本権）を保障しています。すなわち，憲法22条1項が定める職業選択の自由および29条が定める私有財産権をはじめ，13条の幸福追求権もまた，経済活動に関する基本権であるといえます。そしてこれらの基本権から，「営業の自由」なる観念が導き出されています。

しかし，これらの人権規定は，いずれも「公共の福祉」による制約を留保しています。**経済的基本権は，身体的基本権や精神的基本権とは異なり，それが著しく不合理と認められるのでない限り，公共の福祉の増進を目指した行政政**

策によって制限されうることを憲法上是認されているのです。

　公益性の考量については，行政権の第一次的な専門技術的判断が尊重される，というのが行政法学の大前提です。とりわけ経済情勢というのは，政治的，社会的ならびに国際的事情の変化に伴ってきわめて流動的に展開するものなので，経済行政の分野においては，社会経済の実態に即応した柔軟な政策決定と弾力的な権限の発動が必然となります。そのため，国会の制定する経済行政諸法律は，ただ規制対象や規制権限の大綱のみを定め，その具体的内容の決定については行政立法に委任し，また行政計画の策定に委ねる，という形をとっているのが一般的です。このように，経済行政においては，**政策決定権として行政の裁量が大幅に認められている**ことが顕著な特徴です。

4　経済行政の主体

(1)　国の機関

　①　**経済行政組織の多元的構造——ミクロ的視点**　経済行政を担う中心的な行政機関は，経済産業省です。しかし，経済過程は，単に産業活動と消費だけからなるのではなく，そこには金融，外交，運輸などきわめて多元的な要素が含まれています。そのため，経済行政の組織は，**各省の分担管理による複合的構造**となっています。すなわち，鉱工業，中小企業，市場管理，通商貿易，資源・エネルギー，技術開発などに関する政策については，経済産業省（中小企業庁，資源エネルギー庁を含む）が所管しますが，電気通信および放送事業関係については総務省（実施については郵政事業庁）が，財政および為替関係については財務省が，対外経済関係については外務省が，農林水産業および食糧関係については農林水産省（水産庁，林野庁，食糧庁を含む）が，運輸および建設事業関係については国土交通省が，それぞれ分担して所管しています（警察的規制を含めれば，さらに衛生管理に関する厚生労働省が加わります）。

　②　**経済行政の総合戦略機能——マクロ的視点**　このように，ミクロ経済の問題については，それを担当する権限が多元的に分割されていることから，行政の総合性を確保するために，一段上の立場から全体を調整する機能が必要

となります。その役割を果たしている機関が，**内閣府**です。内閣府は，経済行政事務に関する総合調整を行うほか，各省横断的な問題である消費者保護および物価政策を担当しています。

そしてさらに，マクロ経済政策については，国政の基本方針に関わる重要事項であることから，**内閣官房の総合戦略機能**（企画立案機能）に属するものとされ，その具体的な審議については，内閣官房の総合戦略機能を補佐する機関として内閣府に設置された**「経済財政諮問会議」**がこれを担当することとされています。経済財政諮問会議は，内閣総理大臣，内閣府に置かれる特命担当大臣（金融庁担当大臣，沖縄・北方担当大臣など），その他の関係閣僚，関係行政機関の長，ならびに民間の学識経験者によって構成された合議制の機関であり，内閣総理大臣およびその他の関係閣僚の諮問に応じて，または自主的に，マクロ経済政策の企画立案に関して必要な調査・審議を行い，および意見を具申することを任務とします（従来の経済企画庁の任務がこれに吸収されています）。

③　**審議会行政の廃止**　　従来，経済行政においては，その政策決定過程に各界関係者や学識経験者等から成る諮問機関（一般に「審議会」の名称で呼ばれています。たとえば経済審議会，産業構造審議会，運輸政策審議会など）を関与させ，政策の目標等について調査・審議し，その結果を最終意思決定機関である行政庁（各省大臣）に対して提言・勧告させる，という「審議会制度」が一般的に活用されてきました。しかし，審議会制度は，民意の反映というその本来の趣旨とは裏腹に，現実には，その答申が行政の責任逃れのための「隠れみの」として利用され，あるいは，各省ごとに設置されていたために縦割行政を助長する，といった難点を有していました。そのため，2001年の行政組織改革にあたって，審議会制度の抜本的見直しが行われ，とくに政策審議型のものは大幅に整理・合理化されることになりました。

これにより，これまで経済基本政策の審議を担当してきた審議会のほとんどが廃止され，その任務の大部分は経済財政諮問会議によって吸収されることになりました。現在もなお各省に存置されている経済関係審議会については，同

Ⅵ 経済生活と行政 §1 経済行政とは

会議の調整のもとに，相互の横断的な連携が確保されています。経済財政諮問会議は，多才な英知を結集させるために行政内外から人材を幅広く登用した組織なので，ここにおいて民意は十分に発揮されることが期待されています。

④ **経済法秩序の監視機関──公正取引委員会** また，独占禁止法を厳正に執行し，公正な経済法秩序を維持する機能は，「公正取引委員会」に委ねられています。その任務は，独占禁止法に違反する行為を審判し，それを排除することにあります。したがって，その権限の行使は経済活動の全般に及ぶため，中立・公正かつ高度に専門技術的な判断能力が確保されていることが必要です。そのため，公正取引委員会は，身分および職権行使について独立性を保障された「独立行政委員会」という位置づけで，内閣の補佐機関である総務省の外局として設置されています。

(2) **地方公共団体**

従来，中央行政は，地域振興政策において地方公共団体の経済行政に大きく干渉し，また農林水産業，商業および中小企業などの問題については，国の機関委任事務として包括的な指揮・監督を行ってきました。しかし，地方分権化の推進によって，平成11年の自治法改正で機関委任事務制度が廃止されたことにより，今日では，地域経済の振興などは原則的に当該地方公共団体の**自治事務**に属する事項となっています。なおも国の経済政策にもとづいて全国一律的に実施されることが必要な地域的事務については，**法定受託事務**という形で，地方公共団体にその処理が委ねられています。法定受託事務は，機関委任事務とは異なり，国の権限ではなく，あくまで地方公共団体の自治権に属する事務なので，地方公共団体はいずれにしても，**その地域における経済活動については，国の法令に反しないかぎりで，独自に条例を制定して規制・助成等の措置を講ずることができます。**

地方公共団体の経済行政は，原則として長の権限において執行されますが，農漁業の経済活動については行政委員会も執行機関となります。経済行政に関する地方行政委員会としては，都道府県に海区漁業調整委員会，内水面漁場管理委員会，市町村に農業委員会が，それぞれ設置されています（地方自治法180

条の5第2項)。

(3) 経済政策の実施機関

　経済政策の企画立案機能を担うのは，以上に述べた国および地方公共団体の行政機関ですが，その政策の実施に関しては，ほとんどが，本来の行政主体である**国・地方公共団体とは別の法人格を有する独立行政法人や特殊法人，第三セクターその他の公共団体**に委託されています。たとえば，産業基盤の開発整備，調査・研究，技術開発，物資の買入・売渡，補助金交付，融資，また国民生活に不可欠な物資または役務の供給に関する各種公共事業が，これら公共団体によって実施されています（本章§4「公企業の経営と公共企業の規制」参照）。

　このうち，とくに調査・研究および技術開発の事業は，従来主として国の業務として行われてきたため，その大部分が新たに設立された独立行政法人へと委譲されています（たとえば経済産業研究所，産業技術総合研究所，農林水産消費技術センター，農業技術研究機構など。ただし特殊法人にも，新技術開発事業団，宇宙開発事業団などの研究・開発機関があります）。その他の実施機能については，主に特殊法人や公共企業によって担当されています。なお，経済行政の実施機能を担う特殊法人には，**公団**（水資源開発公団，森林開発事業団，農用地開発公団，石油公団等），**事業団**（畜産振興事業団，中小企業振興事業団，糖価安定事業団，貿易振興会等），**公庫**（農林漁業金融公庫，中小企業金融公庫等），**金庫**（農林中央金庫，商工組合中央金庫），**特殊銀行**（日本開発銀行，日本輸出入銀行），**営団**（帝都高速度交通営団），**特殊会社**（日本たばこ，日本電信電話株式会社，東日本旅客鉄道株式会社，西日本旅客鉄道株式会社等）などの種類があります。

§2　経済行政の過程

1　経済行政の目的と経済政策の類型

　経済行政は，以下に掲げる行政目的のもとに，それぞれ具体的な経済政策を企画・立案し，それを実現するために国民の経済過程に介入する作用です。し

かし，これまで行政は，ともすると過剰に社会経済に干渉し，私人の経済的自由を不必要に束縛する一方で，特定産業界に対しては偏った利益保護を与えてきました。そのため，昨今の行政改革においては，経済活動への行政的関与を極力縮小ないし撤退し，基本的に資本主義市場の自主性・自律性に委ねるべく，**規制緩和による参入規制の撤廃・縮小**と**市場原理の尊重・導入**が推進されています。これにより，従来課題とされてきた以下に挙げる政策のうち，特定産業界の保護に陥りがちな個別産業振興的政策や，中小企業および団体支援的な政策については，今日では必要最小限度の内容へと縮小されています。

(1) 競争経済秩序の維持

　自由放任の資本主義体制では，経済的強者の独占によって公正な市場競争が阻害され，結果的に，自由な資本主義経済秩序の崩壊という社会的矛盾をもたらすことになります。そこで，国家権力が介入し，そのような独占を規制して公正な競争ルールを策定・整備するとともに，経済的弱者も対等に競争しうる市場環境を確保することが必要になります。

　この観点における行政権の介入については，**独占禁止法**（私的独占の禁止及び公正取引の確保に関する法律）が制定されています。同法は，「公正且つ自由な競争を促進し，事業者の創意を発揮させ，事業活動を盛んにし，雇傭及び国民実所得の水準を高め，以て，一般消費者の利益を確保するとともに，国民経済の民主的で健全な発達を促進すること」を目的とし，「私的独占，不当な取引制限及び不公正な取引方法を禁止し，事業支配力の過度の集中を防止して，結合，協定等の方法による生産，販売，価格，技術等の不当な制限その他一切の事業活動の不当な拘束を排除する」ことを定めています（独禁法1条）。競争経済秩序の基盤を形成・維持することを目的とするものとしては，この独占禁止法を中心とする**競争政策**のほか，中小企業の競争力を支援し，また新規産業が進出しやすい環境を整備するための**中小企業政策**があります。ただし，中小企業政策の内容は，今日では，産業構造改革との関連において新規産業の進出を支援することへと重点が移行され，中小企業の偏った利益保護に陥りがちであった中小企業保護的な施策は，先述のとおり大幅に縮小されています。

(2) 国民生活の安定・向上

競争経済の秩序が維持されているとしても，国民生活はそれだけでは必ずしも安定されるとは限りません。社会生活に不可欠な物資・役務については，事業の営利性や効率性，あるいは経済情勢の変動などによって影響されない，適正かつ継続的な供給が確保されなければなりません。そこで行政は，国民生活の安定・向上を直接の目的として，物資や物価，貿易，公益事業などに関する私的経済活動の規制を行うほか，後述のように（本章§4参照），自らもそれら生活必需的な物資・役務を提供する事業（公企業）を営むことにより，良心的・安定的価格を維持すると共に，供給の公平・継続性を確保して需給の調整を図っています。

(3) 経済の安定的成長

経済行政の課題は，市場の競争秩序を維持し，国民生活の安定・向上を確保するということだけでなく，それと同時に，よりマクロ的な視点から**国家経済そのものの安定性ある成長**を目指して，特定産業の振興を図り，あるいは産業構造の調整・転換を行うことにも向けられています。この後者の課題における経済政策は，一般に「**産業政策**」と呼ばれています。産業政策には，各産業界の安定した発展を助成・保護することを目的とする**個別産業振興政策**のほか，成長産業への投資を誘導し，特定産業部門の縮小と他の産業部門の拡大を図るといった，産業構造の転換・調整を推進することを目的とする**産業構造政策**があります。

(4) 国際経済秩序の形成・整備

現代社会の経済生活は，国内市場だけでなく，国際市場にも大きく依存しています。しかし，国際経済の問題は，経済行政のみの一元的問題ではなく，その基幹的な部分はむしろ外交行政の領域に属しているといえます。したがって，対外経済政策および国際経済協力政策は，経済行政における経済政策としてではなく，外交政策の一環として企画・立案されています。ただし，**公正な通商・貿易ルールを整備し**，および，**国際的な産業調整を行う**ことは，競争市場秩序を維持・整備すると共に，国民生活の安定・向上を図ることを課題とする，

経済行政の任務であるといえます。いずれにしても、この**通商・貿易政策**は、対外経済の円滑な発展を推進するものであり、対外経済政策とは相互に密接な連携関係にあります。

(5) 消費者保護

最後に、国民の経済生活それ自体の安定・向上という観点とはまた別に、消費者の法的地位の強化と消費生活の安全確保を直接の目的として行われる、**消費者保護政策**が挙げられます。1962年に「不当景品類及び不当表示防止法」および「家庭用製品品質表示法」が制定されたことに始まって、消費者保護の重要性に関する認識が深まり、1968年には「消費者保護基本法」が制定されました。その後、さらに「消費生活用製品安全法」、「生活関連物資等の買占め及び売惜しみに対する緊急措置に関する法律」が設けられるなど、消費者保護政策はしだいに重要な位置付けを与えられてきました。そのため、この問題は、今日では、「消費者保護行政」という行政法学の一つの独立した各論分野を形成するにいたっています。「消費」は経済過程を構成する一要素なので、消費者保護の問題も、広義においては経済行政の作用領域に含まれるのですが、その直接的な目的および機能の異質性から、現在では経済行政一般論とは別に論じられる傾向が見られます。

2 経済政策の具体的決定——行政計画の策定

経済行政は、必ず一定の経済政策にもとづいて行われますが、この政策は、行政立法（政令・省令）の法形式によるほか、より個別具体的な目標と施策の内容については、主として行政計画の法形式によって定められます。経済計画は、総合的・長期的なマクロ計画と、個別産業ごとのミクロ計画とに区別されます。

(1) マクロ計画

マクロ計画は、**国政の基本方針として内閣の総合戦略機能を通じて設定される、一定期間内において達成されることが望ましい全体の努力目標**です（全国総合開発計画、社会経済発展計画など）。これは、もっぱら時の政府が経済予

測にもとづいてその基本方針を示すものにすぎず，法律上は，組織法である内閣法上の権限事務規定（内閣法12条2項「内閣の重要政策に関する基本的な方針に関する企画および立案ならびに総合調整に関する事務」）がその根拠となっているのみなので，**対外的な法効果は有していません。**

(2) ミクロ計画

これに対し，**ミクロ計画は，個別作用法にもとづいて策定されるものであり，単なる目標設定にとどまらず，特定の産業活動に関する具体的な行政措置の基準を示しているのが通常**です。たとえば，許認可や行政指導の権限を行使する基準が示され（石油業法にもとづく石油供給計画等），業務の内容が決定され（電源開発促進法にもとづく電源開発基本計画等），あるいは事業の地域や資金助成の対象事業が特定されたりします（地域産業の高度化に関する集積促進法にもとづく集積促進計画等）。行政計画というのは，原則として，それ自体が直接私人に対して具体的な法効果を生ずるものではありませんが，**ミクロ経済計画に示された基準が，私人の経済活動に関する行政処分その他の公権力行使の客観的基準となる**のです。

なお，ミクロ計画の策定にあたっては，単なる抽象的な指針を示すにとどめ，代わりに個々の事業者に「実施計画」の作成を義務づけて，事業の目標・内容の具体的設定をそれぞれの事業者のイニシアチブに委ねる場合があります。この場合には，行政庁の策定するミクロ経済計画は，事業者の作成する実施計画の認定基準となるにとどまります。行政の計画化は，現代的傾向として見られる現象ですが，計画の策定にあたってこのように私人の自律性を第一次的に尊重するという方法は，とりわけ経済行政に特徴的な制度であるといえます。それは，経済行政が，あくまで私的経済活動の自由を前提としつつ，その自由が惹き起こす社会的矛盾を克服して国民生活の安定した発展を図るために，私人の経済活動を一定の方向に誘導することを趣旨とするものだからです。

3　行政関与の態様
(1)　公権力的介入と公企業の経営

　社会経済に対する行政の関与には，大きく二通りの形態があります。一つは，公権力の主体という立場から，種々の規制または助成措置を通じて，私人の経済活動を行政政策の実現に向けて誘導するという方法であり，もう一つは，私人と対等の立場において，行政自ら取引過程内部の一主体として経済活動を営み，それにより一定の経済政策の実現を図るという方法です。

　前者は，経済行政のあらゆる目的ないし政策に関する手段とされますが，後者はもっぱら，国民の経済生活または産業活動を支える基盤として必須不可欠的な物資・役務に関し，その安定かつ一律公平な供給を確保することを目的として選択される方法です。この後者の形態において国または地方公共団体が直接に営む事業を，講学上一般に（狭義の）「**公企業**」（国営企業，地方公営企業）と呼んでいます。

　ところで，かつて国家の独占的経営権に属すると考えられてきた公益事業は，産業社会において資本の蓄積が進むにつれ，しだいに，国家とは別の法人格を有する公共団体へと委譲されるようになりました。それが，いわゆる「**特殊法人**」です（公団，事業団，公庫，金庫，特殊銀行，特殊会社，営団など）。しかし，その事業活動は社会公共の福祉に直接関わるものであることから，戦後に発展された社会国家観ないし福祉国家観のもとに，この特殊法人は，国家の全額または一部出資によって設立され，また業務運営にあたっては，国の強い監督を受けるとともに特権を与えられ，自由競争市場の外でその独占的経営の保護を受けるものとされてきました。このような国家的関与の強さから，特殊法人は，国および地方公共団体からは独立した法人格であるとはいえ，それに準ずる**特殊行政主体**あるいは**政府関係法人**と一般に捉えられています。したがって，多くの見解は，これもまた広義においては公企業に含まれるものと解釈しています。

(2)　公権力的介入の態様——経済活動の政策的誘導と公共企業の統制

　しかし，その後，特定の公益事業（航空事業，電力・ガス供給事業，鉄道事

業，バス事業など）の経営権が，民営の企業に対しても，特殊法人と同様に，国の監督権を留保しつつ，市場競争原理の適用を受けない独占性を有する特権として与えられるようになりました（いわゆる「**特許企業**」）。そして，さらに今日では，1980年代後半から世界的な潮流となって現れた規制緩和の思想により，これまで公企業や特許企業の独占的経営に属してきた公益事業の部門にも，市場原理の原則的導入が促進されています。こうして公益事業部門に参入してきた民間の経済主体を，公企業とは区別して，一般に「**公共企業**」と呼んでいます。

このように，従来は行政主体が公企業の経営という方法により営んできた機能が，いまや広く民間の公共企業によっても担われるようになったため，社会経済過程に対する行政関与のあり方は，今までとはいくらか異なった切り口で考察されることが必要となりました。すなわち，行政の公権力的介入は，単純に一定の政策目標の実現に向けて私人の経済活動を誘導することにとどまらず，国民生活の安定・向上に必需的な物資・役務を供給するための公共企業の事業活動に対しては，一般の産業活動とは異なる態様の統制を行っていくことが必要とされます。そこで以下では，経済行政の具体的作用を，私人の経済活動の誘導に関するものと（§3），公益的な物資・役務の供給に関するもの（§4）とに区別して見ていくことにしましょう。

§3 私的経済活動の誘導

1 誘導の手段

経済活動の誘導は，権力的な規制行為を中心とし，これを補う形で，義務履行確保のための手段や非権力的な助成・指導などの行為を連携させることによって，実現されています。

(1) **権力的手段**

① **行政行為**　まず公正な競争経済秩序を維持する目的においては，有害な行為を排除するために「**下命**」（独禁法7条にもとづく不公正な取引制限の排除措置

命令，電気事業法31条にもとづく改善命令など）や「**禁止**」（輸出入取引法28条4項にもとづく輸出停止命令，独禁法20条にもとづく不公正な取引方法の差止など）を課し，また法令によって一般的に課されている禁止を一定の要件のもとに特定の者について解除する「**許可**」の手段が，主として用いられています。

なお，ここにいう経済行政上の許可は，社会一般の秩序・安全を維持することを目的とする消極的規制としての「**警察許可**」とは，その法的性格づけにおいて区別されています（公共企業の許可については，本章§4参照）。等しく経済活動に関する許可であっても，たとえば風俗関連の営業行為や薬局の開設に関する許可などは，社会風紀や安全衛生上の観点から課されている一般的禁止を，社会秩序への障害がないと認められる一定の場合に特別に解除するものであり，警察行政上の規制に属します。これに対し，**経済行政上の規制に属する許可とは，政策の実現に向けて経済活動を計画的に調整することを目的として行われる，積極的性質の規制**です（警察許可と区別するために，これを「**計画許可**」と呼ぶことがあります）。たとえば，需給の調整や小売商間の過当競争による共倒れの防止などを目的とするものが，これに属します（石油業法4条にもとづく石油精製業の許可，小売商業調整特別措置法3条，卸売業法10条にもとづく営業許可など）。

この他，「**届出**」（大規模小売店舗立地法5条，割賦販売法19条など），「**登録**」（卸売業法43条，旅行業法3条など），「**認可**」（道路運送法8条・12条，ガス事業法17条など）の方法によって経済活動が規制される場合もあります。

② **行政上の強制執行と制裁**　経済行政法令または行政行為によって課された代替的作為義務の違反に対しては，行政代執行法の定める要件のもとに，代執行が行われます。また，経済行政法令において，違反行為に対する罰則規定が設けられていることも少なくありません。それにより，懲役・罰金等の行政罰が科されるほか，許認可の取消や課徴金などの制裁が加えられることがあります。

(2) **非権力的手段**

① **行政契約**　産業振興や技術開発の促進，あるいは一定の政策目標に向

けた経済活動の誘導を目的とする融資・利子補給などの資金助成は，規制ではないので，非権力的な行政契約の方式によって行われます。ただし，国の補助金交付については，立法政策により，契約ではなく，特別に行政行為による法律関係として構成されています（補助金適正化法6条）。

② **行政指導**　以上の正式な法行為に加え，事実行為である行政指導（助言・勧告・指導・指示など）の手段もきわめて多用されています。経済行政は，私人の原則的に自由な経済活動を一定の政策目的の実現に向けて誘導することを狙いとするものなので，他の行政分野に比較して，行政指導がその最も効果的な意義を発揮している分野であるといえます。

行政指導は事実行為なので，作用法上の具体的根拠は原則として不要であるというのが一般的な見解ですが，経済行政法令には，あえてこれを明文で定めているものも少なくありません（事業活動調整法7条・9条，石油業法10条・15条，砂糖の価格安定に関する法律13条など）。行政指導は，あくまで相手方私人の任意の協力を要請するものにすぎないので，法的拘束力がないのはいうまでもなく，事実上の強制力を持つことも禁じられているのですが（行政手続法32条），法定されている行政指導については，一定の法的効果が与えられている場合があります（独占禁止法48条4項，大規模小売店舗立地法7条・8条，下請法7条・8条など）。

2　規制の類型

私人の経済活動に対する規制は，対象の違いに応じて，すべての経済活動を対象とする**一般規制**，特定の産業部門を対象とする**産業規制**，および物価・融資など経済過程における特定の事業活動を対象とする**事業活動規制**に分類されます。わが国の経済行政においては，このうちの産業規制を中心とし，それに付加する形で事業活動規制を行うという体系がとられています。全産業部門に関する一般規制としては，僅かに独占禁止法にもとづく規制措置，および内閣府の所管に属する消費者保護政策にもとづく規制措置が存在するのみです。したがって，以下では，その主要な産業規制と事業活動規制に関する内容を説明することで十分でしょう。

(1) 産業規制

　産業規制とは，特定部門の事業が国民の経済生活の安定・向上に重大な関わりを有するために，その営業の開始や業務運営などについて，行政庁が強力な規制・監督作用を及ぼすことをいいます。これには，特定産業の安定的成長を図ることにより，その経済的効果を通じて間接的に国民生活の安定ないし向上を確保することを目的とする「**政策的規制**」と，国民の経済生活に密接に関わる公益的な事業活動について，特別な権利を賦与してその経営を保護するとともに，事業の休廃止や運営の自由に制限を加えることによって，直接的に国民生活の安定・向上を図る「**公共企業規制**」があります。

　政策的規制は，今日では規制緩和によってその対象および内容が大幅に廃止または縮小されています。しかし，エネルギー，武器，航空機の製造など，その性質上，国家が需給の調整を図りつつ産業の安定を確保する特別の必要がある事業活動は，依然として事業開始に関する許可制ないし登録制，生産計画の作成義務，行政庁による変更勧告・命令，価格指導などの各種規制のもとに置かれています（石油業法，航空機製造法，武器製造法など）。とりわけエネルギーの精製は，過去のオイルショックが示したように，国際的な資源問題に関わり，しかもその供給が絶たれた場合には，あらゆる産業部門が活動の基盤を失われ国民の経済生活そのものが崩壊する危険のある，きわめて重要な産業部門です。したがって，国家がこれに介入して，その適正な需給調整を図るとともに，他方では，限りある天然資源の消耗をできるだけ抑えるために代替エネルギーの開発・導入を促進するなど，長期的・安定的なエネルギー供給の確保に努めるべきことは，必然の要請であるといえます。

　もっとも，エネルギー産業に対する規制は，単なる経済行政の領域にとどまるものではなく，現代ではむしろそれによる地球環境破壊の問題が深刻であり，環境保全行政との密接な連携関係にあるといえます。そこで，エネルギー規制の問題については，一般の産業政策とは別に，環境保全の観点を同時に考慮した各種エネルギー政策（省エネルギー，新エネルギー開発・導入，再生エネルギー促進など）が個別に設けられ，経済行政の一要素でありながらも，それか

らはある程度独立した「**エネルギー行政**」という独自の作用領域が形成されています（固有のエネルギー政策に関する制定法として，石油代替エネルギーの開発及び促進に関する法律，エネルギーの使用の合理化に関する法律，核原料物資・核燃料物資及び原子炉の規制に関する法律，エネルギー等の使用の合理化及び再生資源の利用に関する事業活動の促進に関する臨時措置法など）。また，エネルギー問題を専門に取り扱う資源エネルギー庁が設置されています。

このほか，中小企業保護政策にもとづく産業規制が挙げられます。これも，規制緩和によって今日ではかなりその内容が縮小されましたが，経済生活の安定を維持するために必要な限度において，なお若干の調整的関与が行われています（中小企業の事業活動の機会の確保のための大企業者の事業活動の調整に関する法律，大規模小売店舗立地法，小売商業調整特別措置法など）。

もう1つの類型である公共企業規制については，後掲の公企業に関する箇所で詳しく論じることにします（本章§4参照）。

(2) 事業活動規制

事業活動規制とは，基本的には事業者の自由な経済活動を認めつつ，その一部の局面が国民生活の安定および向上に重要な影響を及ぼしうるために，その部分についてのみ事業者の自由に干渉する作用です。これには，主に以下のような内容があります。

① **物資規制** 経済の全過程に対して国家の強力な統制が及ぼされていた戦前，ならびにそれに加えて物資の不足が深刻であった戦時下における前資本主義経済体制とは異なり，今日では，物資の生産・流通は原則として自由な市場取引に委ねられています。ただし，日本人の主要食糧である米穀・麦類は，その供給と価格の安定を確保する特別の必要があることから，**食糧管理法**による一般的規制に服しています。たとえば，米穀については，農林水産大臣が年度ごとに定める米穀管理基本計画にもとづいて需給調整が図られ（食糧管理法2条の2），政府による強制買上げと販売業者への売渡しの制度が認められているほか，卸売・小売業の営業について許可制を採用するなどの規制が施されています（同法3条・4条・8条の3）。また，米穀・麦類のいずれについても，その

Ⅵ　経済生活と行政　§3　私的経済活動の誘導

輸出入取引および価格決定は政府の統制のもとに置かれています（同法10条・11条）。

このほか，国際的な資源問題や買占め・売惜しみなどによって異常な物資不足がもたらされた場合にも，国家が介入して緊急の規制を施し，その物資の需給調整を図る必要があります。そのような緊急時の物資規制を定めた法律として，**国民生活安定緊急措置法**および**生活関連物資等の買占め売惜しみに対する緊急措置に関する法律**が制定されています。

②　**物価規制**　物価の規制は，それ自体を直接の目的として行われる場合のほか，総需要管理政策や輸入政策などの他の経済政策を通じて間接的に実現されています。まず物価一般に関する規制としては，**物価統制令**があります。これによれば，主務大臣が，「給付の対価たる財産的給付」に関する公正価格（統制額）を指定することができ，それを超える取引が禁止されうるほか，暴利行為，不当な抱合せ販売・負担付取引，不当利得を目的とする買占め・売惜しみなどの行為が禁止されています（物価統制令2〜4条・9条の2・10条・12条・14条）。

個別的な規制としては，運賃や水道料などの**公共料金に関する認可制度**（道路運送法8条，地方鉄道法21条，航空法105条，海上運送法8条，水道法7条，ガス事業法17条，電気事業法19条など）や，地代・家賃に関する**地代家賃統制令**による規制があります。また，緊急的な規制として，先述の異常な物資不足に対処するための**国民生活安定緊急措置法**が，同時にそれに伴う異常な物価高騰を防ぐために，主務大臣による標準価格の決定（同法4条）ならびに標準価格その他妥当な価格による販売の支持（同法7条）などを定めています。

このほか，供給が需要を過剰に上回り価格暴落を招いた場合において，当該産業を保護し以後の供給の安定を確保するための価格統制措置として，農産物の政府買入れ（農産物価格安定法2条以下）やカルテルによる価格協定の認可（輸出入取引法5条，砂糖の価格安定等に関する法律16条）などの制度があります。

③　**国際取引規制**　今日，社会の経済活動は，国内外の市場で幅広く展開されています。そのため，国内経済の秩序維持と安定的発展のためには，国内

199

取引だけでなく，国際的な取引活動についても一定の規制を施す必要があります。国際取引に関する規制は，主として**外国為替及び外国貿易管理法**（以下「外為法」）によって行われています。

外為法による規制の内容は，**輸出入規制**，**為替規制**および**外資規制**に大別されます。輸出入規制としては，まず輸入に関し，貨物一般について，政令により経済産業大臣の承認を受ける義務を課すことができるとされ（外為法52条），輸出に関し，政令で定める特定種類の貨物，特定仕向地に対する貨物，および特定の取引方法による貨物について，経済産業大臣の許可を必要とし，または承認を受ける義務を課すことができるとされています（同法48条）。許可または承認を要する貨物や仕向地については，輸出貿易令が具体的に定めています。このほかにも，輸出入取引法，輸出保険法，輸出検査法によって，種々の輸出入行為の規制が行われています。

外国為替の規制としては，財務大臣による基準外国為替相場の決定（外為法7条），為替取引における支払の規制（同法16条～19条）があります。しかし，規制緩和により，かつての外国為替業務および両替業務に関する認可制は廃止されました。

また，外資規制には，外国投資家による対内直接投資に関する報告制または届出制，日本居住者による対外直接投資および特定の資本取引に関する許可制または届出制，投資内容・取引内容に関する所管大臣による変更または中止の勧告・命令などの規制があります（同法20条～30条）。

④　**金融規制**　以上のほか，資金流通の調整による経済統制の方法があります。主要なものは，臨時金利調整法にもとづく金利規制であり，日本銀行政策委員会が金利の最高限度を決定する権限を与えられています（同法2条）。

§4　公企業の経営と公共企業の規制

1　公企業の意義

公企業とは，**行政主体が直接に経営する，国民の経済生活ないし産業活動に**

とって必要不可欠な物資または役務を提供する収益的事業をいいます。狭義には，本来の行政主体である国または地方公共団体が自ら直接に経営するもののみを指し，広義には，特殊行政主体である特殊法人や独立行政法人の経営するものも，これに含まれます。右の定義に従って公企業のメルクマールを挙げれば，①（狭義または広義の）行政主体が直接に経営するものであること，②国民生活に必需的な公益的物資・役務の供給を目的とするものであること，③独立採算制の企業会計方式による収益的経営であることです。

したがって，以下の点に留意が必要です。それは，行政主体による物資または役務の提供であっても，まず収益性のないもの，すなわち，各種行政サービスの提供や国有林野事業，紙幣・印紙・国債等の印刷事業，造幣事業など，他の行政目的を実現するために対価を得ないで行われるもの，および，対価の交換があるとしても，それが施設利用料ないし実費の徴収であるにすぎない公共施設の運営（図書館，博物館，学校など）などは，ここにいう公企業の概念には含まれないということです。また，収益性があっても，もっぱら国庫の収入確保を目的とする事業活動（たばこ事業，競馬場・競輪場経営，宝くじ販売など）も，公企業の概念からは除外されます。

公企業によって営まれている主な事業例をいくつか挙げれば，国営に属している郵便事業（2003年には公社化の予定）や地方公営企業に属しているガス・水道・地方交通事業をはじめ，電力供給事業，鉄道事業，電気通信事業，自動車道事業，港湾事業，空港事業，流通事業，政策金融事業，産業基盤整備・振興事業，各種産業・経済研究事業，技術開発事業などがあります。これらのうち幾つかの事業については，**公企業の独占的経営権**が法律によって明記され，民営企業の参入が原則的に排除されています。それは，全国統一的な役務提供が要請される**郵便事業**（郵便事業法5条），その性質上独占性が当然に認められる**水道事業・水道用水供給事業**（水道法6条），産業政策を実施する機関として一般金融に対する補完的役割を果たす**政策金融事業**（日本輸出入銀行法1条・24条，日本開発銀行法1条・22条）などです。それ以外のものについては，公企業の独占的経営権が当然に認められるわけではなく，多くは民営の公共企業との競合に

おいて営まれています。

2 公共企業の許可

　公企業と公共企業とは，前者が広義の行政主体による経営であり，行政活動の一環として行われるものである点で，組織法的には区別されます。しかし，その事業活動は共通である以上，作用法上の関係では両者は同様の立場にあり，等しく主務官庁による規制・監督に服することになります。ただし，公企業は，国または地方公共団体が，特別の法律または条例によって，予めその組織，業務内容，運営方針などを明らかにして設立するのに対し，民営企業は，民商法上の通常の手続で設立されるため（ただし，法律により，設立に際してとくに主務大臣の認可が必要とされる場合もあります），それが特定の公共性ある事業活動を営むにあたっては，公企業とは異なり，まず主務官庁の許可を受ける手続が必要となります。

　この公共企業の営業許可については，その事業活動が，国民の経済生活にきわめて便宜的または必需的な物資・役務を供給する高度に公益的な性質のものであることから，経済行政上の積極目的において，一般的に，法律によってとくに警察行政分野における**通常の営業許可（＝警察許可）とは異なる基準が採用されています**（電気事業法5条，ガス事業法5条，道路運送法6条，航空法101条など）。たとえば，通常の営業許可の場合は，羈束行為として，法定の不許可事由に該当しない限り原則として賦与されなければならないのに対し，公共企業の営業許可の場合は，**主務官庁に需給調整や事業者の供給能力の判断に関する裁量が与えられています**。また，通常の営業許可の場合は，その後に事業を休廃止することは一切自由ですが，公共企業の場合は，いったん営業を許可された以上，**事業の継続を義務付けられ，休廃止についてはあらためて主務官庁の承認が必要とされます**。そして何より，公共企業として営業許可を受けたものは，次に見るように，**特別の権利を与えられるとともに，その事業運営については主務官庁による一定の監督に服する**ことになります。

　このように，公共企業の営業許可は，通常の警察許可に比べて営業の自由を

強く制限する反面，特権的地位を賦与するものであることから，従来の通説的見解は，規定の文言にかかわらず，これを講学上の「許可」ではなく，「特許」であると解してきました（法文上は，「許可」「特許」「免許」「認可」など規定の仕方が一様ではありません）。しかし，これを設権行為である特許と構成することには疑問を呈し，その法的性質はあくまで営業の自由を前提とする許可であって，ただ公共企業の社会的役割に鑑みて，経済政策上の積極目的から特別の権利・義務が付加されているにすぎない，と見る立場も少なくありません。この立場によれば，公共企業の許可も計画許可の一類型にすぎない，ということになります（許可と特許の法的性質の違いについては，第1編§4，2「行政行為論」を参照）。

3　公企業・公共企業の特権と義務

　国民生活・社会経済に不可欠的な物資または役務を供給する公企業および公共企業については，その事業活動の安定性と公平性を確保する必要があるため，法律により特別の権利が賦与されるとともに，特別の義務が課されています。

(1)　特別の権利

　公企業・公共企業に賦与される特別の権利として，まず第一に，一定の**独占的経営権**が与えられることがあります。先述した特定の公企業に関する事業独占は，公共企業の参入も完全にまたは原則的に不可とされている分野ですが，そのほか民営の公共企業であっても，鉄道事業，電気事業，ガス事業などその性質上地域的独占性を有するべき事業については，自由競争原理の一般適用を除外され，事実上一定の地域的独占性が認められる場合があります（独占禁止法21条）。もっとも，従来は，そうした法律上または需給調整の許可要件にもとづく事実上の事業独占が，公共事業にはおよそ一般的な形で認められてきたのですが，今日では，規制緩和の推進によって多くの分野で市場原理の導入が図られ，新規参入の門戸が大きく開かれるに至っています（電気通信事業，航空運送事業，貨物運送事業，タクシー事業など）。

　第二に，収用適格事業体として，事業用地に供する他人の土地を強制的に収用・使用し，または障害物を除去するなどの**公用負担特権**を与えられるほか

(土地収用法 3 条。前掲Ⅲ「都市と行政」§ 2 土地収用を参照)，**道路の占用権**が認められる場合があります（道路法35条・36条，軌道法 4 条）。

このほか，さまざまな財政上の特権が与えられています。たとえば，法人税等の非課税（法人税法 4 条 3 項），公的資金の貸付（日本道路公団法27条，地方公営企業法17条の 3 など），補助金の交付（地方公営企業法17条の 3，日本道路公団法30条など），債務保証（日本道路公団法28条），国有財産の貸付・交換・譲渡（国有財産法18条・27条・28条）などの利益を受ける権利を賦与されています。

(2) **特別の義務**

次に，特別の義務としては，先に言及したように，まず**事業の実施・継続の義務**が挙げられます（電気事業法 7 条・14条・18条，ガス事業法 7 条・13条・16条，道路運送法 8 条・16条など）。また，公企業および公共企業による役務の供給は，一般私人と対等な立場で営まれる非権力的な私経済活動であるので，法律上特別の定めがない限り，一般私企業と同様，利用者との契約（行政契約）にもとづいて行われるのが原則ですが，独占的経営を認められている事業については，**一律公平な供給をなすべき義務**が課せられており，正当な理由なく契約の締結を拒絶することを禁じられています（これを「**契約強制**」といいます。水道法15条，ガス事業法16条，電気事業法18条，道路運送法13条，鉄道運送法 6 条など）。そのほか，**差別的取扱いの禁止**（郵便事業法 6 条，水道法14条 4 項，電気事業法19条 5 項 3 号など）や**申込順の引受け**（道路運送法14条）など，公正平等な供給をなすべき義務を課されています。

4　公企業・公共企業の監督措置

公企業および公共企業は，事業の開始に先立ち，あらかじめ事業計画や業務方法書を，また鉄道事業・自動車道事業・電気事業・ガス事業など施設敷設のための工事が必要な場合には，工事実施計画を作成し，**主務大臣（監督官庁）の認可を受けなければなりません**。事後にその内容を変更する場合にも，同様に主務大臣の認可を受けることが必要です（電気事業法 4 条 2 項，鉄道事業法 4 条 1 項 6 号・ 7 条・ 8 条など）。また，利用料金その他公共利用に関する諸条件を定

めた供給（運送）規程ないし約款についても，主務大臣の認可を受けることを義務付けられています（水道法14条，電気事業法19条，道路運送法9条・11条など）。

なお，組織法上行政主体の地位にある公企業については，この主務大臣の認可の法的性質に関していくらか議論があります。かつての判例には，日本鉄道建設公団が作成した工事実施計画に対する旧運輸大臣の認可について，上級行政機関の下級行政機関に対する内部的な監督行為にすぎず，行政処分ではないので外部的な法効果を生じない，と判示したものがあります（成田新幹線事件：最判昭53・12・8判時915号39頁）。これに対し，料金や供給規程に関する認可については，それが一般利用者の利益に直接関わるものであり，単に監督官庁と公企業・公共企業との二面的関係だけでなく，利用者をも含んだ三面的な法律関係を考慮する必要があることから，その外部的法効果を認めた判例がいくつか存在します（東京地判昭43・7・11行集19巻7号1176頁，広島バス運賃変更事件：広島地判昭48・1・17行集24巻1=2号1頁，近鉄特急料金事件：大阪地判昭57・2・19行集33巻1=2号118頁など）。学説では，公企業に対する認可は，公共企業に関する事業活動規制と等しく，外部的な作用法関係と解するべきである，とする見解が少なくありません。

このほか，公企業・公共企業は，財務・会計に関する毎事業年度の報告を義務付けられています（電気事業法34条，鉄道事業法49条など）。また主務官庁は，公企業・公共企業に対し，事業計画の変更命令（道路運送法15条，海上運送法19条など），利用条件の変更命令（電気事業法23条，ガス事業法17条5項など），事業の改善命令（道路運送法31条，電気事業法31条，航空法112条など）といった各種の監督的命令を発し，および報告徴収・立入調査（電気事業法106条・107条，道路運送法36条2項など）をなしうる権限を有しています。

Ⅶ　IT時代と行政法

§1　インターネットと市民生活

　IT（Information Technology），すなわち情報技術はめざましい発展を遂げてきています。コンピュータや通信技術が高度に発達したことに伴い，経済のあり方や市民のライフスタイルも変化してきています。ITの代名詞といえるコンピュータ・ネットワークは，1960年代の終わりにアメリカの国防総省の高等研究計画局によって開発されたARPAnet（Advanced Reseach Projects Agency net）から始まりました。ARPAnetとは，安全保障に関わる機関のコンピュータを複数の経路でつなぎ，一つの経路が何らかの理由で破壊されたとしても，別の経路から迂回してつなぎ，情報のやりとりができるようにしたものです。1970年代に入るとこのネットワークは拡大されていき，今日のインターネットとなりました。

　日本においても，あらゆる分野で電子化が進められており，インターネット利用者は3,000万人近くに上るともいわれています。IT時代は，市民の日常生活にも既に浸透しており，電子メールの交換やネットサーフィンが定着してきました。この他，金融，交通，通信など，日常生活に密接に関わる分野でも，コンピュータ・ネットワークによってさまざまな業務の電子化が進められています。そして，このような社会の変化に対応するために，法整備も整えられてきました。たとえば，2000年には「高度情報通信ネットワーク社会形成基本法」(IT基本法) が制定されています。同法は，すべての市民が高度情報通信ネットワークにアクセスできるようになり，その結果として活力のある社会が実現することを目指しています。

Ⅶ　IT時代と行政法　　§1　インターネットと市民生活

　しかしIT技術が市民の日常生活を豊かにする一方で，インターネットをめぐるさまざまなトラブルが発生しているのも事実です。何者かによるホームページの改ざんや，ホームページ上のわいせつ表現，誹謗中傷，電子商取引をめぐるトラブル，コンピュータ・ウィルス，などはその典型です。これらは，新しく生じてきた問題であるがゆえに，刑法や民法の規定では十分に対応できないのではないかとの指摘もなされています。日本において，ハイテク犯罪の統計がとられるようになったのは，1993年のことですが，件数はその後も5年間で10倍以上となるなど，増加の一途をたどっています。これは世界的な傾向でもあり，1997年6月のデンバー・サミットでは，各国が対策に力を入れて取り組むとの合意がなされました。続いて，同年12月のG8では法制度の見直しが議論され，さらに1998年バーミンガム・サミットでも，主要議題として取り上げられました。各国が，1990年代中頃までに新法の制定や刑法の改正を行ったのに対し，日本の取り組みはやや遅く，2000年に「**不正アクセス行為の禁止等に関する法律**」(**不正アクセス禁止法**)が制定されました。

　不正アクセス禁止法は，自由なアクセスが制限されているコンピュータ・ネットワークに対し，他人のID・パスワードを使用する行為（3条2項1号），セキュリティーホールを突いて侵入する行為（3条2項2号・3号）を処罰しています。従来は，侵入したサーバー・コンピュータの内容を書き換えるなど変更しない限りは，罪に問われることはありませんでした。しかし，不正アクセス行為はネットワーク犯罪のきっかけであり，多発している深刻な問題です。他人になりすましたり，誰とも識別されずにセキュリティーホールを突いたりする行為はネットワーク犯罪防止や高度情報通信社会の健全な発展のため，確実に排除されなければなりません。不正アクセス禁止法によって，不正アクセス自体が犯罪となりましたが，この実効性については今後の統計を待って判断することになると思われます。なお，日本は2001年に**サイバー犯罪防止条約**に署名しています。これが批准されれば，それを受けて国内法の整備がなされることになります。以下では，民事関係を中心に，インターネットをめぐる問題を見ていきます。

§2 インターネットと表現の自由

　これまで、不特定多数に向けて情報を発信する手段としては、テレビやラジオ、そして書籍や雑誌が主要な媒体でした。しかし、コンピュータの普及に伴い、個人が容易にホームページを作成してインターネットで公開することが可能となり、伝統的な媒体にプラスして新たな情報発信源となりました。憲法21条が保障する表現の自由は、基本的人権の中でも優越的人権として位置づけられており、大切に扱うべきであることからすれば、インターネット上の表現についても個人の自主的な判断に委ねるのが理想ではあります。しかし、実際にはさまざまな問題が発生してきており、それに十分な対応ができていないのが現実です。インターネット上では、個人が常に受け身にあるのではなく、自発的に情報を発信可能な状態にあるという点でテレビやラジオの放送局に似ているようにも考えられますが、電波法5条は放送を無線通信の送信と定義していることから、ホームページによる情報の公開は放送の定義に該当しません。それでは、書籍や雑誌と同様に捉えられるかということになりますが、ホームページ上の表現は容易に削除も可能であることから、同一視することには疑問もありそうです。そこで以下、インターネットをめぐる表現の自由に関して問題となった点を検討していきます。

1　わいせつ表現

　インターネット上のわいせつ表現に関しては、「風俗営業等の規制及び業務の適正化に関する法律」（風営法）が一部改正され、新たに「映像送信型性風俗特殊営業」が規制の対象とされるようになりました。つまり、有料で性に関する映像を配信している業者には、公安委員会への届出が義務づけられたほか、映像を伝達するにあたっての規制が設けられたのです。そして、インターネットへのアクセスを提供しているプロバイダーに対しても、犯罪防止のために一定の努力義務を課されました。しかし、風営法は日本国内での営業に関する法

Ⅶ　IT時代と行政法　§2　インターネットと表現の自由

律であることから，無料で映像を送信している場合や海外のサーバーからの配信の場合には，同様の規制が及ばないという問題が残されています。

　風営法が及ばない場合に適用を考えうる条文としては，刑法175条のわいせつ物頒布等に関する罪があります。ここでは，「わいせつな文書，図画その他の物」について規定しており，インターネット上のわいせつ表現にも，この条文の適用があるものと解されてきています。そこで同条の下，インターネット上でわいせつ表現を「公然と陳列した者」は罪に問われますが，たとえばホームページでわいせつ画像にモザイクなどのマスク処理がかけられていた場合には，公然と陳列したことになるのかどうかにつき議論がなされています。裁判例では，マスク処理を容易に外すことが可能であれば，わいせつであると判示したものがあります。その他，わいせつ画像そのものは別のホームページにあり，ただそのページへのリンクを張っているようなケースも想定できます。この時，リンクは単に文字と数字の羅列に過ぎないこと，さらにホームページを閲覧しようとする者がクリックするという行為が介在しなければならないこともあり，やはりそのまま刑法175条の適用を考えることは難しいように思われます。この他，日本から閲覧可能であったとしても，サーバーへ画像をアップするなどの行為がすべて海外から行われているような場合には，犯罪地主義の見地より，刑法によってこれを処罰することには限界があると考えられています。

2　名誉毀損・プライバシー
(1)　名誉毀損

　刑法第34章は名誉毀損の罪について規定しており，230条によると公然と事実を摘示して他人の名誉を毀損すれば，名誉毀損罪となります。また民法上でも名誉毀損は709条の不法行為を構成することから，名誉を毀損された場合には，損害賠償や謝罪広告の請求など，名誉回復に適当な処分を求めることができます。名誉とは，人の価値に対する社会の評価のことであり，他人の名誉を引き下げることが名誉毀損になるわけです。摘示した事実が真実であったとし

ても名誉毀損は成立しますが,刑法230条の2は,公共の利害に関する事実について公益を図る目的で真実を述べた場合には,名誉毀損罪とはならないと規定しています。なお,事実を摘示しなくても公然と侮辱した場合には,刑法231条の侮辱罪となります。名誉毀損罪も侮辱罪も親告罪であり,被害者の告訴を待って起訴がなされます。

インターネット上のホームページや掲示板での書き込みも,名誉毀損を構成する可能性があります。ただし,これらの書き込みはすぐに削除されてしまうこともあったり,ホームページを作成したのが誰かが不明なこともあったりする点で,放送や紙のメディアにおける名誉毀損とは異なり,捜査上は難しい問題をはらんでいます。さらに,名誉毀損罪の成立には,名誉を毀損された被害者が特定されていることが前提ですが,インターネットでは本名ではなく,ニックネームなどハンドルネームを用いることが多々あります。このような時は,ハンドルネームからそれが誰であるのかが推知できる場合に,名誉毀損が成立するというべきです。なお,他人の社会的評価を引き下げるような内容の電子メールについては,個人の間のやりとりは除外できますが,メーリングリストを利用して送信されたのであれば,不特定多数に対する情報であると見て,名誉毀損が成立する可能性があるといえます。

インターネットをめぐる名誉毀損が争われた例としては,ニフティーサーブ事件があります。この判例では,プロバイダーの責任を認めたことが,注目されました。

《判例》 ニフティーサーブ事件(東京地判昭56・5・26判時1610号22頁):名誉毀損の成立を認め,損害賠償請求を認容した事例。

パソコン通信のプロバイダーであるニフティーサーブは,会員の意見交換や討論の目的でフォーラム(会議室)を設定している。この会議室の運営は,ニフティーサーブからシステムオペレーターと呼ばれる第三者に委任されていた。本件は,フォーラムに参加していた会員の書き込みが名誉毀損に問われたものであるが,判決はこれを認定して書き込んだ当事者の責任を認めたほか,さらにニフティーサーブとシステムオペレーターとの間に指揮監督関係があるものとして,

ニフティーサーブに使用者責任にもとづく損害賠償を命じた。

なお本件控訴審判決（東京高判平3・9・5判例集未登載）では，システムオペレーターに誹謗中傷などの問題発言を削除する義務があることを肯定した上で，本件の事実関係においては当該義務違反はなかったとした。そして，システムオペレーターに義務違反がない以上，ニフティーサーブにも使用者責任は認められないと判示した。

(2) プライバシー

プライバシー権は，最近では自己情報コントロール権と定義される新しい人権の一つです。新しい人権とは，憲法典に直接の根拠はないものの基本的人権と観念しうる利益のことであり，プライバシー権のほかには環境権が典型です。個人のプライバシーを侵害するようなインターネット上の表現についても，民法709条により不法行為にもとづく損害賠償請求，謝罪広告，掲載の差止めを請求することができます。

この他，プライバシー権の侵害が考えられる例としては，閲覧者の情報をめぐる問題があります。つまり，ホームページを開設している者は，アクセス解析をすることによってホームページを閲覧した者の情報を集めることが可能ですが，同意を得ずにそれらの情報を収集したり利用したりすることは，プライバシー権の侵害になると考えられます。

さらに，リンク禁止との表示がある他人のホームページに対し，無断でリンクを張ったケースでもプライバシー権の侵害が主張されることがあります。しかし，リンクを張ること自体は何らかの法律に違反するものではなく，次のウィンドウを開く作業を容易にしているだけのことにすぎません。リンク禁止としながらも，ホームページ作成者がインターネット上で不特定多数を対象にホームページを開設している以上は，道義的な問題は残るとしても，プライバシー権を侵害したかどうかについては議論の余地があるともいえます。リンクの張り方の問題ですが，新たにウィンドウを開いて完全に新しいページに飛ぶのではなく，リンク先のページが元のホームページのフレーム内に表示される

ようにしてある時には、リンク先のホームページのレイアウトを変更して表示していることになるため、プライバシーの侵害になる可能性があるとも考えられます。

名誉・プライバシーの両方に密接に関わる問題としては、少年事件報道の問題があります。少年法61条は、少年の更生に支障を生じないようにするという趣旨から、少年事件については氏名など本人と推知できるような記事を公表してはならないと規定しています。しかし、ここのところ少年犯罪の報道がなされるごとに、容疑者の少年の顔写真や氏名などがインターネットで出回ったりする例がありました。少年法61条は罰則がつけられていないため、このような行為が刑事責任に問われることはありません。しかし、違法に公表したという事実については、少年から民法709条の不法行為にもとづく損害賠償請求があれば、民事責任を負う可能性はあります。その一方で、報道の自由や国民の知る権利も軽視されることがあってはならず、少年事件報道は難しい問題を内包しているといえるでしょう。

3 選挙運動

政治の世界でもインターネットの利用が進んできており、国会議員個人がホームページを開いて、活動や政策を発信したりするのもよく見られる傾向です。しかし、選挙運動については公職選挙法142条により、使用する文書図画について大きさや枚数など詳細な規定が設けられています。これは、公平な選挙を実現する目的によるものですが、明文上はホームページについての直接的な言及はなされていません。この問題につき、平成8年に自治省（現総務省）は、ホームページを利用した選挙運動も公職選挙法の規制対象であるとの見解を示しています。このため候補者は、選挙期間中に限りホームページを閉鎖するなどの方策を取って対応してきました。憲法21条の保障する表現の自由との関係では、公職選挙法の広範な規定の合憲性が疑問視されていることもあり、選挙運動とホームページの活用については、解禁される見通しとなってきています。

§3 著作権・ドメイン名

1 著作権とホームページ

　写真，文章，音楽など，思想または感情を創作的に表現したものを，その創作者から承諾を得ずに利用すると著作権法に違反します。著作権とは，自分の創作物を独占的に支配する権利を意味しています。ただし，時刻表など事実をそのまま示したものは，この限りではありません。また，著作権者の死亡後50年を経過すると著作権は消滅するため，著作者の人格権を侵害しない限りにおいては自由に公表できるようになります。インターネット上で著作権が問題になるケースとしては，ホームページでの写真や絵などの利用が典型です。写真にも著作権が認められますが，誰が何を写した写真なのかということも考慮の対象となります。たとえば，ホームページの作成者が自ら撮影した建築物の写真であれば支障ありませんが，他人が写した写真であれば撮影の手法や角度などにオリジナリティーが認められ，無断で使用すると著作権を侵害することがあります。また，ホームページ作成者の撮影であっても人物を写したのであれば，被写体の同意を得ずにホームページに公表すると肖像権の侵害になります。肖像権も，プライバシー権と同様に新しい人権の一類型です。絵や図柄の場合も，著作権者の承諾を得て掲載することが必要です。次に，他人の手による著作（文章）をホームページに載せる場合には，正しく引用している場合に限り著作権の侵害にはなりません。つまり，著作者名や出典，そして引用部分を括弧でくくって明確にすることが必要となります。不正確な引用や，営業目的で他人の著作を載せるのであれば，引用とはなりません。最後に音楽ですが，作曲者，編曲者，作詞者など，多くの著作権が関係してくるのが通常です。そこで音楽については，日本音楽著作権協会（JASRAC）が著作権を集中的に管理しています。

2 ドメイン名取得をめぐる問題

　ドメイン名は，インターネットでネットサーフィンをしたり，電子メールの送受信を行う上で欠くことのできない識別符号であり，インターネット上の住所ともいうべきものです。これは数字からなっていますが（123．456．789など），一般的には便宜性を考慮してアルファベットに置き換えた上で用いられています。つまり，ドメイン名であるアルファベット表記を入力すると，元の数字表記のアドレスが探し出され，ホームページが表示されたり電子メールのやりとりが可能となるわけです。日本にあるホームページやアドレスの場合には，最後に jp が使われているのが通常です。

　外国では，有名企業や有名人の名前を利用したドメイン名を取得した者が，当該ドメイン名の売却を持ちかけてトラブルになったというケースがしばしば見られています。ドメイン名は，インターネット上の身分であり住所でもあることから，一つを複数の者が共有するということはできません。ドメイン名をめぐるトラブルを解決するため，1999年に ICANN（Internat Corporation for Assigned Names and Numbers）が，紛争処理のためのガイドラインを示しました。この下で，ドメイン名登録者と，登録されたドメイン名について権利を主張する申立人との間の紛争処理手続に関し，紛争処理機関が指定されました。登録されたドメイン名が，申立人が権利を有する商標に酷似しており，かつ登録者が当該ドメイン名について権利利益を持たず，さらに登録が正当な目的にもとづかない場合には，登録が抹消されて申立人にドメイン名が移されることになります。この決定について不服のある当事者は，裁判所で争うことも可能です。jp のつくドメイン名は，日本ネットワーク・インフォーメーションセンター（JPNIC）が管理していますが，まだ登録されていないドメイン名であれば，自由に登録することができます。JPNIC では，一組織一ドメインの原則，ドメイン名の移転禁止の原則を打ち出し，紛争の予防に努めています。

　ドメイン名の登録において，問題となるのは商標権の侵害です。商標権とは，トレードマークのことですが，商標法の下で商標権者が指定商品について登録商標を独占的かつ排他的に使用する権利を意味しています。A社のAという

サービスが商標登録されている場合，他者が「A」をドメイン名として取得すること自体は必ずしも法的問題を生じません。しかし，そのホームページにおいて，商標登録されているAを用いたサービスを提供している場合などは，商標法に違反します。ドメイン名はインターネット上の住所であり識別符号にすぎないため，それ自体が商標として登録されているわけではありません。しかし，商標登録されている商品やサービスそのものの名称である場合は，ドメイン名がサービスを識別する役割を果たしていると商標法違反になります。

　この他，ドメイン名については，不正競争防止法が問題となることがあります。同法は，他人の商品やサービス等の表示と同一または類似の表示を使用して，他人の商品やサービスと誤認させたり混同を生じさせたりする行為を禁止しています。つまり，著名な商品やサービスを連想させるドメイン名の下で開設されているホームページにおいて，それらと類似の商品やサービスを提供している場合には，不正競争防止法違反となるわけです。インターネットで特定の商品やサービスを提供しているホームページを開きたいものの正確なアドレスを知らない時，おそらくこうであろうという推測の下に，ドメイン名を入力してみることがあります。たとえば，日本の会社であるA社のホームページを探している場合には，http://www.A.co.jp などが候補として考えられるわけです。このドメイン名が目指すA社のホームページではなかったとしても，それと誤信させるような記載や情報提供がなされていない限り，不正競争防止法の問題や商標権の問題が発生することはありません。しかし，A社のホームページかもしれないと考えてアクセスしてくる人を目当てに開かれているなど，A社の名声や評判を当て込んだドメイン名取得であるとするならば，よいところだけをすくい取るクリームスキマーと見ることもできるでしょう。インターネット上での商取引が盛んになってきていることからすれば，新規参入しようとする者にとっては，いかに自分のホームページへのアクセスを増やすかが重要な関心事であるといえます。そこで，このような行為については，不正競争防止法違反に問うことはできなくても，何らかのガイドラインを設ける必要性があるようにも思われます。

§4　電子商取引

　IT産業が躍進し，日本国内だけではなく国際的な規模で，インターネット上の商取引がなされるようになってきています。これによって流通コストが省かれ，価格競争が本格化し，市民の消費行動も大きく変わっていくことが予想されるため，企業はIT時代への対応を迫られるようになっています。しかし，電子商取引は従来の法が想定していた契約や取引の形式とは著しく異なるものであり，取引の安全をめぐる問題も指摘されてきています。

1　電子商取引（eコマース）の特徴と問題点
(1)　匿名性・同一性
　従来の商取引と比べて，インターネット上で取引や契約をする場合には，匿名性が特徴として挙げられます。つまり，お互いに顔を合わせることなく取引することが可能なため，取引をしている相手を特定したり同一人物であることを確認するのは困難なことがあります。そこで，取引をしている相手が別の誰かになりすましていたり，あるいは実際には取引をしたのにもかかわらず知らないと主張するといったトラブルが発生してきます。また，契約を紙に表したのであれば，誰かが手を加えると改ざんの跡を一見することができますが，電子商取引の場合には合意した契約内容を勝手に書き換えられてしまったとしても，その事実を証明することができないかもしれません。つまり，契約内容の一貫性という意味でも同一性が問題となるわけです。

(2)　契約成立の時期
　民法では隔地者間の契約の成立については，郵送などの手段で申込みと承諾がなされることを前提としています。民法526条は，隔地者間の契約につき，承諾の通知を発した時に成立する（発信主義）と規定しています。民法が隔地者取引について発信主義を取った趣旨は，承諾の通知を発したら直ちに履行の準備にかかれるようにするほか，承諾した者を契約が不成立になるのではとい

う不安から解放することにあるといわれています。つまり，承諾の意思表示が申込みをした者に到達した時点で契約が成立するという考え方（到達主義）では，承諾が相手に届いているかどうかを確認するのが容易ではなく，承諾をした者は不安な立場に置かれてることになるのです。

これに対して，インターネット上の電子商取引の場合には，当事者は「隔地間」にあるものの，申込みと承諾が時間的に同時といってもよいリアルタイムな関係にあります。電子商取引の場合，承諾は電子メールでなされることが殆どと考えられるため，民法の規定に従えば，承諾の電子メールを送信した段階で契約が成立したことになります。ただし，従来の隔地者間の契約とは異なり，承諾の電子メールが到達しているかどうかは開封メッセージを要求することによって容易にできるほか，リアルタイム性から考えても承諾する側を厚く保護しなければならない積極的な理由は見あたりません。契約の申込みをした者の方が，自分の送信した電子メールによる申込みはどうなったのかという不安定な立場に置かれているともいえます。そこで，電子商取引については到達主義とするべきとの主張が有力となっています。

(3) 誤った申込み

私たちがインターネット上で取引をする場合には，ホームページを見て買いたい商品を選択するという方式が多いかと思われます。この時，誤って画面をクリックすると，それは直ちに送信されて売主に到達します。売主が，自動的に確認と承諾のメッセージを出すようにしてあれば，意に全く反した契約が瞬時に「成立」してしまうわけです。このような場合には，意思表示の重要な部分に錯誤があったことになるため，契約は成立しません。しかし，民法95条では重過失を保護していないため，誤ってクリックしたことに重大な過失があるとすれば，契約は成立したことになります。なお，電子商取引は訪問販売ではないため，クーリングオフ制度の適用はありません。

(4) そ の 他

電子商取引の発展に伴い新たに問題とされるようになったことに，**ビジネスモデル特許**があります。アメリカでは，1998年の連邦最高裁判決により，ビジ

ネスのやり方自体が特許の対象になるということが確認されました。そこで，電子商取引をめぐっても，一斉に特許が申請されるようになりました。日本でも，こういった流れを受けて，ビジネスモデル特許が認められるようになっています。

アメリカでは，1999年10月に，インターネット上の書籍販売の大手であるアマゾン・ドット・コム（アマゾン）が，やはり最大手の書店であるバーンズ・アンド・ノーブルに対し，ネット販売方法をめぐる特許の侵害を理由として訴訟を提起しました。アマゾンのホームページでは，ワン・クリック・ショッピングという方式を採用しており，一度でも買物をした上で本人が選択すれば，入力された住所やクレジットカードなどの情報が記憶され，次回以降は一度だけクリックすれば買物ができるようになっています。アマゾンは，バーンズ・アンド・ノーブルのホームページにある，エクスプレス・レーンというシステムが，ワン・クリック・ショッピングの特許を侵害していると主張しました。連邦地裁は同年12月に，アマゾンの主張を認めて仮処分決定を出しましたが，連邦高裁は2001年2月にこの決定を破棄したため，今後の審理の展開が注目されています。

2 電子商取引と市民

インターネット上での買物をめぐるトラブルは，多発しています。ここでは，それらのうち典型的なトラブルについて見ておきます。

(1) なりすまし契約

インターネットでは相手の顔が見えないことから，他人のふりをして契約し買物をすることも不可能ではありません。自分の身に覚えのない商品がインターネット・モールにある店から届いたり，代金を請求されたりするのが，なりすまし契約によるトラブルです。この場合，なりすまされてしまった本人には，そもそも契約を締結する意思がなかったことから契約は成立していません。しかしたとえば本人が，クレジットカードやプロバイダーへのアクセスに必要なIDおよびパスワードなどを，責任を持って管理していなかったということ

であれば，支払いを免責されないこともありえます。一方で，本人から代金を支払う覚えがないと主張された店としては，契約の申込みである注文がなされたことを示す必要があります。なりすまし契約であることが一見明らかであったのにもかかわらず適切な処置をとっていなかったなど，店側にも過失があれば，店も責任を負うことになります。

(2) 雲隠れ・詐欺

雲隠れとは，たとえばホームページを通じて買物をし，その代金を支払ったのにもかかわらず商品が送付されてこない，そしてただちにホームページも閉鎖されてしまったというようなケースです。オークション・サイトなどでも，このようなトラブルはよく見られます。また，商品は送られてきたものの，ホームページ上で紹介され説明されていた商品とは違うものであったというようなトラブルもあります。これらは刑法246条の詐欺罪に該当しますが，通信の記録などの過去ログが残っていない場合などは，捜査の上で著しい困難を伴うことが予想されます。これは，インターネット上の出店者の信頼性をいかに確保するかという問題ともいえるでしょう。

大手のオークション・サイトでは，詐欺のほかにも薬物や裏口入学の権利など法律上問題のある商品の出品された例があったことにも配慮して，商品を出品するにも購入するにも一定の情報の登録を義務づけたり有料としたりして，トラブルへの対応を図っています。サイバー・モールの場合には，出店者の詐欺行為などについてモールの側も責任を問われる可能性が指摘されることもあります。

(3) 個人情報の保護

電子商取引をめぐっても，プライバシーの問題が挙げられます。顧客情報が外部に流出したようなケースは，不正アクセス禁止法でも適用範囲が問題となりますが，法整備が十分に整っているわけではありません。この他，インターネットのホームページは多くの市民のアクセスを見込めることから，広告を出す側にとっては，どのようなホームページを誰がいつ見ているのかは大きな関心事です。インターネットで買物をすると，誰（性別・住所・年齢などの情報

を特定ないし予想可能）がどのような時間帯に何を買ったかという記録が残ります。広告主としては，これらの情報を参考にすることができれば，ホームページに効果的な広告を出すことができるわけす。しかし，これらの情報は個人のプライバシー関わるものであることから，第三者に提供する場合には，本人の同意を得ない限り民事上の責任を負うことになると考えられます。個人情報の保護については，園部逸夫元最高裁判事を座長とする**個人情報保護法制化専門委員会**が2000年10月に大綱を答申しており，基本法の制定が進められています。

(4) 電子署名（デジタル署名）

「なりすまし」や契約の内容の改ざんなどのトラブルを防止する目的で，電子署名が「電子署名及び認証業務に関する法律」（電子署名法）によって制度化されました。つまり，電子署名がなされていれば，電子署名者が作成したものであると推定されることになるのです。電子署名は，鍵と呼ばれる暗号変換用のデータを用いるシステムです。鍵には，公開鍵と秘密鍵との2種類があり，仕組みは印鑑登録制度に似ています。秘密鍵を登録した印鑑である実印に，公開鍵は印鑑登録証明書になぞらえることができるわけです。公開鍵は本人のホームページ上に置いておき，本人に情報を送りたい人は，それを入手して内容を暗号化して送信します。受け取った本人は，自分だけが知っている秘密鍵で，それを復元して読むというシステムです。通常，秘密鍵は100桁を超えるランダムな数字からできています。そこで，これをいかに安全に管理するかが，電子署名制度を運用する上では重要となります。また，公開鍵を登録するためには，認証機関が必要となります。電子署名法では，印鑑登録制度とは異なり，公的機関ではなく民間の認証機関を考えています。認証機関には，登録者について本人であることを確認し，公開鍵の登録および証明書の発行を行い，関連する情報を確実に管理する役割が求められています。

Ⅶ　IT時代と行政法　　§5　インターネット・サービス・プロバイダーの責任

§5　インターネット・サービス・プロバイダーの責任

　個人がインターネットを利用する場合，持っているパソコンをインターネットに接続しなければなりません。接続するためには，インターネット・サービス・プロバイダー（プロバイダーないしISP）と契約して会員となるのが一般的な方法であり，プロバイダーは会員とインターネットとを仲介する業者です。会員が，インターネットの利用に関して何らかの違法な行為をした場合，プロバイダーが責任を負うことがあるのかという疑問が生じます。具体的には，わいせつ表現，名誉毀損やプライバシーの侵害があった場合，プロバイダーはそれを削除しなければならないかということです。なお，プロバイダーとなるためには，電気通信事業法にもとづき総務大臣に申請をすることになっていますが，同法はプロバイダーに対し3条で検閲を禁止し，4条で通信の秘密の保護を規定しています。

　名誉毀損が争われたニフティーサーブ事件などにおいては，プロバイダーが違法な状態について指摘を受けたのにもかかわらず，それを放置したという時点で責任を負うという考え方が取られてきました。プロバイダーの責任については，「**特定電気通信役務提供者の損害賠償責任の制限及び発信者情報の開示に関する法律**」（**プロバイダー責任法**）が，2002年に施行されました。この法律は，インターネット上の書き込みによって被害を受けた人が，その削除を求めることができる制度と，損害賠償請求をするために必要となるそのような書き込みをした者の情報の開示を求める制度を設けています。

　この他，多発するようになってきているホームページ書き換えなどの問題への対応ですが，プロバイダーなどのインターネット関係の企業によって組織された日本テレコムサービス協会によると，不正アクセスを受けたことのあるプロバイダーはかなりの数に上ることがうかがえます。不正アクセス禁止法5条は，プロバイダーに対し不正アクセスからネットワークを防御するために必要な措置を日頃から取るよう努力義務を課しています。アクセス記録などのログ

の保存については，プロバイダーにとって負担になることや，証拠としての信憑性の問題から，義務づけは見送られています。インターネットをめぐる対策や規制はまだ始まったばかりであり，今後の動きが注目されます。

事項索引

あ行

青色申告制度 … 151
アセスメント … 99
斡旋 … 131
一般規制 … 196
移転価格税制 … 154
訴えの利益 … 61
公の見解 … 149
オンブズマン(制度) … 46

か

開発整備行政 … 119
拡張収用 … 127
過誤納付金 … 157
瑕疵ある行政行為 … 31
課税要件法定主義 … 146
課税要件明確主義 … 147
環境アセスメント … 99
環境安全行政 … 93
環境影響評価制度 … 99
環境基準 … 94, 97
環境基本計画 … 97
環境権 … 98
環境省 … 95
間接消費税 … 141
間接税 … 141
間接脱税犯 … 159
還付金 … 157

(き)

機関委任事務 … 187
起業者 … 126
規則 … 145
羈束行為 … 26, 27

義務説 … 148
義務づけ訴訟 … 104
救済法 … 12
給付行政 … 105
給付の仕組み … 113
給与所得控除 … 149
協議の確認 … 131
行政規則 … 25
行政強制 … 38
行政計画 … 41
行政刑罰 … 173
行政契約 … 40, 204
行政行為の撤回 … 33
行政行為の取消し … 33
行政行為の附款 … 35
行政裁量 … 26, 27
行政事件訴訟 … 52, 158
行政指導 … 42
行政主体 … 16
行政審判法 … 79
行政代執行 … 38
行政調査 … 45, 82, 181
強制的徴収 … 156
行政手続法 … 78
行政罰 … 39
行政不服審査制度 … 47
行政不服審査法 … 157
行政不服申立制度 … 102
行政文書 … 88
行政立法 … 23
競争政策 … 189
居住地課税 … 152
緊急権 … 137
緊急裁決 … 131

223

事項索引

金融規制	200

（く）

国の行政組織	18
グローマー拒否制度	90

（け）

経済規制	165
経済調和条項	95
警察下命	171
警察官職務法	178
警察許可	172, 195
警察権の限界	166
警察公共の原則	169
警察消極目的の原則	169
警察責任の原則	169
警察的規制	184
警察比例の原則	170
警察目的	179
刑事作用	165
原告適格	59
源泉地課税	153
権力的作用	164
権力的手段	194

（こ）

公益性	140
公開審理	129
公害対策基本法	94
公害紛争処理制度	102
公害保険福祉事業	102
交換公文	143
公企業	193
——の独占的経営権	201
公共企業	194
——の許可	202
公共企業規制	197
公共サービス	139
——の拒否	176
公共の安全	164

公共の秩序維持	164
公共補償	124
抗告訴訟	52, 103
公正取引委員会	187
公定力	29
公的扶助	111
合法性の原則	147
公務執行妨害罪	179
公用権利変換	122
公用収用	121, 123
公用制限	122
公用負担	120
公用負担特権	126, 203
国際的二重課税	143
国際取引規制	199
告　示	145
国　税	141
国税徴収法	144, 156
国税通則法	144
国税犯則取締法	144
告　知	81
国土保全事業	136
国家賠償	69

さ行

災害応急対策	136
災害対策	132
災害復旧対策	138
再分配の方法	139
裁量ゼロ収縮論	28
作用法	12, 168
産業規制	196
産業政策	190

（し）

事業活動規制	196
事故報告義務	181
自然享有権	98

事項索引

自治事務	187
実額控除	149
執行(不)停止	51, 63
執行罰	173
実施機関	88
実力行使	173
シャウプ勧告	151, 152
シャウプ税制	150
社会国家	93
――の原則	106
社会福祉	112
社会保険	106
社会連帯の原則	106
重大な瑕疵	32
住民訴訟	103
収用適格事業	126
収用裁決手続	129
守秘義務	155
消極行政	93, 133
消費者保護政策	191
消防検査	181
情報公開	83
情報公開審査会	92
条　例	145
職権主義	62
処分性	58
処分の取消し	22
自力執行力	30
資力調査	111
知る権利	86
人格権の環境権	98
審議会行政	186
信義則	149
申告納税制度	151, 155
審査基準	82
人的公用負担	121
信頼保護の原則	15

(す)

スクリーニング	99
スコーピング	100

(せ)

政策金融事業	201
政策的規制	184, 197
正式手続	79
政治責任	85
正当防衛	179
積極的政	133
節　税	154
説明責任	85

(そ)

即時強制	40
即時執行	177
属人主義	152
属地主義	152
組織法	12, 168
訴訟物	62
租税回避行為	154
租税条約	153
租税処罰法	142
租税争訟法	142
租税手続法	142
租税犯罪	158
租税法律主義	146
租税ほ脱	154
損失補償	68, 123

た行

第三者情報	89, 91
第三者補償	124
代執行	173
滞納処分妨害犯	159
立入検査	180
タックスヘブン国	154
脱税犯	159

事項索引

担税力の尺度 …………………… *148*
地球サミット …………………… *96*
秩序罰 …………………… *158, 173*
地方公共団体 …………………… *187*
地方税 …………………… *141*
地方税制 …………………… *150*
地方税法 …………………… *144*
地方分権 …………………… *19*
中小企業政策 …………………… *189*
調査妨害犯 …………………… *160*
聴　聞 …………………… *81*
直接消費税 …………………… *141*
直接税 …………………… *141*
著作権侵害 …………………… *91*
通告処分 …………………… *161*
通損補償 …………………… *124*
通　達 …………………… *145*
適正手続 …………………… *82*
手続的保障原則 …………………… *147*
電子取引 …………………… *216*
当事者訴訟 …………………… *55, 132*
道路の占用権 …………………… *204*
特殊法人 …………………… *188, 193*
特別の犠牲 …………………… *123*
土地収用法 …………………… *125*
特許企業 …………………… *194*
ドメイン名 …………………… *214*
取消し …………………… *22*
取消訴訟 …………………… *57*
　――の終了 …………………… *65*

な行

内閣府 …………………… *186*
二重課税 …………………… *152*
二重処罰禁止原則 …………………… *175*
ニフティーサーブ事件 …………………… *210*
任意的解決 …………………… *131*

納　付 …………………… *156*

は行

判決の効力 …………………… *67*
犯則調査 …………………… *160*
非権力的手段 …………………… *195*
非対価性 …………………… *140*
平等原則 …………………… *14, 106*
比例原則 …………………… *15*
フォイアー（FOIA） …………………… *84*
不可争力 …………………… *30*
不可変更力 …………………… *30*
福祉国家 …………………… *93*
不正アクセス禁止法 …………………… *207*
物価規制 …………………… *199*
物資規制 …………………… *198*
物的公用負担 …………………… *121*
不納付犯 …………………… *159*
不服申立て …………………… *22*
不服申立前置主義 …………………… *115*
プログラム規定 …………………… *98*
プロバイダー責任法 …………………… *221*
文書閲覧 …………………… *81*
法規命令 …………………… *24*
防災基本計画 …………………… *135*
法治行政の原則 …………………… *15*
法治主義 …………………… *83, 166*
法定外抗告訴訟 …………………… *55*
法定受託事務 …………………… *187*
法律行為の効果 …………………… *165*
法律の法規創造力の原則 …………………… *15*
法律の優位の原則 …………………… *15*
法律の留保の原則 …………………… *15*
補完性の原則 …………………… *106*
ほ脱犯 …………………… *159*

事項索引

ま行

マクロ計画 …………………… *191*
ミクロ計画 …………………… *192*
民事不介入 …………………… *170*
民衆訴訟 ………………………… *56*
無申告犯 ……………………… *160*
明白な瑕疵 ……………………… *12*
命　令 ………………………… *144*

や行

要綱行政 ………………………… *44*

ら行

利益説 ………………………… *148*
略式手続 ………………………… *79*
理由付記 ………………………… *81*
労働保険 ……………………… *107*

わ行

和　解 ………………………… *131*

編者　園部　逸夫

執筆者　　　　　　　　　　　　　　　（執筆分担）

園部逸夫（弁護士，立命館大学　　　　序　論
　　　　　客員教授）

渡井理佳子（防衛大学校助教授）　　　第1編総論，
　　　　　　　　　　　　　　　　　　第2編各論Ⅶ

早坂禧子（桐蔭横浜大学教授）　　　　第2編各論Ⅰ，
　　　　　　　　　　　　　　　　　　Ⅳ，Ⅴ

塩入みほ（駒澤大学講師）　　　　　　第2編各論Ⅱ，
　　　　　　　　　　　　　　　　　　Ⅲ，Ⅵ

市民社会における　行政と法　〈市民カレッジ〉

2002年4月5日　第1版第1刷発行

編者　園部逸夫

発行　不磨書房
〒113-0033 東京都文京区本郷 6-2-9-302
TEL(03)3813-7199／FAX(03)3813-7104

発売　(株)信山社
〒113-0033 東京都文京区本郷 6-2-9-102
TEL(03)3818-1019／FAX(03)3818-0344

制作：編集工房INABA　　印刷・製本／松澤印刷
ⓒ著者 2002, Printed in Japan
Eメール：inaba@shinzansha.co.jp

ISBN4-7972-9271-7　C3332

◆市民カレッジ◆

1 知っておきたい **市民社会の法** 9230-X
　　金子　晃 (会計検査院長) 編　■2,400円 (税別)
　山口由紀子 (相模女子大学) ／石岡克俊 (慶應義塾大学産業研究所)

2 知っておきたい 市民社会における **紛争解決と法**
　　宗田親彦 (弁護士) 編　9270-9　■2,500円 (税別)

3 知っておきたい 市民社会における **行　政　と　法**
　　園部逸夫 (弁護士) 編　9271-7　■2,400円 (税別)
　渡井理佳子 (防衛大学校) ／早坂禧子 (桐蔭横浜大学) ／塩入みほも (駒澤大学)

ドメスティック・バイオレンス
お茶の水女子大学教授 **戒能民江** 著
■沈黙を破った女たち■ジェンダーと女性への暴力■DV防止法の成立　9297-0
DV法の制定は、DV対応の一歩にすぎない。総合的な検証と取組みへの指針■2,400円 (税別)

これからの　家族の法
帝京大学助教授 **奥山恭子** 著
　1 親族法編 9233-4　　2 相続法編 9296-2　(2分冊)　■各巻 1,600円 (税別)

◇◇◇ 法学検定試験を視野に入れた ワークスタディ シリーズ ◇◇◇

1 **ワークスタディ　刑法総論**　定価：本体 1,800円 (税別)
　島岡まな (亜細亜大学) 編／北川佳世子 (海上保安大学校) ／末道康之 (清和大学)
　松原芳博 (早稲田大学) ／萩原滋 (愛知大学) ／津田重憲 (明治大学) ／大野正博 (宮崎産業経営大学)
　勝亦藤彦 (海上保安大学校) ／小名木明宏 (熊本大学) ／平澤修 (中央学院大学) ／
　石井徹哉 (拓殖大学) ／對馬直紀 (宮崎産業経営大学) ／内山良雄 (九州国際大学)　9280-6

2 **ワークスタディ　刑法各論**　定価：本体 2,000円 (税別)
　島岡まな (亜細亜大学) 編／北川佳世子 (海上保安大学校) ／末道康之 (清和大学)
　松原芳博 (早稲田大学) ／萩原滋 (愛知大学) ／津田重憲 (明治大学) ／大野正博 (宮崎産業経営大学)
　勝亦藤彦 (海上保安大学校) ／小名木明宏 (熊本大学) ／平澤修 (中央学院大学)
　石井徹哉 (拓殖大学) ／對馬直紀 (宮崎産業経営大学) ／内山良雄 (九州国際大学)
　関哲夫 (国士舘大学) ／清水真 (東亜大学) ／近藤佐保子 (明治大学)　9281-4

★近刊
3 **ワークスタディ　商法（会社法）**　石山卓磨 (早稲田大学) 編 9289-X
　河内隆史 (神奈川大学) ／中村信男 (早稲田大学) ／土井勝久 (札幌大学) ／土田亮 (東亜大学)
　松岡啓祐 (専修大学) ／松崎良 (東日本国際大学) ／王子田誠 (東亜大学) ／前田修志 (東亜大学)
　松本博 (宮崎産業経営大学) ／大久保拓也 (日本大学) ／松嶋隆弘 (日本大学)　9289-x